U0941185

高速铁路工程技术创新丛书
国家铁路局组织编写

寒冷地区
高速铁路建造技术

陈则连　等编著
吴克非　主　审

中国铁道出版社有限公司
2021年·北　京

内 容 简 介

本书是中国高速铁路工程技术创新丛书之一，由国家铁路局组织编写。本书根据近年来寒冷地区高速铁路建造技术创新研究成果和工程实践经验总结而成。全书包括绪论、寒冷地区高速铁路地质勘察、寒冷地区高速铁路路基工程建造技术、寒冷地区高速铁路桥梁工程建造技术、寒冷地区高速铁路隧道工程建造技术、寒冷地区高速铁路轨道工程建造技术、寒冷地区高速铁路设备设施、寒冷地区高速铁路冻胀监测技术及寒冷地区高速铁路建造工程实例九章内容，较全面系统地阐述了严寒、寒冷地区高速铁路建造技术的核心内容和方法，可为铁路工程技术人员、科研人员和院校师生等提供参考借鉴。

图书在版编目(CIP)数据

寒冷地区高速铁路建造技术/陈则连等编著.—北京：中国铁道出版社有限公司，2021.6

(高速铁路工程技术创新丛书)

ISBN 978-7-113-27903-5

Ⅰ.①寒… Ⅱ.①陈… Ⅲ.①高速铁路-铁路施工 Ⅳ.①U238

中国版本图书馆 CIP 数据核字(2021)第 070784 号

书　　名:寒冷地区高速铁路建造技术
HANLENG DIQU GAOSU TIELU JIANZAO JISHU
作　　者:陈则连　等

策　　划:金　锋
责任编辑:徐　艳　李露露　　**编辑部电话:**(010)63583191
封面设计:高博越
责任校对:焦桂荣
责任印制:樊启鹏

出版发行:中国铁道出版社有限公司(100054，北京市西城区右安门西街 8 号)
网　　址:http://www.tdpress.com
印　　刷:北京盛通印刷股份有限公司
版　　次:2021 年 6 月第 1 版　2021 年 6 月第 1 次印刷
开　　本:787 mm×1 092 mm 1/16　**印张:**12.75　**字数:**320 千
书　　号:ISBN 978-7-113-27903-5
定　　价:76.00 元

主要编著者简介

陈则连，1968年2月出生，获河北地质学院工程地质与工程物探专业学士学位、西南交通大学地质工程专业工程硕士学位。现任中国铁路设计集团有限公司副总工程师，中国地质学会工程地质专业委员会副主任委员、铁道分会主任，中国建筑学会工程勘察分会理事，天津市地质学会理事、工程地质专业委员会主任，中国铁道学会勘察设计委员会委员，国铁集团“百千万人才”工程专业带头人等。主要从事铁路工程地质勘察、路基工程设计及研究工作。担任课题负责人主持了铁道部重点科研项目《寒区铁路工程冻胀特点与防治措施研究》、国铁集团重大科研项目《艰险复杂山区铁路空天地立体勘察新技术及数据平台应用技术研究》、天津市科技支撑重点项目《城市轨道交通工程深层岩土原位测试新技术及应用研究》、集团公司重点科研项目《严寒地区客运专线低矮路基结构形式研究》等。主持完成的《严寒地区高速铁路路基冻胀控制技术研究》等33项科研成果获省部级科学技术奖；主持完成的京津城际、京沪高铁、石太客专、哈大高铁、长昆客专、大西客专等49项勘察设计成果获省部级及以上优秀奖。出版专著《黄土地区铁路勘察设计研究与实践》，发表学术论文《哈齐客运专线路基冻胀变形研究》等十余篇。

序

铁路是国民经济大动脉、关键基础设施和重大民生工程,是综合交通运输体系的骨干和主要交通方式之一,在我国经济社会发展中的地位和作用至关重要。高速铁路集聚了现代工业文明的丰硕成果,以其安全、便捷、舒适、环保等技术经济优势,显示出强大生命力。我国高度重视发展高速铁路,经过几代人的不懈努力,实现了从无到有、从探索到突破、从制造到创造,特别是党的十八大以来,我国高速铁路快速发展,已建成世界上最现代化的高铁网络,成为高铁运营里程最长、在建规模最大、高速列车数量最多、商业运营速度最高、高铁技术体系最全、运营场景和管理经验最丰富的国家。"复兴号奔驰在祖国广袤的大地上"。截至2020年底,我国高速铁路已达3.8万公里,占世界高铁总里程的三分之二以上。四通八达的高铁网,在服务国家重大战略、支撑经济社会发展、满足人民群众美好生活需要、助力"一带一路"建设、推动世界铁路发展等方面做出了巨大贡献。

我国高速铁路借鉴世界高铁发展的成功经验,通过原始创新、集成创新、引进消化吸收再创新,坚定不移地走出了一条符合国情路情、具有中国特色的自主创新道路。系统掌握了艰险山岭、风沙戈壁、黄土湿地、高寒酷热等各种复杂地质及气候条件下高速铁路建造成套技术,建成了一大批世界级标志性工程;创建了成套的高速铁路列车运行控制技术标准体系、认证体系和仿真平台,具备从列控系统设计、生产制造到工程实施的全过程能力;具有成熟的高速动车组设计、制造、测试技术,构建了科学的高速动车组技术标准体系,打造了规模强大的生产基地和完整的产业链;形成了适应复杂路网条件下长距离跨线运行的高铁运营管理成套技术,构建人防、物防、技防"三位一体"的高铁主动安全保障机制。我国高速铁路技术已经走在世界前列,成为推动世界高速铁路发展的重要力量。

习近平总书记指出:"我国自主创新的一个成功范例就是高铁,从无到有,从引进、消化、吸收再创新到自主创新,现在已经领跑世界。要总结经验,继续努力,争取在'十四五'期间有更大发展。"今年,习近平总书记对发展职业教育做出重要指示。国家铁路局坚决贯彻习近平总书记重要指示精神,牵头组织铁路行业科研和工程技术人员编写了"高速铁路工程技术创新丛书"(以下简称"丛书"),旨在全面梳理创新成果,系统总结建设经验,进一步厚植技术优势,持续推进高质量发展;旨在集聚行业智慧,丰富教学载体,助力高铁专业人才培养;旨在分享我国高铁科技创新成果,促进各国铁路合作交流,服务"一带一路"建设。丛书共31册,涵盖高速铁路规划设计、土木建筑、装备制造、生态保护、运营管理、安全工程等高速铁路工程技术全产业链、全寿命周期。丛书力求全面反映我国高速铁路科技创新发展成就，体现铁路行业科技创新水平；阐述高铁工程基础理论、规律、机理，呈现技术、方法、路径，可验证，可复制，可传承；汇集专业积累和经验积淀，源于实践，指导实践；涵盖高铁主要工程技术领域，内在统一、自成体系。丛书坚持理论与实践、规范与实证、传承与创新相结合，着力构建“理论+技术+实践”三位一体的高铁工程技术框架，矢志推动建立反映时代特征、体现中国特色、具有世界高度的高铁工程技术创新体系。丛书得到了国家出版基金的大力支持，已列为2021年度资助项目。

我们深刻地认识到，我国高速铁路科技创新能够取得丰硕成果，是以习近平同志为核心的党中央坚强领导亲切关怀、铁路全行业攻坚克难实干奉献的结果，是集中力量办大事的社会主义制度优势的突出体现，是坚持改革开放强国之路的最好例证；得益于中央各部门和地方政府的协同奋战、通力合作，得益于广大人民群众的广泛参与、大力支持。丛书编著人员来自于我国高铁各领域一线，长期从事高铁技术研究与实践，具有深厚理论功底和丰富实践经验，是我国高速铁路建设发展的亲历者、见证人，是铁路各专业具有代表性和影响力的领军人物。丛书专家委员会由行业内具有崇高威望、为我国高速铁路发展做出重大贡献的资深权威专家组成，全程指导丛书编著，并进行审定把关。丛书既是高铁工作者的智慧和汗水的结晶，更是追逐梦想、奋发有为的写照。

当今世界正经历百年未有之大变局，我国正处于两个百年奋斗目标的历史交汇期，开启了全面建设社会主义现代化国家的新征程，立足新发展阶段，贯彻新发展理念，构建新发展格局，实现高质量发展，铁路面临新形势、新使命。我们必须坚决贯彻习近平新时代中国特色社会主义思想，全面落实《交通强国建设纲要》，不忘初心、牢记使命，传承守正、培元固本，继续推进高速铁路创新发展，高质量建设铁路强国，为全面建设社会主义现代化国家当好先行。

国家铁路局“高速铁路工程技术创新丛书”编委会

2021年6月

前　言

党的十八大以来，我国高速铁路快速发展，取得了举世瞩目的成就。为了全面梳理我国高铁工程技术创新成果、系统总结建设经验、推进高铁持续创新，国家铁路局组织一批具有深厚理论功底和丰富实践经验的科研和工程技术人员编写了“高速铁路工程技术创新丛书”，并请高铁工程领域资深权威专家全程指导、审定把关。丛书共31册，本书为丛书之一。

我国季节冻土区占国土陆地面积约53.5%，主要分布于东北、西北、华北等北方地区，包括贺兰山至哀牢山一线以西的广大地区，以及此线以东、秦岭—淮河以北地区，其冻结深度由南至北、由低海拔向高海拔区增大，最大达3 m左右。据统计，我国有75%的交通线路位于季节冻土区，其中位于深季节冻土区的交通线路约占总量的30%，位于季节性冻土区的高速铁路达一万多公里。满足毫米级变形控制是高速铁路安全运营的最根本要求，季节性冻土区高速铁路建设面临冻胀控制的巨大挑战。

在寒冷高速铁路规划设计过程中，铁路部门组织勘察设计单位、科研院所、高校等联合开展了大量课题研究，通过理论研究、数值模拟、室内试验、模型试验、现场试验观测等方法，在冻胀控制理论、路基基床结构及填料、防排水措施、冻胀变形监测、桥隧轨道结构及设备设施适应性等方面取得了很多创新成果，并在工程建设实践过程中不断优化完善，最终形成了寒冷高速铁路建造技术体系。本书内容取材于寒冷高速铁路建造相关研究成果及哈大、哈齐、沈丹、哈佳、哈牡、京沈等工程建设经验，涵盖季节性冻土区高铁路基、桥梁、隧道和轨道工程措施，接触网、信号设备、机车车辆等设备设施防寒措施，路基冻胀监测技术及工程实例等。书中内容凝聚了众多铁路建设者的集体智慧，在此谨对参与相关课题研究，参加工程勘察设计、施工和管理的单位及专家、学者、同仁们表示感谢。

本书由中国铁路设计集团有限公司陈则连等编著，中国国家铁路集团有限公司首席专家吴克非主审。吕菲、冷景岩参加了第1、2、3、9章编写，白青波参加了第1章编写，林兆宗参加了第4章编写，杨昌贤参加了第5章编写，郭郦参加了第6章编写，张桂荣、王国梁、王志斌、赵庆坤参加了第7章编写，周勇军参加了第8章编写。

在本书编著过程中，国家铁路局多次组织专家指导，提出了很多宝贵意见，在此一并表示感谢。

由于作者水平所限，书中疏漏和不足在所难免，敬请读者批评指正。

编著者

2021年5月

目　　录

1 绪 论

1.1 寒冷地区气候特点

根据国家标准《民用建筑热工设计规范》(GB 50176)的规定，我国气候主要划分为严寒地区、寒冷地区、夏热冬冷地区、夏热冬暖地区、温和地区五个气候区。其中严寒地区是指累年最冷月平均温度≤－10 ℃或日平均温度≤5 ℃的天数在145天以上的地区；寒冷地区是指累年最冷月平均温度>－10 ℃而≤0 ℃或日平均温度≤5 ℃的天数在90天及以上而不足145天的地区。我国的严寒地区主要包括东北、内蒙古、新疆、西藏、青海等地区，寒冷地区主要包括北京、天津、河北、山东、山西、宁夏、陕西大部、辽宁南部、甘肃中东部、河南、安徽、江苏北部等地区。

根据严寒、寒冷地区的分布可知，其地理纬度或者海拔较高，冬季寒冷且持续时间长，夏季短促且凉爽。东北地区自南向北跨暖温带、中温带与寒温带，冬季寒冷漫长，夏季温暖短暂，冬季南北温度差异明显，地区的降水多集中在夏季，冬季降雪较多，地表积雪时间长，是中国降雪最多的地区；内蒙古属典型的中温带季风气候，具有降水量少而不匀、寒暑变化剧烈的显著特点，冬季漫长而寒冷，多数地区冷季长达5个月到半年之久；新疆是温带大陆性气候，其气候特点是昼夜温差大，属典型的大陆性干旱气候，南疆干旱、光照长、降雨少，北疆降雨量较多；青藏地区属于高原山地气候，冬季严寒，夏季温暖，全年干旱少雨，辐射强烈，植被较少。

严寒、寒冷地区的气温长期低于0 ℃，土体受气温的影响形成冻土层。根据冻土层的持续时间不同，冻土可分为季节性冻土和多年冻土。季节冻土是在地表以下几米范围内，受地表气温季节变化影响，呈周期性冻结和融化状态，无持续两年及以上时间均处于冻结状态的岩土体。多年冻土是至少持续两年以上处于冻结，只在地表一定范围出现夏季融化状态的岩土体。季节性冻土和多年冻土的地层分布如图1.1所示。

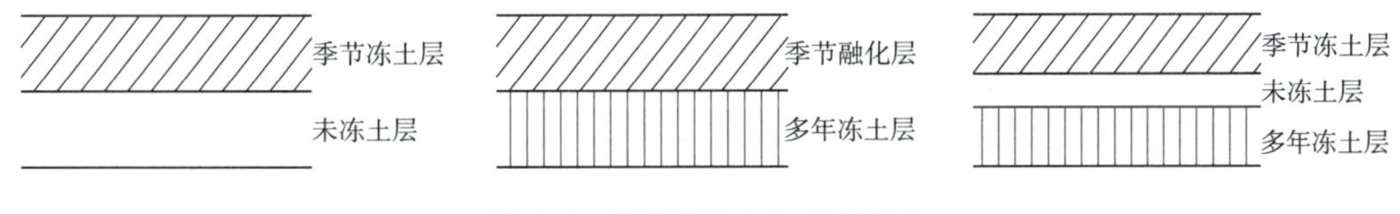

图1.1 季节性冻土和多年冻土

1.2 季节性冻土分布及特征

季节性冻土的存在和分布是近代气候变化的产物。影响和决定季节性冻土形成和发展的因素有：气候条件、海拔、地形、地貌和地质条件等。其中，气候条件对季节性冻土的形成起着重要作用。高纬度或者高海拔地区，严寒的气候环境是季节性冻土形成的基本条件。

地质构造和地形、地貌对季节性冻土形成的影响，主要表现为地形、地貌的不同。地表得到的太阳辐射能量不同，则季节性冻土的冻结深度和持续时间也不同。山区较之平原地带，气温低且寒季长，季节性冻土的冻结深度更深且冻结持续时间较长；阴坡较之阳面，接收的太阳辐射能量较少，季节性冻土的冻结深度较大；不同岩土的持水性和热物理参数差异较大，土体的储热能力和传热能力不同，土体的冻结深度也不相同。地形、地貌、地质条件对季节性冻土的冻结深度和冻结持续时间都有重要影响。

1.2.1 季节性冻土区地理分布

1. 全球季节冻土分布

全球陆地面积约四分之一为季节冻土区，受纬度、海拔和洋流等因素控制，主要分布在北半球。

在北半球欧亚大陆东部，季节冻土南界可到北回归线，往西逐渐北移；在西欧，季节冻土南界仅到巴尔干半岛、亚平宁半岛南端和伊比利亚半岛的一部分。在受到海洋暖流影响的地区则要北移，如在中国东南部和西欧。在北美大陆东部，季节冻土区南界可到墨西哥湾北岸(约 32°N)，在西部由于受海岸山脉和落基山影响，南界可南伸至北回归线。此外，在格陵兰和冰岛，季节冻结具有系统特征(每年都发生)，在墨西哥境内和非洲一些高山存在短时和非系统冻结岛。

在南半球，季节冻结区面积比北半球小得多。非洲大陆南端有系统冻结，在德拉肯斯堡山脉可到南回归线，受高度影响季节冻结还可出现在东部山区(海拔 4 000～6 000 m)。在澳大利亚，季节冻土区大部分在南回归线以南，而系统冻结仅出现在东南部和东部山区(海拔 1 800～2 200 m)及其南边的塔斯马尼亚岛上。新西兰有系统冻结，其南岛有冻土，与海拔高度和洋流影响有关。南美洲大陆的季节冻土在南半球最为广泛，其北界可分布到南回归线，在安第斯山脉可达赤道。此外，在火地岛、马尔维纳斯群岛也有季节冻土。

2. 我国季节冻土分布

我国季节冻土区占国土陆地面积约 53.5%，主要分布于北方地区，包括贺兰山至哀牢山一线以西的广大地区，以及此线以东、秦岭—淮河以北地区，其冻结深度由南至北、由低海拔区向高海拔区增厚，最大达 3 m 左右。

1.2.2 季节性冻土年周期分布规律

季节性冻土受气候影响，在年周期时间内完成一个冻结和融化过程。季节性冻土在深度方向随时间的变化规律如图 1.2 所示。寒区气温在年周期内的变化符合正弦曲线规律。在北半球进入秋冬季节时，土体温度随着气候变冷而降低，土体温度降低至 0 ℃时，土体开始冻结；随着气温的进一步降低，土体的冻结深度逐步加深，在年周期内会达到一个最大冻结深度 h_{max}；

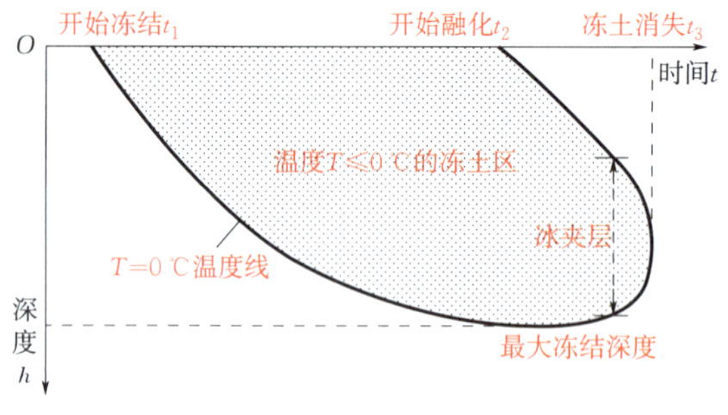

图 1.2 季节性冻土年周期内分布图

进入春季时，气候回暖至气温达到 0 ℃以上，冻土从地表开始融化；气温继续回升后，冻土层的下部也开始融化，土体中存在冰夹层；最后，冰夹层的上下融化线重合，土体整体温度达到 0 ℃以上，冻土层消失。

1.3　季节性冻土区铁路工程问题

1.3.1　季节性冻土的工程特性

季节冻土是一种特殊土，但又不同于通常意义上的特殊土，它可能是任何一种岩土体，包括黄土、膨胀土等特殊土。因此，季节冻土的工程特性更为复杂。在寒冬季节，当气温下降至低于土壤水冰点时，地表土层中孔隙水冻结成冰、体积膨胀，且下部未冻土层中的水分源源不断向上部冻结区迁移、聚集，并冻结成冰透镜体，出现大幅度冻胀变形，其总变形量在 10～30 cm 不等，甚至可超过 40 cm，如此大的冻胀变形，对寒区建(构)筑物带来严重的病害。待到春季，当气温再度回升至 0 ℃以上时，土层随之开始不断融化，解冻了的土体便发生弱化作用且强度降低，此时又将产生融沉病害。诸如，道路工程冬季的路面隆起变形、边坡防护工程开裂，春季的翻浆冒泥现象、沉降(陷)变形或边坡滑塌现象；民用建筑物地基融化时的不均匀沉降和失稳现象；水利工程中渠道反复冻融循环作用下的防渗能力降低等；铁路路基冻害引起轨道变形超限，融沉引起的道砟囊、三角坑等病害严重影响行车质量，甚至威胁行车安全，为此国家每年都要投入大量资金进行养护维修。

根据《铁路特殊路基设计规范》(TB 10035)，季节性冻土的冻胀性分级按照土层的平均冻胀率 η 的大小划分为微冻胀土、弱冻胀土、冻胀土、强冻胀土和特强冻胀土五级(表 1.1)。冻土层的平均冻胀率 η 按式(1.1)计算。

$$\eta=\frac{\Delta z}{h'-\Delta z}\times 100(\%) \tag{1.1}$$

式中　Δz——地表冻胀量，mm；

h'——冻结层厚度，mm。

表 1.1　季节性冻土的冻胀性分类

<table>
<tr><th>土的名称</th><th>冻前的天然含水率 w/%</th><th>冻前地下水位距设计冻深的最小距离 h_w/m</th><th>平均冻胀率 η/%</th><th>冻胀等级</th><th>冻胀类别</th></tr>
<tr><td rowspan="3">碎(卵)石，砾、粗、中砂(粒径小于 0.075 mm 的颗粒含量不大于 15%)，细砂(粒径小于 0.075 mm 的颗粒含量不大于 10%)</td><td>不饱和</td><td>不考虑</td><td>$\eta\leqslant 1$</td><td>Ⅰ</td><td>微冻胀</td></tr>
<tr><td>饱和含水</td><td>无隔水层</td><td>$1<\eta\leqslant 3.5$</td><td>Ⅱ</td><td>弱冻胀</td></tr>
<tr><td>饱和含水</td><td>有隔水层</td><td>$3.5<\eta$</td><td>Ⅲ</td><td>冻胀</td></tr>
<tr><td rowspan="6">碎(卵)石，砾、粗、中砂(粒径小于 0.075 mm 的颗粒含量不大于 15%)，细砂(粒径小于 0.075 mm 的颗粒含量不大于 10%)</td><td rowspan="2">$w\leqslant 12$</td><td>>1.0</td><td>$\eta\leqslant 1$</td><td>Ⅰ</td><td>微冻胀</td></tr>
<tr><td>≤1.0</td><td rowspan="2">$1<\eta\leqslant 3.5$</td><td rowspan="2">Ⅱ</td><td rowspan="2">弱冻胀</td></tr>
<tr><td rowspan="2">$12<w\leqslant 18$</td><td>>1.0</td></tr>
<tr><td>≤1.0</td><td rowspan="2">$3.5<\eta\leqslant 6$</td><td rowspan="2">Ⅲ</td><td rowspan="2">冻胀</td></tr>
<tr><td rowspan="2">$w>18$</td><td>>0.5</td></tr>
<tr><td>≤0.5</td><td>$6<\eta\leqslant 12$</td><td>Ⅳ</td><td>强冻胀</td></tr>
</table>

续上表

土的名称	冻前的天然含水率 w/%	冻前地下水位距设计冻深的最小距离 h_w/m	平均冻胀率 η/%	冻胀等级	冻胀类别
粉砂	$w \leqslant 14$	>1.0	$\eta \leqslant 1$	Ⅰ	微冻胀
		$\leqslant 1.0$	$1<\eta \leqslant 3.5$	Ⅱ	弱冻胀
	$14<w \leqslant 19$	>1.0			
		$\leqslant 1.0$	$3.5<\eta \leqslant 6$	Ⅲ	冻胀
	$19<w \leqslant 23$	>1.0			
		$\leqslant 1.0$	$6<\eta \leqslant 12$	Ⅳ	强冻胀
	$w>23$	不考虑	$\eta>12$	Ⅴ	特强冻胀
粉土	$w \leqslant 19$	>1.5	$\eta \leqslant 1$	Ⅰ	微冻胀
		$\leqslant 1.5$	$1<\eta \leqslant 3.5$	Ⅱ	弱冻胀
	$19<w \leqslant 22$	>1.5			
		$\leqslant 1.5$	$3.5<\eta \leqslant 6$	Ⅲ	冻胀
	$22<w \leqslant 26$	>1.5			
		$\leqslant 1.5$	$6<\eta \leqslant 12$	Ⅳ	强冻胀
	$26<w \leqslant 30$	>1.5			
		$\leqslant 1.5$	$\eta>12$	Ⅴ	特强冻胀
	$w>30$	不考虑			
黏性土	$w \leqslant w_p+2$	>2.0	$\eta \leqslant 1$	Ⅰ	微冻胀
		$\leqslant 2.0$	$1<\eta \leqslant 3.5$	Ⅱ	弱冻胀
	$w_p+2<w \leqslant w_p+5$	>2.0			
		$\leqslant 2.0$	$3.5<\eta \leqslant 6$	Ⅲ	冻胀
	$w_p+5<w \leqslant w_p+9$	>2.0			
		$\leqslant 2.0$	$6<\eta \leqslant 12$	Ⅳ	强冻胀
	$w_p+9<w \leqslant w_p+15$	>2.0			
		$\leqslant 2.0$	$\eta>12$	Ⅴ	特强冻胀

注：1. w_p—塑限(%)，w—冻前天然含水率在冻层内的平均值(%)；
2. 盐渍化冻土不在表列；
3. 塑性指数大于 22 时，冻胀性降低一级；
4. 粒径小于 0.005 mm 的颗粒含量大于全部质量的 60%时为微冻胀土；
5. 碎石类土当充填物大于全部质量的 40%时，其冻胀性按填充物土的类别判定；
6. 隔水层指季节冻结层底部及以上的隔水层。

1.3.2 季节性冻土区铁路分布

全球的高速铁路基本分布于北半球，日本、德国和法国等均在季节性冻土区建设了高速铁路，而我国建设高速铁路的季节性冻土区土壤最大冻结深度可达 3.0 m，远超世界其他拥有冻土区高速铁路的国家。

我国在大小兴安岭多年冻土地区建有牙林线和嫩林线两条主要铁路干线,穿越冻土地段 800 km 左右,西部地区有青海海西热水线和穿越天山的南疆铁路两条冻土铁路。近年来,在多年冻土广泛分布的青藏高原上建成了全长 1 142 km 的青藏铁路。随着社会经济的快速发展,寒区高速铁路工程建设不断推进,目前,哈尔滨至大连高速铁路、哈尔滨至齐齐哈尔高速铁路、哈尔滨至佳木斯高速铁路、哈尔滨至牡丹江高速铁路、沈阳至丹东高速铁路、兰州至新疆高速铁路等相继开通运营,牡丹江至佳木斯高速铁路、敦化至松江河高速铁路、沈阳至白山高速铁路等正在建设,这些高铁项目都面临季节性冻土的问题。

1.3.3 季节性冻土区高速铁路建设难题

国内外冻土区铁路建成后都出现不同程度的冻融病害,以俄罗斯贝阿铁路为例,1984—1990 年,线路路基的变形数量增加了 4 倍,每年的增长幅度为 25%～53%。1981 年线路上出现 738 处路基变形,总长 224.2 km;1989 年线路出现 3 645 处路基变形,总长为 1 138.9 km;1990 年变形线路长达 1 154 km,即有 1/3 的线路路基需要治理和进行大修。据统计,在 2004—2005 年间,我国寒区既有铁路也产生了大量的冻胀病害,例如在哈尔滨铁路局辖内铁路路基产生冻胀病害的部位有 16 123 处,总长度达 334 454 m;沈阳铁路局辖内普速铁路路基病害有 1 376 处,病害长度达 34 496.7 m;呼和浩特铁路局辖内铁路路基发生冻胀病害部位有 78 处,总长度达 13 710 m。为保障行车安全,养路部门每年需要投入大量的人力和物力,用以开采砂石、抬高路基、换填道砟、平顺线路等,这些都增加了巨大的维修工作量。由此可知,如何防护和治理冻土路基是严寒地区铁路工程所面临的重要问题。

随着青藏铁路、秦沈客运专线以及哈尔滨局滨州线、京哈线、滨绥线等严寒地区铁路的建设,在季节性冻土地区工程建设方面开展了一系列的试验研究,取得了大量的成果和经验,初步形成了寒区冻土的冻胀性分类体系,提出了相应的冻土路基控制措施及防冻胀结构,形成了冻土路基建造技术,建立了基于工点或断面的路基冻胀监测技术。然而,这些研究成果和工程实践经验仅适用于行车速度小于等于 200 km/h 的铁路,而高速铁路对于轨下系统严苛的变形要求与季节性冻土区土体不均匀、不规律的冻胀变形之间存在尖锐矛盾,在季节性冻土区建设高速铁路之初面临着诸多技术难题。

(1)无砟轨道路基变形要求严格

无砟轨道高速铁路,对于轨下系统的变形有着极为严格的要求:路基工后沉降应符合扣件调整能力和线路竖曲线圆顺的要求,工后沉降不宜超过 15 mm,路基与桥梁或横向结构物交界处的工后沉降差不应大于 5 mm,不均匀沉降造成的折角不应大于 1/1 000。

(2)气候条件恶劣

季节性冻土区,特别是冬季冻结深度大于 1 m 的地区,由于冬季严寒,土体发生冻胀是不可避免的,并且入冬后的气温下降速率即温度梯度对冻胀的大小有较大的影响:气温下降得快,土体冻结迅速,冻结峰面下移较快,土中水分迁移量较少,冻胀量相对较小;如果气温下降较慢或有反复,即所谓的暖冬现象,土体冻结深度发生了停滞,就会引发未冻土中的水分不断向冻结锋面迁移并冻结,从而使得冻胀量增大。

(3)水文地质条件复杂

铁路作为线状工程,沿线往往跨越多个地质单元,水位地质条件复杂多变。季节性冻土区局部地区丰富的地下水条件以及含水层底部的隔水性地层直接导致局部地下水水位较高,难以形成良好的排水通道,造成地表水排水不畅,在低气温条件下极易产生土体冻胀现象。

(4)高速铁路防冻标准尚不完善

在高速铁路建设之初,铁路路基设计规范只是对一般铁路路基防冻原则及措施、填料要求进行了规定,无法满足高速铁路无砟轨道对于变形控制提出的更高要求,季节性冻土地区高速铁路路基基床结构、填料要求、防冻标准等均未形成系统技术规定,并缺少上述标准制定所需的足够的科学研究支撑。

(5)缺少高寒地区高铁建设经验

我国东北、西北地区气候寒冷,季节性冻土区土壤最大冻结深度可达 3.0 m,远超过世界上其他国家修建高速铁路的地层冻结深度,例如德国高铁沿线最大冻深为 0.7 m、日本高铁沿线最大冻深为 1.0 m。在如此寒冷的地区修建高速铁路,世界上尚无成熟的防冻胀经验。

我国有广大的地区存在季节性冻土,为解决寒冷地区高速铁路建造技术系列难题,广大铁路工作者历经十余年理论和技术创新,对高铁建造防冻胀材料、结构设计、运营维护等多方面进行了系统研究,形成了寒冷地区高速铁路建造体系。

2 寒冷地区高速铁路工程地质勘察

寒冷地区地质勘察工作主要是获取防冻胀设计相关的气象、水文、地层结构、岩土特性、地下水分布及影响情况等，为工程防冻胀设计和施工提供依据。

2.1 地质勘察原则

铁路工程地质勘察分为踏勘阶段（预可行性研究阶段）、初测阶段（可行性研究阶段）、定测阶段（初步设计阶段）、补充定测阶段（施工图设计阶段）和施工阶段工程地质工作。

季节性冻土地区铁路工程勘察应根据不同阶段设计需要，收集和调查相关资料，了解当地既有工程的冻害情况和相应的冻害防治经验。踏勘阶段应调查区域气象、水文、地形地貌及地质资料，重点调查收集当地的冻结深度、冻结指数、特殊冻害分布范围及对工程方案的影响。初测和定测阶段应在踏勘的基础上，通过进一步勘察和试验查明沿线地下水分布、地基及路基填料的冻胀特性，并确定路基、桥梁、涵洞及隧道等设施抗冻设计所需的地质、气象资料，特别是最大冻结深度及影响范围内的地层结构、岩性特征、地下水分布等。施工阶段应核查施工图防冻设计中相关的基础资料，特别注意地下水位变化幅度的变化，施工开挖改变地形地貌引起的地表水、地下水径流变化，加强施工开挖后的地下水核查分析，及时提供设计相应调整的防冻措施。

调查与测绘宽度应满足线路方案选择和工程设计要求，不少于路基中线两侧各 200 m；对于冻土条件复杂的地段，应根据冻土现象的类型、发生、发展和影响范围以及冻土工程地质条件分析评价的需要予以扩大。地质观测点的设置、密度应结合工作阶段、成图比例、地质及冻土条件复杂程度等确定。

改建和增建二线铁路的冻土工程地质勘察阶段划分、任务要求，应按新建铁路冻土工程地质勘察要求进行。改建铁路的冻土工程地质勘察，应查明已建工程修建后冻土工程地质、水文地质条件及环境的变化，还应查明已有建筑物冻土地基利用原则和采取措施的适宜性、沿线冻土现象的类型、危害程度及防治效果。

2.2 地质勘察方法

季节性冻土区地质勘察主要采用综合勘察方法，根据地质环境和工程性质，在研究分析区域地质条件和地质调绘基础上，合理运用各种地质勘察手段，用最佳方法的组合，密切配合，取长补短，相互验证，综合分析，查明场区工程地质条件和水文地质条件，为设计所需提供参数。勘察手段主要有地质调绘、遥感地质判释、地球物理勘探、钻探、原位测试、简易勘探、土工试验及现场观测等。

工程地质调绘是地质勘察的基础，通过地貌形态、地层岩性及其工程特征、地质构造、水文地质情况、不良地质现象等的调绘，发现、剖析地质现象，认识区域及工程场地的工程地质条件，指导工程勘探手段，有针对性地布设和资料综合分析。

遥感地质判释是利用航天、航空、无人机平台获取的遥感数据，采用多光谱遥感、高分辨率遥感、三维遥感、雷达遥感及热红外遥感等技术手段，对地质构造、地层岩性、不良地质等遥感解译，指导工程地质调绘。

地球物理勘探(简称物探)是利用物理学的原理、方法和专门的仪器，观测并综合分析天然或人工地球物理场的分布特征，探测地质体或地质构造形态的勘探方法。探测的地球物理场有重力场、磁场、电场、电磁场、弹性波场等；仪器设备主要有电法仪、大地电磁仪、瞬变电磁仪、激电仪、地震仪、综合测井仪等。

工程地质钻探是钻进地层采取岩芯，直观鉴别岩土性质，确定其埋藏深度与厚度，采取符合质量要求的试样，通过室内试验获取设计所需岩土物理力学参数，查明地下水赋存情况等。

原位测试是在工程现场在不扰动或基本不扰动土层的情况下对土层进行测试，以获得所测土层的物理力学性质、指标及划分土层的土工勘察技术。原位测试技术有静力触探试验、标准贯入试验、圆锥动力触探试验、旁压试验、十字板剪切试验、扁铲侧胀试验、载荷试验等。

土工试验主要是采用仪器设备试验获取地基土和填料的物理力学性质，为工程设计和施工提供计算指标和参数。

现场观测是对季节性冻土区路基等工程采用水准测量观测变形，在地下采用元器件对地温、土体含水量、冻胀变形等进行分层观测。

2.3 地形地质选线

铁路选线宜选择在地表干燥、少冰、平缓地带通过，并应避免挖方、零断面及低填方，无法避免时，应减少挖方、零断面及低填方地段的长度。

山前线路应选择在热融滑塌发育地段外缘的下方以路堤或桥通过，缓坡地段应在热融滑塌上方通过。线路走向沿大河河谷时，宜选择在高阶地或台地上，应绕避大河融区及其附近的不稳定地带，在冻土不稳定地带线路宜以最短距离通过。

线路应绕避各种冻土冻胀现象发育地带及地表富水、饱水的冻土地带。不能绕避时，宜从地势平缓、冻土冻胀现象分布较少的地带通过，并应符合下列规定：

(1)线路应以路堤或桥梁通过地表富水、饱水地段，路堤高度应高出暖季后积水水位以上不小于 1.0 m。

(2)斜坡上方具有泉水露头的地下水发育地段，线路不宜设置路堑，并应留足路堤高度。

(3)桥址应避开河流融区边缘的冻土不稳定地带，同一座桥的墩台不得分别设在融土和冻土两种不同的地基上。

(4)隧道口应避开冻土冻胀现象发育地段，洞身应避开地下水发育地带。

(5)大型车站应选择在地形平坦、地层为基岩或粗颗粒土的地段，不应设在地表富水、饱水地段及冻土冻胀现象发育和冻土不稳定地段。

(6)路基工程不宜高填、深挖,并应防止取弃土位置不当引起次生冻土环境地质问题。

(7)线路纵断面设计尽量避免低路基,路基高度应大于基床厚度,尤其是地下水位较高地段。路基填方较高、地基处理深度大的地段要进行路桥方案经济技术比较,工程投资相近时宜采用桥梁,水稻田地段在投资增加不多时应采用桥梁,排水困难易淹农田、湿地的地段应采用桥梁。无砟轨道线间路基面排水不宜采用集中方式。长段落设防冻胀护道地段可将电缆槽移至护道。

2.4 调查收集资料

2.4.1 气象资料收集调查

收集调查沿线气象站建站以来的极端最低气温,近十年来的平均气温、冻结指数及土壤最大冻结深度统计值。

无实际观测资料时,冻结指数可根据调查的气温资料按式(2.1)计算确定,气温可参考表 2.1 确定。

$$F=\sum_{i=1}^{n}|t_i| \tag{2.1}$$

式中 F——冻结指数,℃·d;

t_i——日平均负温度值,℃·d;

n——计算年日平均温度为负温度值出现的天数。

表 2.1 中国季节性冻土地区典型测站相关气象参数参考值

省/自治区/直辖市	测站	最大年降水量/mm	冻结指数/(℃·d)	最低气温/℃		最热 7 d 平均最高气温/℃		混凝土年有害冻融循环次数
			多年最大值	多年平均	标准差	多年平均	标准差	
黑龙江	牡丹江	716	2 060	−32	3	31	2	93
	哈尔滨	753	2 140	−34	3	31	1	80
	鹤岗	965	2 085	−30	3	30	2	74
	齐齐哈尔	591	2 246	−32	3	31	2	100
	佳木斯	924	2 117	−34	3	31	2	74
	黑河	739	2 843	−37	3	30	2	53
	大兴安岭	747	3 323	−42	3	30	2	68
	伊春	881	2 572	−39	2	30	2	69
内蒙古	呼和浩特	562	1 028	−25	3	31	2	145
	赤峰	678	1 134	−25	2	33	2	142
	通辽	664	1 646	−28	3	32	2	116
	海拉尔	360	3 097	−40	3	30	2	73
	多伦	565	1 811	−33	3	28	2	129

续上表

省/自治区/直辖市	测站	最大年降水量/mm	冻结指数/(℃·d)	最低气温/℃		最热7 d平均最高气温/℃		混凝土年有害冻融循环次数
			多年最大值	多年平均	标准差	多年平均	标准差	
吉林	集安	1 295	1 100	−28	4	32	2	83
	四平	769	1 513	−28	3	31	1	103
	延吉	360	1 459	−28	3	31	2	119
	通化	1 295	1 461	−31	3	30	2	96
	长春	861	1 799	−29	3	31	2	90
	白城	559	2 092	−31	3	32	2	116
辽宁	大连	977	360	−16	3	29	1	68
	丹东	1 590	718	−21	3	30	2	94
	营口	880	892	−23	3	31	1	93
	朝阳	726	898	−26	4	33	2	135
	宽甸	1 590	1 081	−30	4	30	2	103
	沈阳	1 076	1 225	−27	2	31	2	93
	本溪	1 244	1 217	−28	3	31	2	83
新疆	哈什	159	383	−18	4	34	1	112
	吐鲁番	33	578	−18	3	42	1	100
	阿拉尔	92	605	−21	3	35	1	117
	伊宁	449	850	−29	4	34	1	73
	哈密	197	897	−23	3	37	2	123
	塔城	440	1 262	−30	4	34	2	78
	乌鲁木齐	419	1 462	−27	4	34	2	64
	克拉玛依	154	1 739	−29	4	37	1	56
	石河子	340	1 701	−32	3	36	1	58
	阿勒泰	326	1 838	−35	5	32	1	65
西藏	林芝	529	50	−12	1	25	1	62
	拉萨	620	182	−15	2	26	2	152
	日喀则	647	365	−20	2	25	1	183
	昌都	795	232	−18	2	28	1	131
	那曲	868	1 712	−31	4	18	2	213
青海	西宁	431	760	−21	2	28	2	139
	班玛	804	876	−25	2	22	2	162
	久治	804	1 190	−29	3	20	2	166
	玉树	652	755	−24	2	23	2	177
	德令哈	253	1 093	−27	4	27	2	182

续上表

省/自治区/直辖市	测站	最大年降水量/mm	冻结指数/(℃·d)	最低气温/℃		最热7d平均最高气温/℃		混凝土年有害冻融循环次数
			多年最大值	多年平均	标准差	多年平均	标准差	
甘肃	天水	558	154	−14	2	32	2	66
	兰州	457	338	−17	2	33	2	117
	临夏	609	540	−20	2	28	2	114
	武威	251	713	−23	3	32	1	135
	酒泉	147	858	−25	3	31	1	154
	张掖	286	837	−24	2	32	2	152
河北	邢台	799	158	−14	4	35	1	71
	石家庄	1 098	184	−15	3	35	1	69
	保定	947	247	−16	3	35	2	87
	秦皇岛	929	497	−17	3	31	1	85
	唐山	963	353	−18	2	32	2	95
	张家口	592	708	−21	2	33	2	124
北京	北京	813	308	−16	3	34	2	93
天津	天津	716	317	−15	3	33	1	84
陕西	汉中	976	22	−7	1	33	2	4
	西安	769	92	−11	3	36	1	38
	宝鸡	698	87	−10	2	35	1	34
	延安	691	466	−20	2	33	1	95
	横山	456	744	−23	2	33	2	122
	榆林	456	804	−25	3	33	2	126
山西	运城	658	102	−14	2	36	2	57
	临汾	689	194	−17	3	35	1	78
	太原	696	393	−20	2	32	1	105
	离石	689	601	−22	2	32	2	112
	大同	554	940	−26	2	31	2	134
	五寨	659	1 290	−31	2	29	2	141
宁夏	银川	287	607	−22	3	32	1	128
	固原	662	736	−24	3	28	2	125
河南	南阳	1 095	67	−10	3	35	2	13
	郑州	1 000	91	−12	2	35	2	35
	三门峡	824	93	−11	2	35	2	54
	商丘	938	112	−12	2	35	2	38
	安阳	853	153	−13	3	35	1	59

续上表

省/自治区/直辖市	测站	最大年降水量/mm	冻结指数/(℃·d)	最低气温/℃		最热7 d平均最高气温/℃		混凝土年有害冻融循环次数
			多年最大值	多年平均	标准差	多年平均	标准差	
山东	青岛	882	115	−11	2	30	1	38
	济南	872	171	−13	2	35	1	53
	威海	1 004	158	−11	2	31	1	40
	潍坊	705	275	−16	2	34	2	70
	泰安	564	785	−22	2	23	1	67
四川	成都	1 754	2	−4	1	33	1	0
	巴塘	1 035	6	−11	2	32	2	86
	甘孜	845	573	−21	3	25	2	98
	理塘	1 035	691	−23	4	20	1	157
	峨眉山	1 754	704	−17	2	18	1	46

注:1. 铁路工程材料与结构抗冻设计时,应依据实际调查数据或实测资料。表中数据是利用气象部门实测数据统计计算确定的,供设计人员参考。
2. 最大年降水量是利用1990—2000年气候资料计算确定。
3. 冻结指数是利用1990—2000年气候资料计算确定的多年最大值。
4. 最低气温是每年气温的最低值,最热7 d平均最高气温是每年连续7 d的日最高气温平均值的最大值。利用1960—2000年的气候资料计算相应多年平均值与标准差。
5. 混凝土有害冻融循环次数是利用1970—2000年气候资料计算确定。

在确定冻结指数后,应重点调查标准冻深、年最低气温、最冷月平均气温、冻前的降雨量和降雪量等资料,调查地形和坡向等环境因素对冻深的影响、降温速率等资料,以及不少于30年的水泥混凝土年有害冻融循环次数。

水泥混凝土年有害冻融循环次数的平均值应按式(2.2)计算。

$$n_{\mathrm{m}}=\frac{1}{n}\sum_{i=1}^{n}n_i \tag{2.2}$$

式中 n_{m}——水泥混凝土年有害冻融循环次数的多年平均值,次/年;当最冷月平均气温低于−10 ℃时,如计算得到的年有害冻融循环次数不足60,按60次计;

n_i——水泥混凝土第i年有害冻融循环次数,次/年,$i=1\sim n$。

2.4.2 地质水文资料调查

(1)水文调查及水文地质勘察应查明地下水补给、径流、排泄条件及与地表水的关系。

结合地形、地貌及微地貌,斜坡坡度、朝向,积水湖塘的分布及形成条件,查明研究区内井、泉的分布规律,分别在寒季和暖季查明地下水、地表水的水位深度与变化幅度,水体分布范围与影响区域,关注线路附近地层在不同深度内的含水量变化情况。路堑工程开挖后应注意核查地下水分布及水位变化情况。

(2)工程地质勘察应查明季节性冻土层的厚度及物质组成,分析、评价其冻胀特征及分布,查明季节性冻土层的岩土物理力学及热学性质、土的冻胀特性,提供设计所需参数。

按下列要求确定地基土、路基土的岩土类型及冻胀特性：

①对地基土和拟用取土场的土进行颗粒分析，试验确定冻前天然含水率、液限、塑限、天然密度等指标，明确土的类型。

②试验确定土的冻胀特性，对粒径小于 0.075 mm 的颗粒含量超过 5%的路基土应测定其冻胀率，试验方法应符合现行《铁路工程土工试验规程》(TB 10102)中冻胀率试验的规定。无条件实测时，冻胀率可按式(2.3)计算。

$$\eta=(w-w_0)\lambda+1 \tag{2.3}$$

式中 η——土的冻胀率，%；

w——路基土冻前含水率，%；

w_0——起始冻胀含水率，%，可取 0.80～0.84(为塑限)；

λ——系数，黏质土、粉质土及黏土质砂取 0.25，细粒土质砾、粉土质砂取 0.28。

2.4.3 既有工程冻害调查

季节性冻土地区铁路工程设计应按下列要求调查铁路所在区域既有工程的冻害资料和冻害防治措施：

(1)调查已有路基的冻胀、融沉变形、翻浆冒泥、边坡融滑等常见冻害，调查防护和排水设施的冻害情况。

(2)调查既有铁路路基表面的冻胀和开裂、松散、沉陷等；调查既有公路、铁路水泥混凝土路基表面的冻胀、错台、裂缝、表面脱皮等。

(3)调查桥梁的基础冻胀和融沉、桩基冻拔、翼墙开裂、上部结构冻害、附属设施冻害等。

(4)调查隧道衬砌的开裂与破碎、衬砌的漏水与挂冰、路面积水与结冰、洞口挂冰、排水设施出水口积水与结冰等冻害情况。

(5)调查各类工程所采取的冻害防治措施及使用效果。

2.5 地质勘察重点

2.5.1 季节性冻土区工程地质勘察重点

在调查和收集基本的工程地质、水文地质、冻土冻胀、自然灾害及气温、地温等气象资料后，在各阶段勘察时应重点关注以下问题。

1. 路基工程

(1)沿线季节性冻土分布情况，冻深范围内土层的冻胀特性，评价自然边坡及基底的稳定性。

(2)沿线不良冻土冻胀现象的分布及对路基工程的影响。

(3)填料取土场调查，确定沿线集中取土点和大型取土场的土体冻胀特性、岩土的物理力学性质、可供取土的数量和质量。填料选择应满足路基防冻胀要求。

2. 小桥涵工程

(1)桥位范围内的季节性冻土分布情况、危害程度和水文地质条件；

(2)根据冻土工程地质条件，提出小桥涵的基础型式、埋深和施工方法等建议。

3. 大、中桥工程

(1)桥位范围内季节性冻土分布情况及物理力学特征；

(2)桥渡区不良冻土冻胀现象的危害程度。

4. 隧道工程

(1)隧道通过地段季节性冻土的分布情况，有无地下水及地下水类型，补给、径流、排泄条件及动态特征，季节性的冻融循环对围岩强度的影响及水分转移可能引起的工程地质问题；

(2)隧道洞口处不良冻土冻胀现象的危害程度；

(3)重点隧道宜根据需要进行地温、地下水、冻胀量和简易气象等项目监测。

5. 站场及房屋建筑工程、供水工程等

(1)季节性冻土的分布情况，不良冻土冻胀对场地稳定性的影响；

(2)地下水埋藏条件对工程建筑物的影响；

(3)地质构造、环境地质对建筑场地的影响。

6. 地质条件及变化

(1)季节性冻土的周期性变化规律；

(2)建筑物施工过程中因冻土冻胀可能产生的工程地质问题；

(3)工程影响下季节性冻土冻结深度的变化；

(4)工程施工改变地形地貌引起地表水、地下水条件发生变化可能引起的冻胀问题。

2.5.2 季节性冻土区工程勘探测试要求

1. 勘探孔布设

查明季节性冻土最大冻深变化的勘探，应在 11 月至来年 4 月进行。初测阶段，一般路基地段勘探点宜按地貌单元布设，间距不宜大于 500 m。定测阶段，一般路基每公里不少于 4 个勘探孔，挖方段勘探孔间距以满足编制工点资料的需要为原则；桥梁按墩台布置勘探孔；隧道洞口必须有勘探孔，洞身视情况而定。当冻土工程地质条件复杂、地层变化较大时，宜配合地球物理勘探查明冻土分布特点。

2. 勘探深度

季节性冻土勘探孔深度应根据工程类别、冻土工程地质条件的复杂程度确定。除针对季节性冻土考虑的勘探深度之外，还应满足不同工程基础稳定和沉降设计需要。

初测阶段，孔深不应小于 8 m，且满足判释地下水位变化幅度对防冻胀设计的影响。对于路基工程，勘探孔深度不得小于 2 倍的最大冻结深度；对于隧道工程，当地层为基岩时，勘探孔深度应至路肩设计高程以下 4～5 m，当地层为第四系松散堆积层时，勘探孔深度应至路肩设计高程以下不小于 8 m，且不应小于路肩设计高程以下相当于 2 倍的最大冻结深度。初测阶段勘察应在代表性冻土地段及重点工程地段布置地温长期观测孔，观测孔应满足工程地质分区的需要，并应按地貌单元布设。

定测阶段，对于路基工程，勘探孔深度不应小于 8 m，且应大于 2 倍的最大冻结深度，路堑勘探深度不应小于路肩以下最大冻结深度加 2.5 m，并需满足判释地下水位变化幅度对防冻胀设计的影响；对于桥梁工程，大中桥勘探孔深度应不小于 20 m，小桥涵应大于 2 倍最大冻结深度，且不得小于 12 m，长轴涵洞还应沿轴向布置横断面勘探；对于隧道工程，有地下水的隧道，勘探深度应至设计泄水洞基础以下 4～5 m。

3. 取样试验

由地表以下 0.5 m 开始逐层取样，每层都应取样品，同一地层厚度大于 1 m 时每米取一样品，含水率变化时需加取，不得从爆破的碎土块中取样。

岩、土试验项目除按一般岩、土物理力学性质的试验要求外，如各类建筑物设计有需要，应提供热物理及冻土力学参数。

4. 原位测试

原位测试包括静力触探、动力触探、载荷试验等。

5. 路基冻胀监测

高速铁路路基工程受季节性冻土冻胀影响最为显著，在路基施工阶段及运营阶段均需要开展路基冻胀监测工作。监测内容包括：路基表面冻胀变形监测、路基本体分层冻胀监测、路基分层含水率监测、路基分层地温（冻结深度）监测、地下水水位监测、重点路基段降雨量监测。

6. 地下水核查

在定测、补定测勘察基础上，路堑施工开挖至设计高程后应注意地下水情况的核实，注意基底岩土的潮湿程度变化或有无地下水出露，以免遗漏渗水盲沟的设置，影响防冻胀措施。

3　寒冷地区高速铁路路基工程建造技术

3.1　寒冷气候对路基的影响

寒冷气候对路基工程的影响主要体现在路基土冻结产生不均匀冻胀、路基土融化时未化冻土隔水层形成翻浆等。

3.1.1　寒冷地区铁路路基冻害类型

在我国的东北、华北、西北等地区，由于受地理条件的限制，每年都有持续数月的严冬季节，使季节冻土广泛分布，其冻结深度由南向北、由低海拔区向高海拔区增厚，最大达 3 m 左右。在寒冬季节负气温影响下，一方面地表土层中孔隙水冻结成冰，体积膨胀（膨胀系数 9%）；另一方面更不利的是，在负温梯度作用下，下部未冻土层中的水分源源不断向上部冻结区迁移、聚集，并冻结成冰透镜体，出现大幅度冻胀变形。在春季当气温再度回升至 0 ℃以上时，冻结的土层随之开始不断融化，土体便发生弱化作用且强度降低，此时又将产生一系列不容忽视的由于融化而产生的冻害现象，诸如道路工程春季的翻浆冒泥现象、道砟陷槽、大幅的沉降（陷）变形或边坡滑塌现象等。

根据对寒区既有铁路路基病害的调研结果，由于气候、地质条件等原因，冬季的冻胀和春季的翻浆是季节冻土区铁路路基的主要病害，严重影响了线路的正常运营，也限制了铁路提速。而随着经济的发展，由于大量高速、重载车辆出现，更加剧了这种病害的程度。季节冻土区铁路路基冻害类型主要表现为以下几种。

1. 按纵向外部形态划分

（1）冻峰。路基面在短距离内的冻胀高度大于相邻两地段的冻胀高度所形成的凸起部分。

（2）冻谷。路基面在短距离内的冻胀高度小于相邻两地段的冻胀高度所形成的凹槽部分。

（3）冻阶。路基面两相邻地段的冻胀高度不同而在连接处所形成的错台部分，如图 3.1 所示。

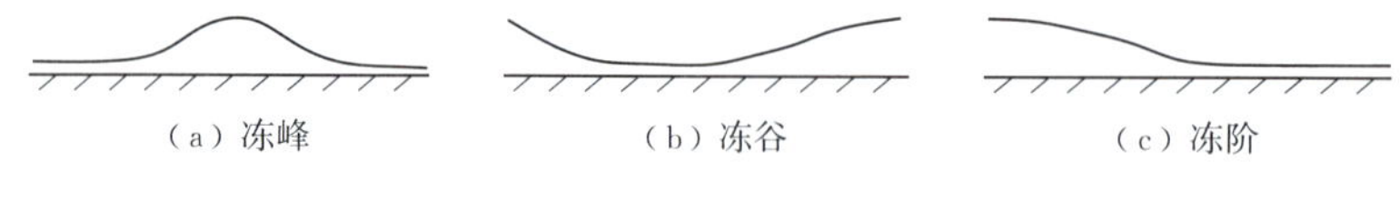

图 3.1　冻害类型

2. 按横向外部形态划分

（1）单侧冻害：沿路基横断面两侧冻胀高度不等。

（2）双侧冻害：沿路基横断面整个冻胀高度大体一致。

（3）交错冻害：在相邻地段的冻胀高度不相同形成高低交错的现象。

3. 按冻害产生部位划分

(1)道床冻害:由于道床不洁而产生的冻胀,虽不属于路基冻害的范围,但其性质对线路的影响与路基冻害相同。

(2)表层冻害:受地表水影响产生的冻胀,发生在路基土体临界冻结深度内上半部分。一般冻胀高度较小,表现为“早起早落”型。

(3)深层冻害:受地下水影响产生的冻胀,发生在路基土体临界冻结深度内下半部分。一般冻胀高度较大,表现为“晚起晚落”型。

4. 按冻害高度大小划分

10～25 mm 为一般冻害,26～50 mm 为较大冻害,51～100 mm 为大冻害,100 mm 以上为特大冻害。

3.1.2　寒冷地区铁路路基冻害特点

我国季节冻土区既有铁路路基冻胀量一般在 30 mm 以下,其中以 15～25 mm 居多,冻胀开始时间一般在 11 月中下旬,融沉开始时间一般在 3 月中下旬。因地质条件的不同,冻胀在路基中发生的部位也不同,而且表现冻胀量变化起伏较大,导致冻峰、冻阶或冻谷的出现。因此,寒区铁路路基冻害的特点首先表现为不均匀冻胀特性,即不同里程处路基冻胀的相对高度相互之间差异较大,路基的冻胀变形极不规则,严重破坏了路基的整体平顺度,如图 3.2 所示;其次表现为暖季的融沉,易导致路基翻浆冒泥现象发生,如图 3.3 所示。对于铁路线路来说,重点关注的不是路基冻胀的绝对数值,而是在纵横方向上路基冻胀的不均匀程度。冻胀的不均匀性和暖季的不均匀融沉,常使轨道结构的水平、高低等发生不均匀的变化,影响线路的整体平顺度,从而给行车带来安全隐患。

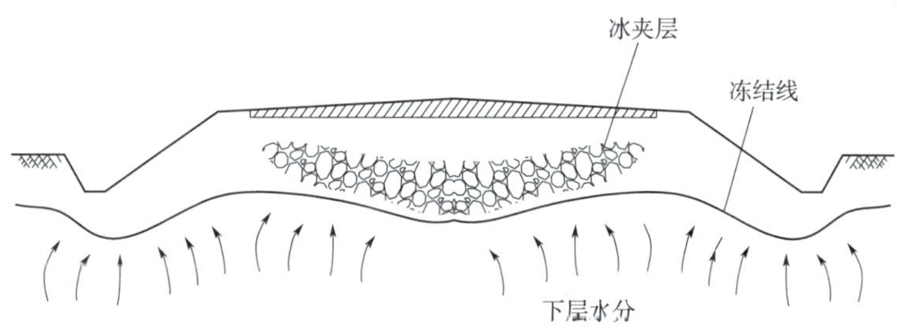

图 3.2　路基土冻结产生不均匀冻胀

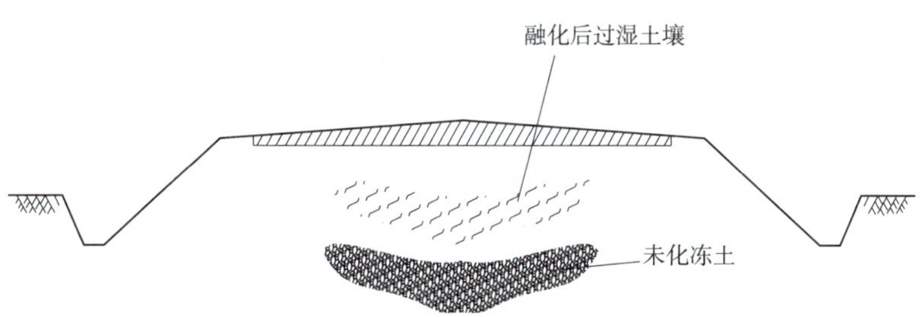

图 3.3　路基土融化时未化冻土隔水层形成翻浆

3.2 寒冷地区路基技术现状

3.2.1 铁路路基防冻胀结构

国内外铁路路基防冻胀结构设计基本遵循防排水的技术路线，将填料标准和结构设计相结合，达到防治冻胀的目的。

德国采用在非渗水性基床和道砟之间铺设 20 cm 厚路基保护层（渗透系数 $K \leqslant 10^{-6}$ m/s）或在砾或砂中间铺设塑料隔水层的措施，以减少或消除水对路基的影响（见图 3.4）；对于新建线路，根据冬季寒冷程度将全国划分为 3 个冰冻作用区，路基表层按冰冻作用区设置防冻保护层（见表 3.1），起到保护基床表层的作用，并具有抗冻胀的功能；在冻结深度范围内用细颗粒（粒径 0.06 mm 及以下）含量小于 5%的砾或砂填筑，渗透系数 $K=1\times10^{-5}\sim1\times10^{-4}$ cm/s，底层土质为细颗粒含量小于 15%的砾或砂。

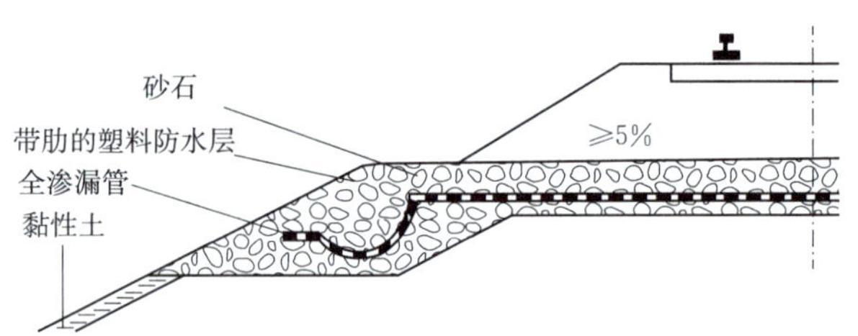

图 3.4 德国既有线路堤内用塑料防水层密封

表 3.1 德国路基防冻层设计

线路类型			防冻层最低层厚/m			抗冻形式
			冰冻作用Ⅰ区	冰冻作用Ⅱ区	冰冻作用Ⅲ区	
新建线路	新建主干线		0.5	0.6	0.7	完全抗冻
	城铁、新建次干线		0.4	0.5	0.6	部分抗冻
	其余线路		0.3	0.4	0.5	
维修保养	既有线	$v>160$ km/h	0.3	0.4	0.5	
		$v\leqslant160$ km/h	0.2	0.25	0.3	

法国普速和高速铁路均以有砟轨道为主要轨道结构形式，路基防水所用的材料和设置位置与德国相似，即在路基表面级配碎石层下设置防污层，防污层由砂垫层中间铺合成毡垫或土工纤维布进行防水防污（见图 3.5）。

日本铁路路基一般采用冻结指数推算冻结深度，然后在冻结深度内填筑不冻胀填料进行抗冻。设计冻结指数根据最近 100 年间实测冻结指数通过概率方法确定。防冻胀结构是在路基表层铺 5 cm 沥青混凝土，基床填筑非冻胀土质或采用保温措施。非冻胀材料中砂的细颗粒（粒径小于 0.075 mm）含量小于 5%，砾的粒径要求在 4.7 mm 以下，且细颗粒含量小于 15%。

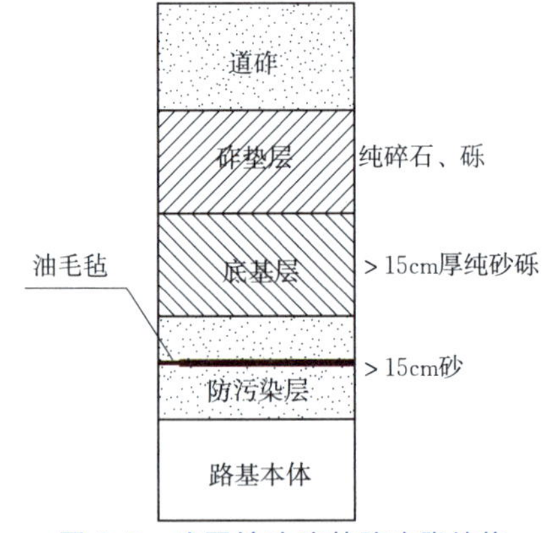

图 3.5 法国铁路路基防冻胀结构

我国铁路设计规范中规定路肩高程要高出冻前地下水位或冻前地面积水水位，加毛细水强烈上升高度及有害冻胀深度，再加 0.5 m；当路肩高程不能满足上述要求时，应当采取引排地面积水或降低地下水位、基底设毛细水隔断层、在有害冻深范围内采用弱冻胀土作填料、采用聚苯乙烯泡沫塑料板隔温层等措施。在秦沈客运专线建设中形成将路基作为结构物修建的理念，并分为基床表层和底层，在基床底层顶面设置了不透水的两布一膜隔离层，防止水向下部路基内渗透。

3.2.2 冻胀病害及防治措施

随着人类活动范围的扩大，冻土区建筑、水利、交通等工程越来越多。对铁路而言，第一条穿越冻土地区的铁路是俄罗斯的西伯利亚大铁路，它从莫斯科出发到太平洋海岸的符拉迪沃斯托克，全长 9 446 km，在东西伯利亚外贝加尔靠东部地段穿过了 2 200 km 以上的冻土区。20 世纪70 年代末，俄罗斯修建了第二条西伯利亚大铁路(贝阿铁路)，全长 3 500 km，通过冻土区 2 500 km。作为阿穆尔—雅库特铁路干线组成部分，别尔卡基特—托莫特—雅库茨克铁路从 1985 年开始建设，全长 818 km，线路穿过高低不平的永冻土带，几乎全部位于冻土区。北美的冻土铁路网主要分布在冻土区的南部，其中 1904 年修建的阿拉斯加铁路，线路长 756 km，通过冻土区 378 km。此外，在马尼托巴和魁北克冻土地区也修建了干线铁路。加拿大在冻土区建有 5 条铁路，最早的哈德逊湾铁路建于 1910 年，全长 820 km，穿越冻土区 611 km。

我国是世界冻土大国，既有穿越多年冻土区的青藏铁路(全长 1 142 km)及建设在大小兴安岭地区的牙林线和嫩林线(长 800 km)，更有分布广泛的修建在季节性冻土区的铁路，其中哈尔滨、沈阳、呼和浩特、兰州、乌鲁木齐等铁路局及青藏公司管辖内的大部分铁路基本上均处于冻土区，运营线路里程超过 10 000 km。

无论是季节性冻土还是多年冻土，铁路路基表层都存在着一层冬冻春融的冻结—融化层。作为路基的冻融层，在冻融过程中会引起土体性质的变化，发生路基变形、冻胀、沉降和裂缝等现象，严重影响着铁路行车安全和运输效率。

季节性冻土区路基治理主要方法如图 3.6 所示，可以概括为以下 4 种方法：

(1)路基换填法。换填法是指用非(弱)冻胀性材料置换天然地基的冻胀性土，以达到削弱或基本消除路基冻胀的目的。该方法是一种比较彻底的整治路基冻害的方法，缺点是造价高、占用铁路天窗时间长、对铁路线路正常运营干扰大，一般在路基冻害特别严重的区段才会采用。

(2)路基排水隔水法。水是产生路基冻胀的决定性因素，只要有效降低土体的含水率，就能减弱路基冻害。因此，排水隔水法就是通过采取一定的工程措施，来减小冻深范围内路基土的含水率，隔断外部水源补给，如降低地下水位、排走地表水、排出路基本体水等。排水隔水法以其花费低、施工简单、对列车行驶干扰少等优点，成为整治路基冻害的首选措施。在路基工程中，排水隔水法通常有扩大或加深路基边沟、布设截水沟、布设砂桩、加设不透水隔水层等。

(3)路基保温法。保温法是指在路基表面或浅层设置保温层即隔热层，减少外界气温对路基中水分的影响，以降低冻结深度，从而达到减少路基冻胀的目的。目前有很多材料可用作隔热材料，如泡沫混凝土、玻璃纤维、聚苯乙烯泡沫等。这些材料一般都具有耐久性、低吸水性及不易变质等特性。如果隔热材料承受荷载作用，还要求隔热材料具有足够的抗压强度。我国常用的材料是EPS或XPS保温板。

(4)物理化学方法。是指通过改变土体中物质与水之间的相互作用，从而降低土体中水分的迁移强度，同时可以使土体冻结温度降低，达到减弱或消除路基冻胀的目的。常用的方法有人工盐渍化改良、憎水物质改良及土颗粒聚集或分散改良等。

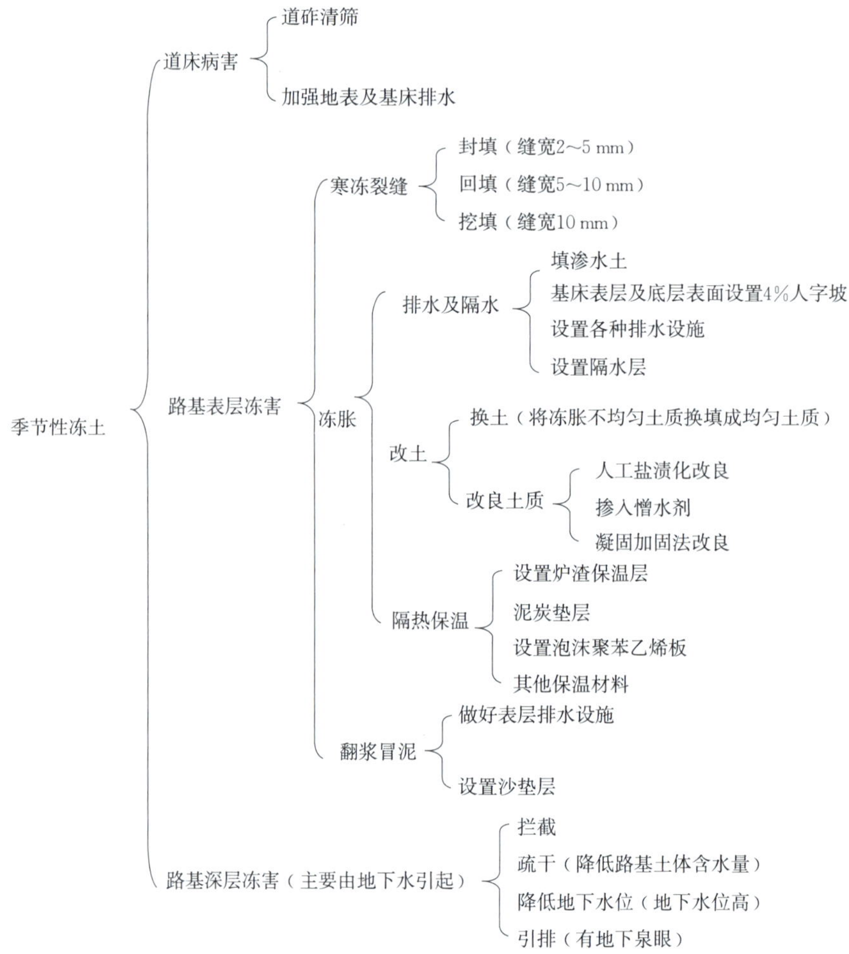

图3.6 既有线路路基季节性冻胀问题处理主要措施

3.2.3 路基冻胀控制技术

近年来依托寒区高速铁路建设，形成了路基冻胀变形控制技术，系统提出了严寒地区高速铁路路基防、排、疏、渗防冻胀理论，构建了基于路基防护深度范围内控制水分和填料冻胀性的成套设计技术，研发了高速铁路路基粗粒填料冻胀试验方法及装置，提出了基于不利条件填料冻胀率的基床冻胀计算方法，创新了高渗透性、低持水性、弱冻胀性填料路基和特殊条件下混凝土基床等防冻胀路基结构，解决了严寒地区路基防冻胀世界性难题。开发出路基冻胀变形综合监测技术，建立了严寒地区高速铁路路基冻胀综合监测分析系统，用于路基冻胀变形时空发展和分布规律。研究确定了无砟轨道路基冻胀关键影响因素，建立了路基冻胀演变模型；阐明了路基冻胀与冻结指数、结构层位、填料细粒含量等因素的关系；提出了严寒地区高速铁路路基兼顾冬夏的动态平顺处理技术，控制了路基冻胀对运营的影响，降低了维护工作量，保障了高速铁路的安全运营。

3.3 寒冷地区路基冻胀影响因素

寒区高速铁路相关课题研究和工程实践表明，路基冻胀影响因素主要是水分、土质、温度以及附加荷载。

3.3.1 水　　分

1. 水的存在形式

(1)气态水

气态水充填于某一温度下没有被冰与未冻水占据的孔隙中。由于其弹性随温度升高而增大，因此土中水蒸气将从高温处向低温处迁移，即向冻结前缘迁移、聚集而凝结成滴液，并进而冻结，故它是含水量小的砂性土冻结时水分聚集的水源。

(2)吸湿水

吸湿水为强结合水或分子结合水。冻结时，吸附水不发生相变，故对冻土性质不发生影响。

(3)薄膜水或弱结合水

当吸附水达到最大容量后，土粒吸力只能吸附周围环境中的液态水分子。由于这种吸着力吸附的水分使吸湿水外面的水膜逐渐增厚，形成连续水膜，故称为薄膜水。薄膜水迁移极为缓慢，故不产生析冰现象，形成整体冻土构造。

(4)很弱结合水或扩散层水化膜周边的水

很弱结合水受固体颗粒的应力场影响很小，具有相当大的可移动性，它是土冻结过程中水分迁移、聚集的主要来源，其最大含水量相当于毛细管的饱和含水量。当土的含水量超过最大分子持水量时，土冻结过程中发生强烈的水分向冻结面迁移、积聚，产生强烈的析冰与冻胀现象，从而形成厚层状或厚网状的冻土构造。这种土作为建筑物地基时，在其融化后可能出现很大的沉降变形甚至沉陷破坏。

(5)在自由面上升高的毛细水

根据工程经验，主要土类的毛细上升高度为：中砂 0.15～0.35 m，细砂 1.0～1.5 m，粉土 1.0～1.5 m，粉质黏土 3.0～4.0 m，黏土大于 5 m。在黏土中，只有其中相对大的孔隙或裂隙和不完全饱和的情况下，毛细现象才有意义。在土冻结过程中，毛细水的作用相当大，因为土冻结时向冷锋面迁移的很弱结合水膜依赖毛细水而得到不断补充，在这种水的积聚处生成厚的分凝冰。毛细水使土的冻结在开放系统下进行。

(6)土中潜流性状态水或被动吸附水

这种水处于自由状态，充填于构造空格穴内。被动吸附水冻结时具有下列作用：一是补充因很弱结合水迁移与析冰过程中脱水的水膜;二是在它的密集点形成结晶中心,由于冰的吸附力大,结合水向它迁移、聚集,有利于厚冰层的生长。

(7)重力水或自由水

仅存在于具有足够大的孔隙与裂隙中,土冻结时,重力水不能向冷锋面迁移,但它能形成参加迁移过程的其他类型的水,成为源源不断补给的水源。在饱水砂或粗粒土冻结时,重力水产生压力梯度,可以从冻层中被挤压溢出。

试验表明,级配碎石的自然持水率试验基本在3.0%~7.9%之间,细粒含量越少,其自然持水率越低,当细粒含量为0%时,其含水率基本在3%~5%之间。

(8)冰形式水

类似于土粒,具有使水以薄膜形式黏附于其表面的能力。

(9)结晶水或化学结合水

以水分子的形式进入某些矿物(如石膏、芒硝等)的晶格中,或进入次生黏土中,失去其本身的分子结构。

通过了解土中水的9种存在型式,可以得到:(1)冻土中并不是所有水都引起冻胀,引起冻胀的水包括气态水、很弱结合水或扩散层水化膜周边的水、在自由面上升高的毛细水、土中潜流性状态水或被动吸附水、重力水或自由水;(2)发生冻胀需要有水分从高温区向冻温区不断迁移,也就是有源源不断的水分补给,冻土中引起冻胀的水就是具有这种特征或者能够转变成具有这种特征的水。

2. 土冻结时出现的水分迁移

当天气温度降至负温时,土层中的温度也随之降低,土体孔隙中的自由水首先在0 ℃时冻结成冰晶体。随着气温的继续下降,弱结合水的最外层也开始冻结,使冰晶体逐渐扩大,这样使冰晶体周围土粒的结合水膜减薄,土粒就产生剩余的分子引力。由于结合水膜减薄,土粒就产生剩余的分子引力。此外,由于结合水膜的减薄,使得水膜中的离子浓度增加(因为结合水中的水分子结成冰晶体,使离子浓度相应增加),这样,就产生渗透压力(即当两种水溶液的浓度不同时,会在它们之间产生一种压力差,使浓度较小的溶液中的水向浓度较大的溶液渗流)。在这两种引力作用下,附近为冻结区的水膜较薄处,一旦水分被吸引到冻结区后,因为负温作用,水即冻结,使冰晶体增大,而不平衡引力继续存在,若未冻结区存在水源(即毛细通道),就能够源源不断地补充被吸收的结合水,则未冻结的水分就会不断地向冻结区迁移积聚,使冰晶体扩大,在土层中形成冰夹层,土体积发生隆胀,即冻胀现象。这种冰晶体的不断增大,一直要到水源的补给断绝后才停止。

3. 水分重分布现象

土在冻结过程中,土中水分发生明显的迁移运动,造成水分重分布。其特点是:

(1)冻土中的水分重分布现象,既具有不均匀性又具有沿深度分布的规律性。一般可分为两种体系:一种是无外界水源补给的情况,冻结过程中只有土体内部的水分迁移而发生的水分重分布现象,通常称为封闭体系,在这种系统中发生的冻胀是封闭型冻胀,一般是由水分的原位冻结与体积膨胀引起的;另一种是有外界水源补给的情况,冻结时水分增加量主要由外来水迁移量而决定,通常称为开放体系,这种系统中发生的冻胀是开敞型冻胀,是由水分的原位冻结与体积膨胀引起的,若在冻结过程中,来自未冻区补给的水分很充分,大量水分迁移聚集,便出现严重的冻胀现象。

(2)对黏性土和其他细粒土,在开放体系下,冻结过程中下卧未冻土层的水向冻结锋面迁移时,可以得到地下水源的不断补充,所以,冻结后在整个冻深范围内,土的含水量较冻结前有大幅度的增加,使土层冻胀量很大;在封闭体系中,由于缺乏地下水补给,冻结后含水量仅在上部土层中较冻前有显著增加,而下部土层含水量则减少。

(3)对不含粉、黏粒的粗砾石、砂等粗颗粒土,冻结过程一般不产生水分迁移现象,但粗粒土中含粉黏颗粒时,有明显的水分迁移,随粉黏粒增多,其性质逐渐接近黏性土,但当黏粒含量增加较多时,会使土层增加不透水性,阻碍水分的运动,其水分迁移数量又会减少。

(4)当粉土颗粒和开放条件组合时,发生强烈的水分迁移现象,造成上部土层局部聚集大量的冰透镜体,使土体含水量增大。

4. 路基设计含水率分析

铁路路基易受大气降雨及温度影响。尤其是未设置防水层路基,遇秋后连续降雨,雨水浸透路基,此时如立即降温将遭遇路基冻胀最不利状况,含水率为路基填料最不利含水率。这一数值可以在秋季连续降雨后通过现场钻探取土样获得,也可埋设含水率传感器长期监测路基内含水率的变化。

底部设置隔水层后路基基本不受地下水影响,仅受大气降雨的影响。降雨后路基含水率从表层往深部渗透,尤其连续降雨可造成路基完全浸透,路基含水率达到最大。因填料是选择的细粒含量较小的粗粒土,在雨停后,水会向下及两侧渗透,含水率会减少,这一含水率可以从室内试验得到。

(1)最佳含水率

1986 年陈肖柏等进行风砂土柱在饱水后由底部排水脱水试验,结果如图 3.7 所示。总干河砂细粒含量小于 8%,总干风砂小于 15%。从图上可看出 22 h 上部含水率已接近 28 d 的含水率。

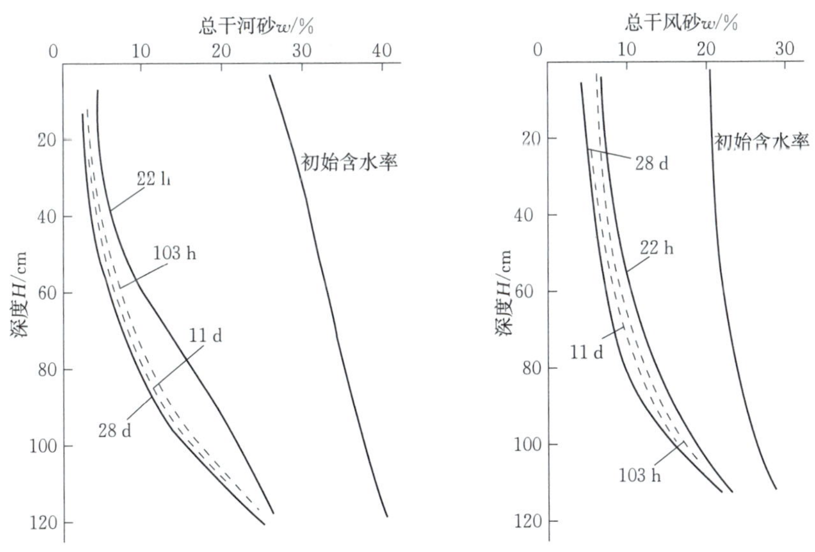

图 3.7 水分状况沿深度变化过程线

表 3.2 为含水率与冻胀率关系。图 3.8 为某高铁基床底层填料渗透底部排水 24 h 含水率变化图。由图可知，24 h 含水率已基本稳定，可作为受到连续降雨路基含水率的参考。

由表 3.2 及图 3.8 可以看出，当试验含水率 w − 最佳含水率 $w_0 \leqslant 4.6\%$ 时，土的冻胀很小，属于不冻胀土，但当超过这一数值后，土的冻胀将显著增加。试验结果表明，当土的含水率 $w \leqslant$ 最佳含水率 $+4.6\%$ 时，属于弱冻胀性土。

表 3.2 最佳含水率和冻胀率关系表

编号	试验含水率 w/%	最佳含水率 w_0/%	$w-w_0$/%	冻胀率 η/%
1	18.5	16.2	2.3	0.27
2	20.5	16.2	4.3	0.44
3	14.3	13.2	1.1	0
4	16.3	13.2	3.1	0
5	10.5	9.3	1.2	0.02
6	12.5	9.3	3.2	2.04
7	14.9	14.8	0.1	0
8	18.5	15.5	3	0.16
9	18.1	15.5	2.6	0.58
10	18.1	15.5	2.6	0.31
11	15.8	11.2	4.6	0
12	15.8	11.2	4.6	0.04
13	17.1	11.2	5.9	1.65
14	17.1	11.2	5.9	1.98
15	19.7	11.2	8.5	3.13

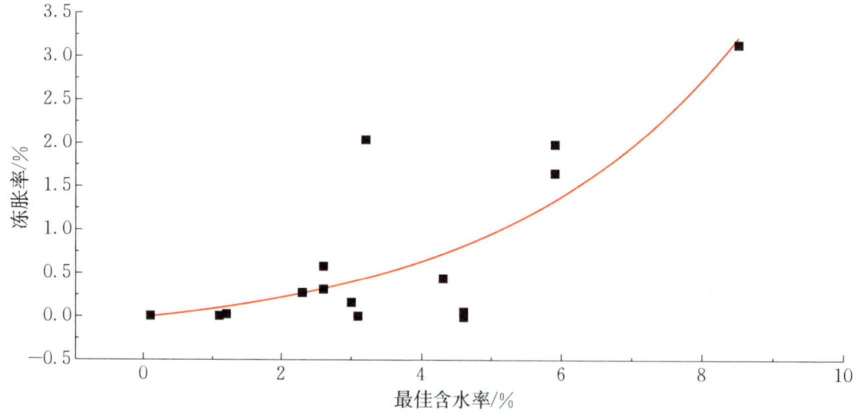

图 3.8 最佳含水率与冻胀率关系图

在路基基床底层顶面铺两布一膜以防雨水下渗到基床底层，使基床底层土含水率控制在施工含水率以下，达到路基防冻胀的目的。在一般情况下，对于可击实土，可用最优含水率+2%，作为冻胀分析试验含水率。

(2)粗粒土含水率与冻胀关系

表3.3列出了一组不同细颗粒含量的粗粒土含水率与冻胀关系，分别为细粒含量2%～3.2%及细粒含量4.5%～6.0%两种土样在不同含水率下土体冻胀率。

表3.3 不同含水率情况下粗粒土冻胀率

编号	细粒含量/%	含水率/%	冻胀率 η/%
1	3.2	6.0	0.36
2	3.0	8.1	0.75
3	3.0	6.3	0.4
4	3.0	5.4	0.24
5	3.0	7.0	0.2
6	3.0	7.0	0.23
7	2.0	5.0	0.23
8	4.9	12.0	12.0
9	4.5	7.6	7.6
10	5.0	5.0	5.0
11	6.0	4.5	4.5
12	5.0	2.5	2.5

根据表3.3可以得出粗粒土含水率与冻胀关系曲线，如图3.9所示。

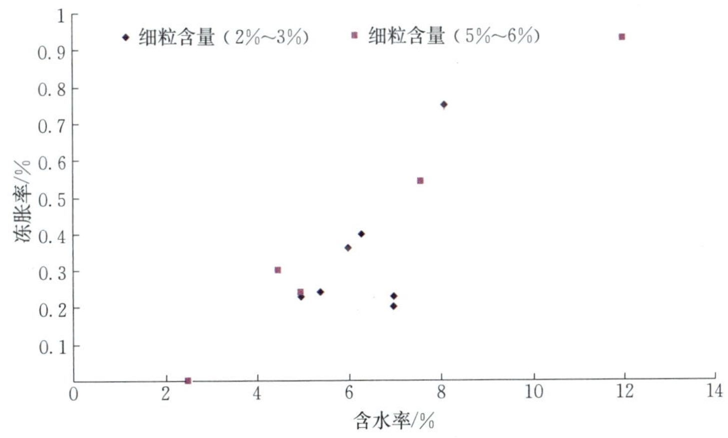

图3.9 粗粒土含水率与冻胀关系图

可以看出，细粒含量在2%～3.2%及细粒含量在4.5%～6.0%情况下，粗粒土冻胀量均随着含水率的增加而逐渐增加。

3.3.2 土　　质

土体的矿物成分、密实度及粒度成分是土质对路基土产生冻胀影响的主要因素。随着路基土土颗粒粒径的变细，土颗粒与水之间的相互作用增强，土壤渗透性减弱。当粉粒含量占主要组成时，冻胀性最强，而当黏粒占主要组成时，土粒与土壤水的作用很强，但由于土壤渗透性减弱，影响冻结时水分向冻结缘迁移聚集，故冻胀性反而降低。当颗粒粒径由大变小时，其比表面积由小变大，与水的作用和土在冻结过程中水分迁移的能力也随之加大，在水分和冻结条件相似的情况下，土的冻胀性由大变小的排列为：黏性土＞砾石土＞粗砂＞砾沙。图 3.10 给出了细颗粒含量对土冻胀率的关系曲线，从图中可以看出，冻胀量随细颗粒含量的增高而加大。图 3.11 给出了水分迁移聚集及冻胀率随矿物颗粒尺寸的变化趋势，由图可见，尺寸在 0.005～0.05 mm 的粉粒土类冻胀性最强，即土粒组成中粉质颗粒占优势是水分迁移的最有利条件。在黏性土颗粒范围内（0.002～0.005 mm 及以下），分散性增加，但与颗粒自由能增加的同时，不参与水分迁移和土冻胀过程的强结合水量也随之增大，渗透系数降低，故水分迁移、聚集量反而逐渐减少。

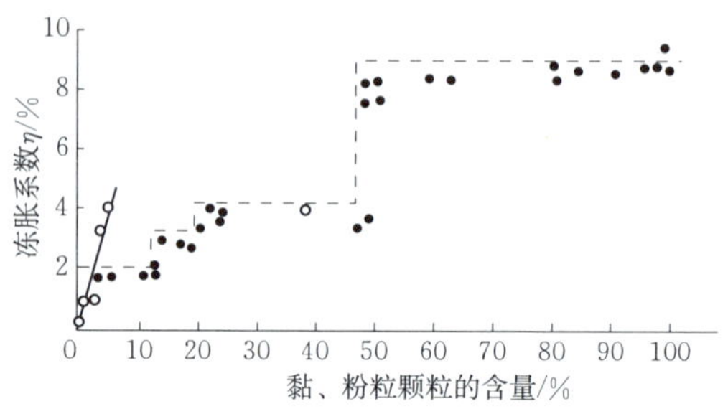

图 3.10　不同粒径的细颗粒含量与土冻胀率关系曲线

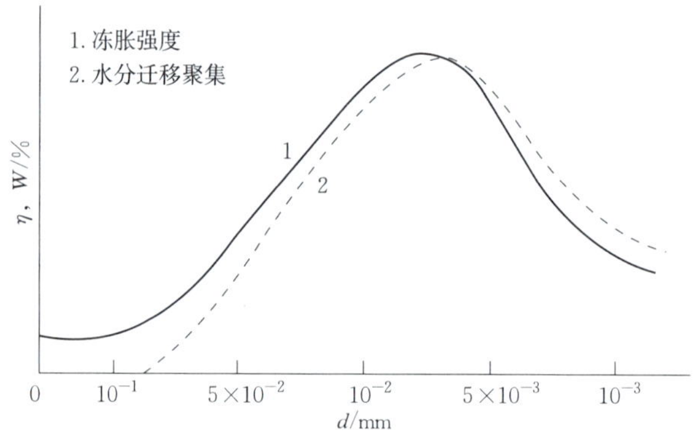

图 3.11　水分迁移集聚及冻胀率随矿物颗粒尺寸的变化趋势

矿物成分对冻胀的影响不存在于颗粒较粗的路基土中。当路基土的土颗粒较细时，尤其是在黏性土中，矿物成分对其冻胀的影响则较为显著。具有较坚固晶格结构的矿物，如高岭土，其离子交换能力不超过蒙脱石的 10%，离子交换能力很弱，同时具有高带电荷性，土粒表面化学活动性较小，具有较大的可移动薄膜水，因而这类土的冻胀性较大。相反，没有坚固晶格结构的矿物，如蒙脱石，具有较高的离子交换能力，同其他矿物相比能够牢固地结合大量自由水，这使毛细管的导水性能变弱，也将导致土体冻胀性的减弱。

土的密实程度对土的冻胀也有一定的影响，在含水率一定的条件下，路基土密度的降低将增大土体的孔隙。当密实度较小的土体冻结时，有充分的孔隙和空间让冰自由膨胀而不会引起土颗粒间距的变化，此时土体产生的冻胀量较小。随着密实度的增大，自由水充填了土颗粒间的孔隙，因此路基中水分冻结成冰后的膨胀空间受到限制，这也会导致路基土冻胀量的增大。当土体达到某一个标准的密实度时，土颗粒间的孔隙最小，达到了最佳的颗粒聚集条件，这时土体的密实度能使水分迁移处于最有利的条件，冻胀量也将达到最大值。

3.3.3　温　　度

在寒冷地区路基土中，温度是随着外界环境温度的变化而不断变化的。负温是路基土产生冻结的前提条件，也是决定路基土的冻结过程、时间以及未冻水含量的基本因素。路基土在冻结过程中，由于土体颗粒表面能的作用被吸附在土颗粒表面那部分未被冻结液态水成为冻土中的未冻水，这部分未冻水与固态冰之间保持着动态平衡的关系：当路基土温度升高时，部分冰融化转化为未冻水，路基土含水率增大；相反，当路基土温度降低时，部分未冻水冻结成冰，路基土含水率降低。路基土的冻胀量是随着路基土中温度的降低而增加的，因为在负温且封闭的条件下路基土中的水分不断冻结，自由水含量不断减少，含冰率逐渐增大最终导致路基土体积变大，产生冻胀。

负温条件下，路基土中温度的变化速率将决定路基土的冻结速度，同时也会影响到路基土的冻胀量。冻结锋面在路基土中的推进速度反映了路基土中某一瞬间冻结锋面的热平衡状态。当冻结锋面经过已冻区域并且向上传递的热量大于未冻区域通过热传导方式传递上来的热量时，在冻结锋面上就会有冰析。在同一温度条件下，土体的冻结速度还取决于土中含水率、冰析出率和土体的密实度等因素。路基土冻胀量的大小与外界环境温度下降速度及路基土中冻结锋面向下的冻结速度有着直接关系。外界大气温度降低较快且冷却强度较大时，冻结锋面向下冻结的速度也越快。此时路基土中的毛细水和弱结合水还来不及向低温冻结锋面迁移积聚就被原地冻结，被冻结的冰晶体也堵塞了毛细水的补给通道，由于水分迁移和积聚无法发生，在路基土中看不到冰夹层，只有散布于土孔隙中的冰晶体，路基土无明显冻胀。相反，如果外界气温下降缓慢、负温持续时间较长且冷却强度较小时，路基土中的毛细水和自由水不断向低温冻结锋面迁移积聚，在路基土中出现冰夹层且产生较为明显的冻胀现象。

3.3.4　附加荷载

行车荷载是铁路的附加荷载。外部荷载，一方面使土层排水出现压缩固结，增加其密实度，使土壤水导湿率改变，从而影响水分迁移速率；另一方面只有在冰透镜体生长面上冻胀等于或大于上覆附加荷载时才出现冻胀现象。总的来说，上覆荷载对土体的冻胀产生了一定的抑制作用。田亚护等的研究表明，当上覆压力超过 30 kPa 时，级配碎石冻胀率降低约 50%，如图 3.12 和图 3.13 所示。

该抑制作用实质上反映在以下两个方面：降低土体孔隙水结晶的冰点和减小水分向冻结锋面的迁移量。对于寒区铁路路基工程来说，外界的附加荷载对土体冰点影响几乎可以忽略不计，其主要对路基土体冻结过程中水分迁移量有影响。

图 3.12 不同上覆荷载试验

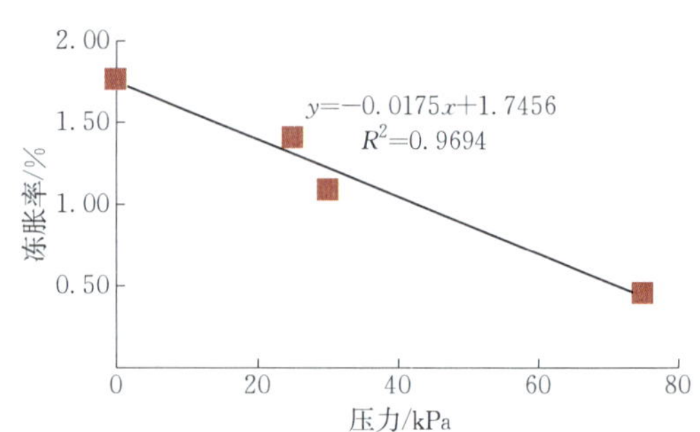

图 3.13 上覆压力与冻胀率之间的关系

对于土体的融沉变形来说，上覆荷载加大了路基的融沉变形量，尤其是在冰层较厚的冻土中，较大的列车循环荷载作用往往会引起该土体内孔隙水压力的剧烈变化，再加上融化过程中细粒土中的水分又不容易排出，使得此处路基出现翻浆冒泥现象。

以上几种原因是寒区既有铁路路基冻害产生的根本原因，而其在寒区铁路路基工程中直接表象主要有以下几方面，也是引起路基一般冻害的普遍原因：

(1)路基基床的表面不平整，造成基床表面积水而引起表层冻害，其深度和强度因道砟陷槽或道砟囊的深度不同而不等。

(2)路基填筑的土体来源不同，特别是基床部分，大都来自当地的粉质黏土，一般含水量较大。由于填筑时的土层厚度不均及夯实密度不同，而引起土体冻胀量的差异。

(3)路基低矮，由于上游侧地表排水不畅或地下水位较高，使得路基土体的含水量也较大，容易因冻胀不均而形成冻害。

(4)气温影响及路基朝向的不同，还有路基纵向结构的不连续，造成路基土体在冻结时的温度场不均衡，影响路基土体的冻结速率和程度，也会使冻胀量发生差异。

综上所述，影响土冻胀敏感性及冻胀量的因素很多，归纳起来有以下几种：土壤自身的内在因素，包括颗粒成分、构造、渗透性、比表面积、饱和度、含水量以及土壤水中的盐分组成与含量等；与冻结条件有关的外在因素，包括冻结时的孔隙水压力、冻结时的约束力、冻结速度(率)或温度梯度，以及水分补给条件等。冻土的融沉是由于温度升高，冻土中的冰逐渐融化而表现出来的和冻胀相反的一个过程，冻土的冻胀过程及冻胀量的大小直接影响其后续的融化沉降过程。因此，就冻土的融沉而言，影响融沉变形的因素也不外乎以上几种，只是在此基础上又增加了融化过程中的孔隙水压力、外界荷载作用、融化速率等影响因素。因此，影响土冻胀敏感性及冻胀量的因素众多，但对于我国大部分寒区铁路路基冻害来说，其主要可归纳为土质、水、温度及附加荷载等几个方面。

3.4 寒冷地区路基冻胀机理研究

土壤冻胀是寒冷地区普遍存在的现象，路基冻胀是寒区铁路、公路路基特有的破坏现象。含水的土壤在负温下发生冻结，产生冰体，同时由于冰的胶结作用，使土体的抗外力的强度提高。显然,水是土体发生冻胀的直接原因,是冻胀的主体,冻胀防治从冻土中水的存在形式出发,研究冻胀机理,对工程中防治冻胀具有重要意义。

3.4.1 路基冻胀机理

冻胀是土中所含水分以及因迁移作用进入的水分冻结时,土体体积增加所致,包括原位冻胀和分凝冻胀两大类。目前解释土冻结过程中水分迁移的理论主要有两种:基于毛细水迁移机制的第一冻胀理论和基于薄膜水迁移机制的第二冻胀理论。

第一冻胀理论(毛细理论)认为毛细作用是驱动冻土中水分迁移的源动力,1885 年俄国学者 Штукенбург 首先提出毛细水迁移假说,1961 年 Everett 以热力学理论为依据,提出毛细力是冰分凝过程中水分迁移的驱动力,并给出了该驱动力的表达式。毛细理论的局限性主要体现在其无法解释新冰透镜体的形成,同时低估了细粒土中的水分迁移。

第二冻胀理论(薄膜水理论)认为土颗粒表面被水膜包围,冻结导致土中薄膜水分的重分布,水分从水膜厚的区域向水膜薄的区域迁移。1972 年 Miller 提出了冻结缘的概念,1978 年 Loch 在试验中发现冻土中存在冰结缘。目前第二冻胀理论是解释冻土中水分迁移的主流看法,冻结缘的存在构成了冻胀。

3.4.2 粗颗粒土冻胀研究

高速铁路路基一般采用粗颗粒土填筑,因此粗颗粒土的冻胀特性一直是专家和学者关注的问题,目前形成了较为集中的定论,认为粗颗粒土的土颗粒粒径较大,其颗粒表面化学能较小,表面极少存在薄膜水,并且由于土体的孔隙率较大,冻结过程主要是由于其孔隙液态水结晶转变成固态水,并不产生或者极少产生水分正向迁移,通常被认定为冻胀不敏感性材料。然而,某高铁路基冻胀规律从宏观层面揭示了粗颗粒土在一定组合情况下的冻胀特性,与现阶段的传统冻胀理论形成了鲜明的对比和反差。因此,在前面宏观规律研究的基础上,借助先进的技术手段,从微观角度深入剖析粗颗粒路基土的冻胀机理和特性至关重要,也为后续寻找便捷有效的防治途径奠定基础。

国内外已有不少学者开展了细颗粒土冻胀规律、冻胀机理等方面的研究,随着高速铁路工程的建设发展,关于粗粒土填料冻胀特性、冻胀影响因素等方面的研究也逐渐增加。传统的冻胀理论认为:粗颗粒土的粒径较大,其颗粒表面化学能较小,表面极少存在薄膜水,并且由于土体的孔隙率较大,冻结过程主要是由于其孔隙液态水结晶转变成固态水,并不产生或者极少产生水分正向迁移,而从我国东北地区的高速铁路建设运营情况来看,粗颗粒在一定的条件下也可以产生明显的冻胀。

张依晨等对 5 种粗粒土 13 种不同含泥量土料在不同含水率、饱和度和密实度状态下进行了一系列封闭系统下的冻胀模拟试验,研究了各种粗粒土的 $\eta—w$ 关系,并对其进行线性分析,提出了粗粒土的冻胀规律。根据所建立的各种不同粗粒土的 $\eta—w$ 经验关系式得出各种土料以及粗粒土对应的不同冻胀等级和类别的界限含水率值,并与现有的规范进行对比。

陈则连等对高速铁路路基防冻胀的级配组成以及渗透性能进行了多项试验,通过室内试验研究了细颗粒含量对路基填料含水量和冻胀率的影响,通过现场试验研究了路基填料的渗透性能，选取哈齐客专试验段路基进行冻胀观测，验证了防冻层填料的导水特征及其防冻胀性能。研究结果表明，采用填料防冻的技术路线是可行的，通过合理控制填料组分、级配、细颗粒含量等设计参数，严格把控施工质量，路基填料能够满足高速铁路路基防冻胀要求。根据室内外试验及观测研究，还提出了填料防冻胀设计的细颗粒含量与渗透性能控制指标。

李安源等通过室内试验和现场监测，提出了粗颗粒土的冻胀敏感性与土的级配、初始含水量、温度、外载等诸多因素有关，认为在一定的组合条件下，粗颗粒土也可以发生显著的冻胀。同时以认识高速铁路路基冻胀特性为目的，在分类梳理有关粗颗粒土冻胀特性研究文献的基础上，简要论述了粗颗粒土的冻胀理论及其发展现状，重点论述了有关影响粗颗粒土冻胀特性的几个关键因素——细颗粒含量、水分特征及温度状况方面的研究成果和存在的问题。论述了研究粗颗粒土冻胀模型及其冻胀机理时应关注的问题，以更好地评价、防治公路和铁路路基土冻胀。

Chamberlain 总结了关于冻胀敏感性评价的分类，指出大部分评价冻胀敏感性的方法是基于细颗粒含量和级配特性，并且从统计学的角度分析得出级配是关系到土体冻胀敏感性的最重要的参数。对于土的级配和矿物成分对冻胀的影响，国内外学者做了大量试验。Bilodeau 等研究了级配对 3 种不同粗骨料冻胀敏感性的影响，发现随着土的孔隙度增加，其分凝势随之降低。试验结果表明，细颗粒含量对分凝势值有很大影响。

Vinson 等研究了细颗粒粒径大小对粗颗粒土冻胀敏感性的影响，并建立了冻胀率和分凝势的相关关系，指出颗粒粒径越小，相关系数越大。

Konrad 等通过室内试验研究表明，细颗粒土的含量小于 7%时，冻胀量较小，但是随着补水量的增加，粗颗粒土的冻胀量随之增加，将 1%的冻胀率作为判别粗颗粒土冻胀敏感性的标准。同时，Konrad 研究了不同矿物成分含量对土颗粒冻胀的影响，认为对于级配良好的粗颗粒土，其冻胀性随着细颗粒含量和高岭土含量的增加而增加，证明了分凝势不仅随着细颗粒含量增加而增加，也随着细颗粒含量中的高岭土含量增加而增加。而 Rieke 认为，随着细颗粒活性增加，分凝势由于未冻水被活性颗粒吸附而减小。

Fourie 等通过研究 3 种不同颗粒大小的粗颗粒土的渗透性，并利用 CT 观测冰晶体的形成和消失过程，得出级配良好的粗颗粒土初始不透水冰层的形成位置接近土体表层，这与我国在东北地区高速铁路路基上观测到的现象较为一致。

姜龙等在研究季节性冻土区公路路基砂类土冻胀时发现，在封闭系统中，只有当土体中的初始水分含量达到某一临界值时，土体才会发生冻胀，并且冻胀量随着土中含水量的增大而增大，最终趋向一个定值。

Komarov 研究砂冻结时的渗透性发现，土壤的渗透性会随着冰晶体的形成而大大降低。在密实度为 0.4 的条件下，当初始含水量在 2%～7%变化时，孔隙冰的饱和度在 30%～60%变化，土壤的渗透系数从 6 mm/min 降低到 0.07 mm/min。

彭万巍研究了 4 种不同掺合料砂石在不同冻结速率下冻胀率变化关系，得出冻结速率的大小直接影响着土的冻胀强度，而与冻结历时关系不大。

陈肖柏等通过对不同级配的砂砾料在不同冻结速率下的冻胀敏感性试验及其结果分析得出，砂砾料的冻胀率随着冻结速率的降低而呈幂函数关系递增。冻结锋面在土中的推进速度反映了土中某一瞬间冻结锋面的热平衡状态。当冻结锋面经过已冻区域并且向上传递的热量大于未冻区域通过热传导方式传递上来的热量时，在冻结锋面上就会有冰晶体的析出。

田亚护等通过试验，详细研究了动、静荷载作用下细颗粒土的冻胀特性。试验结果表明，静荷载、列车动荷载对土的冻胀都具有一定的抑制作用，且随着外荷载值的增大，细颗粒土的冻胀率逐渐减小，当静荷载值等于动荷载幅值的一半时，动、静荷载对细颗粒土的冻胀影响基本相同。

童长江等结合工程实践研究了荷载对浅基础地基土冻胀变形的抑制作用。试验表明，外荷载加大，冻胀速度急剧减小；外荷载对地基土冻胀抑制作用的影响系数随着基础下冻结土层的增加而减小。

赵国堂等通过室内试验、现场试验、数值分析以及图像处理技术，详细研究了粗颗粒图微冻胀过程，建立了粗粒土“团簇”冻胀理论。

3.4.3　粗粒土“团簇”冻胀理论

高速铁路要求路基作为结构物进行设计和施工，其与天然土体在颗粒级配、孔隙结构和水分补给等方面都存在很大差异。根据实测结果，我国严寒地区高速铁路路基冻胀主要发生在基床范围内。高速铁路设计规范要求基床填料须为粗颗粒土，其中基床表层采用级配碎石，基床底层主要采用 A、B 组填料，而且在路基面上需要设置纤维混凝土或沥青混凝土封闭层。根据基于水分迁移的传统冻胀理论，粗颗粒土的土颗粒粒径较大，其颗粒表面化学能较小，表面极少存在薄膜水，并且由于土体的孔隙率较大，冻结过程主要是由于其孔隙液态水结晶转变成固态水，并不产生或者极少产生水分正向迁移。因此，粗颗粒土通常被认定为冻胀不敏感性材料，应用传统冻胀理论不能解释高速铁路路基粗粒土冻胀产生机理。

大量试验研究发现，当粗颗粒土中含有细颗粒且随着细颗粒含量不断增加，由于相同质量的细颗粒土比表面积远大于粗颗粒土，使得土与水的相互作用能力不断增大，相应土的冻胀敏感性也不断增强。试验也发现，粗颗粒土的变形源于颗粒的位置调整，即相邻颗粒间的错动明显，并伴有一定的转动，颗粒自身形变很小。说明粗颗粒土冻胀时除了水分相变产生体积增大外，结构变形是其体积膨胀的另外一个主要原因，而结构变形的动力则来自所含的细颗粒冻胀。

通过 X—CT 微观扫描及图像处理技术，发现粗粒土填料中的细颗粒上易聚集成团，以“簇团结构”的形式存在于填料中，见表 3.4。“簇团结构”是粗粒土填料产生冻胀的主要原因之一。

表 3.4　细颗粒图像处理过程及结果

细颗粒含量/%	原始图	粗颗粒剔除后细颗粒分布图	细颗粒“簇团”分布图
0	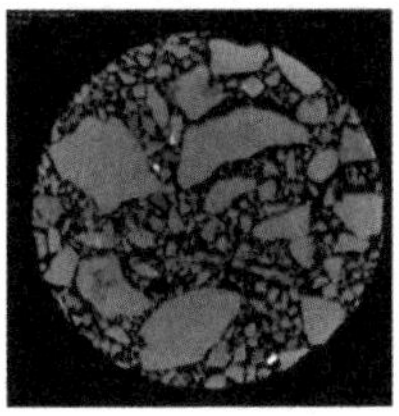		

续上表

细颗粒含量/%	原始图	粗颗粒剔除后细颗粒分布图	细颗粒"簇团"分布图
3	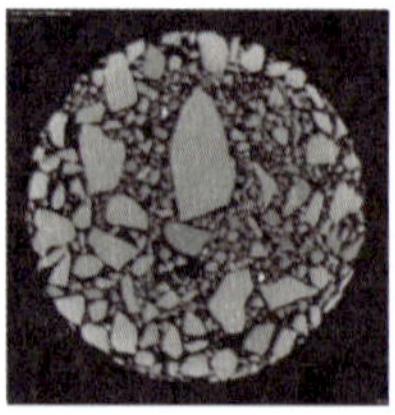		
5	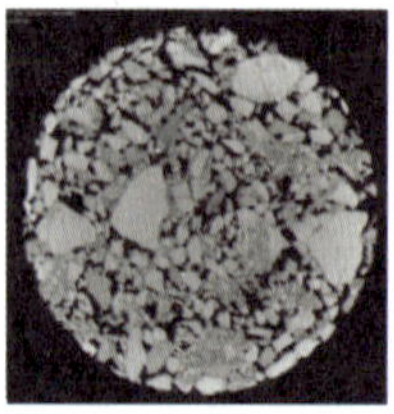	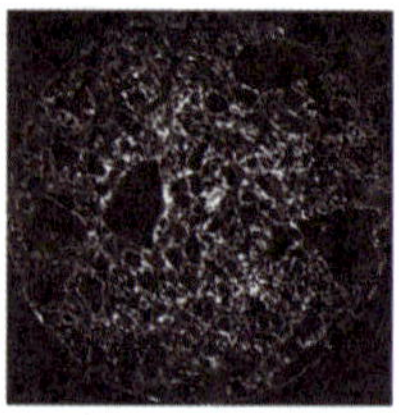	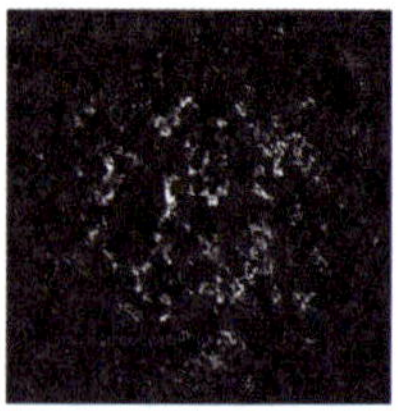
8		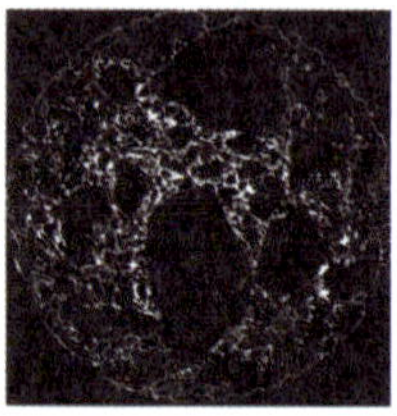	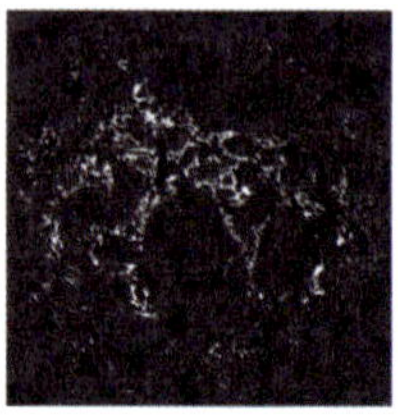
10	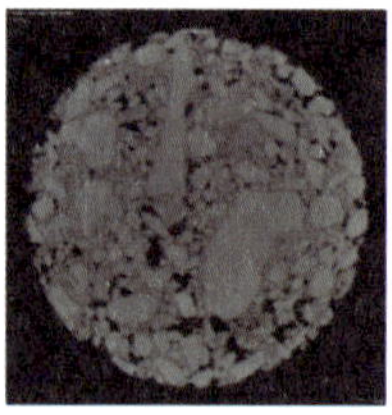	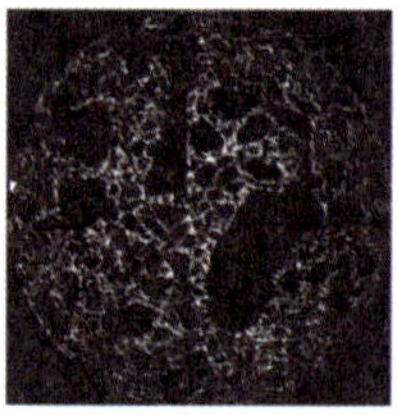	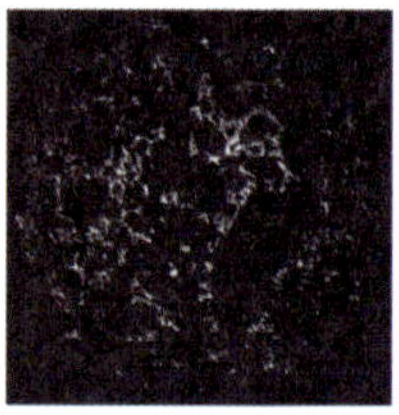

随着细颗粒含量增加,"簇团率"也随之增大,细颗粒含量在3%~5%之间,"簇团率"有大幅增长。冻胀率随着"簇团率"的增加而增大,呈相关性较高的线性关系,用"簇团率"评价粗粒土填料冻胀特性,是粗粒土冻胀研究的一条新思路。

3.5 寒冷地区路基防冻胀原则

由于区域气候环境的多变性、水文地质条件的复杂性等诸多不利因素的影响,季节性冻土地区路基冻胀往往不可避免,只能结合实际情况采取相应的措施控制冻胀量,以保障高速铁路安全运营。

国内外在防治季节性冻土冻胀问题上采取的措施,根本上均是针对负温、冻胀敏感性的土和水这三个因素展开的。这三个因素引发的各类冻胀防治措施,主要是保温、换填和防水,而在实际工程应用中单一某种方法都不能完全解决冻胀问题,需要采用综合方法进行防治。

总结哈大、哈齐、沈丹、盘营等一大批寒区高速铁路设计经验，高速铁路路基防冻胀设计应遵循以下几个主要原则：

(1)采用全冻结深度范围内防冻的原则；

(2)以填料预防控制为主，防、排、疏、渗水及隔热为辅的综合防冻措施；

(3)防冻胀路基基床结构设计应满足冻胀量控制要求；

(4)建立完善的防排水系统。

寒区高速铁路路基防冻胀设计要收集冻结指数、地下水条件、水文条件、标准冻深等环境资料，计算设计冻深，选择防冻胀结构，进行冻深范围内填料设计，系统设计防排水系统。

3.5.1　冻结深度确定

(1)国标规定

《中国季节冻土标准冻深线图》中明确了标准冻结深度的定义是：地下水位与冻结锋面之间的距离大于 2 m，非冻胀黏性土，地表平坦、裸露，城市之外的空旷场地中，多年实测(不少于 10 年)最大冻深的平均值。由于建设场地通常不具备上述标准条件，所以标准冻结深度一般不直接用于设计中，而是要考虑场地实际条件将标准冻结深度乘以冻深影响系数，使得到的场地冻深更接近实际情况。

所以在规范《建筑地基基础设计规范》(GB 50007)、《冻土地区地质勘察规范》(GB 20324)、《冻土地区建筑地基基础设计规范》(JGJ 118)中有：

设计冻深 Z_d 可按式(3.1)计算。

$$Z_d = Z_0 \times \psi_{zs} \times \psi_{zw} \times \psi_{zc} \times \psi_{zto} \tag{3.1}$$

式中　Z_0——标准冻深，无当地实测资料，除山区外，应按附图《全国季节冻土标准冻深线图》查取；

ψ_{zs}——土质(岩性)对冻深的影响系数，按表 3.5 的规定采用；

ψ_{zw}——湿度(冻胀性)对冻深的影响系数，按表 3.6 的规定采用；

ψ_{zc}——周围环境对冻深的影响系数，按表 3.7 的规定采用；

ψ_{zto}——地形对冻深的影响系数，按表 3.8 的规定采用。

表 3.5　土质(岩性)对冻深的影响系数 ψ_{zs}

土质(岩性)	ψ_{zs}	土质(岩性)	ψ_{zs}
黏性土	1.00	中、粗、砾砂	1.30
细砂、粉砂、粉土	1.20	碎(卵)石土	1.40

表 3.6　湿度(冻胀性)对冻深的影响系数 ψ_{zw}

湿度(冻胀性)	ψ_{zw}	湿度(冻胀性)	ψ_{zw}
不冻胀	1.00	强冻胀	0.85
弱冻胀	0.95	特强冻胀	0.80
冻胀	0.90	—	—

表 3.7 周围环境对冻深的影响系数ψ_{zc}

周围环境	ψ_{zc}	周围环境	ψ_{zc}
村、镇、旷野	1.00	城市市区	0.90
城市近郊	0.95	—	—

表 3.8 地形对冻深的影响系数ψ_{zto}

地形	ψ_{zto}	地形	ψ_{zto}
平坦	1.00	阴坡	1.10
阳坡	0.90	—	—

(2)铁路工程中冻深选择

在铁路勘察设计中,搜集不少于连续 10 年的最大冻结深度,有条件时搜集连续 30 年的最大冻结深度,一般惯例采用最大值。

(3)填料对冻深的影响

土质对冻深的影响是众所周知的,因岩性不同其物理参数也不同,粗颗粒土比细颗粒土的冻深大,砂类土的冻深比黏性土的大。在这方面的实测数据不多、不系统,而规范中只列举了黏性土,细砂,粉砂,粉土,中、粗砂砾,大块碎石土,没有钢筋混凝土、掺水泥碎石等材料土质影响参数的规定,所以采用级配碎石掺水泥、混凝土基床、填料控制方案时,设计冻深需经过试验或类似工程经验综合分析确定。

3.5.2 路基防冻胀结构

通过研究和工程实践,防冻胀结构主要有渗透性填料路基、改性填料路基、混凝土路基、保温结构路基等,几种防冻胀结构及其防冻原理如下:

(1)渗透性填料路基:通过控制填料渗透性、持水性,减少水分对路基的影响,从而达到防冻目的,使路基结构满足变形、强度和耐久性要求。适用于路基较高、地下水位较低的地段。

(2)混凝土基床:当地下水位高或地下水不易排走时,可在路基防冻范围内采用混凝土浇筑基床。

(3)改性填料路基:在填料中掺入外加剂,使路基结构满足变形、强度和耐久性要求。改性填料分为胶结掺料和憎水掺料两类。

(4)保温结构路基:在路基中铺设保温材料减少冻深,从而达到防冻胀的目的。保温结构路基设计时需要考虑冻结指数、施工荷载、保温材料耐久性等因素。

3.6 寒冷地区路基防冻胀设计

3.6.1 基床防冻胀设计

路基基床由基床表层和基床底层构成,基床表层厚度无砟轨道为 0.4 m,有砟轨道为 0.7 m,基床底层厚度为 2.3 m。路基设计示意如图 3.14 所示。

图 3.14 路基设计示意图

1. 基床填料设计

基床表层填筑级配碎石，细颗粒(颗粒粒径≤0.075 mm)含量不大于5.0%(水洗法)，其不均匀系数 C_u 不得小于15，0.02 mm以下颗粒质量百分率不得大于3%；在粒径大于22.4 mm的粗颗粒中带有破碎面的颗粒所占的质量百分率不小于30%；级配碎石粒径大于1.7 mm颗粒的洛杉矶磨耗率不大于30%，硫酸钠溶液浸泡损失率不大于6%；粒径小于0.5 mm的细颗粒的液限不大于25%，塑性指数小于6。不得含有黏土及其他杂质。级配碎石压实后的渗透系数应大于 5×10^{-5} m/s。

基床底层填筑A、B组填料，设计冻结深度大于基床表层厚度时，设计冻结深度影响范围内填筑非冻胀A、B组填料，要求细颗粒(颗粒粒径≤0.075 mm)含量小于5%(重量比)，压实后小于7%(重量比)，压实后渗透系数不小于 5×10^{-5} m/s。

特别严寒地区无砟轨道路基基床需要加强时，基床表层可采用级配碎石掺5%水泥填筑，基床底层也可填筑级配碎石填筑。

2. 路堤设计

寒冷地区路堤高度原则上应大于基床厚度，常年积水地段路肩应位于常水位以上不小于冻结深度+0.5 m。基床以下路堤采用A、B组填料和C组碎石、砾石类填料。路堤基床结构横断面示意如图3.15所示。

3. 路堑基床设计

在特殊条件下，路堑开挖后，将路基做成路堤的型式，称这种路堑为路堤式路堑。路堤式路堑能够降低路基本体受地下水位的影响，减小路基冻胀。在寒冷地区，高速铁路路堑均采用路堤式路堑型式，并根据岩性和风化程度分别采用换填基床范围、换填冻深范围、换填基床表层、天然基床等型式。

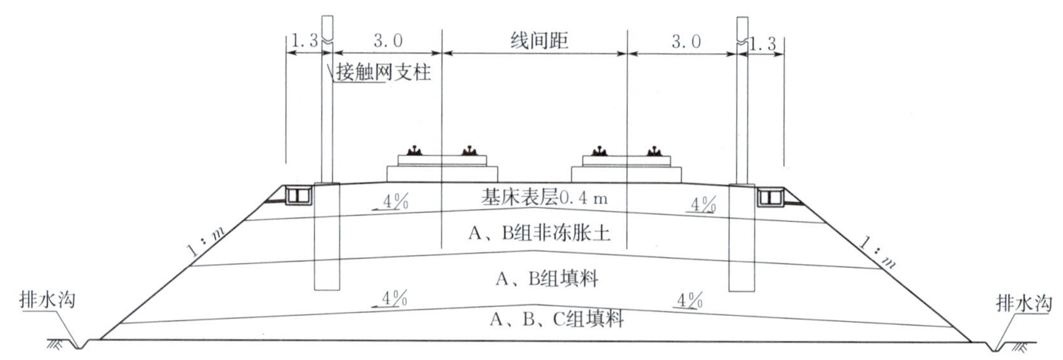

图 3.15 路堤标准横断面(单位:m)

(1)弱风化～未风化硬质岩路堑

采用路堤式路堑型式(见图 3.16),路堤高度按冻深设计,基床不换填,基床超挖以 C20 混凝土找平,轨道板外侧设置 4%横向排水坡。路基面防水层做法与路堤地段相同。

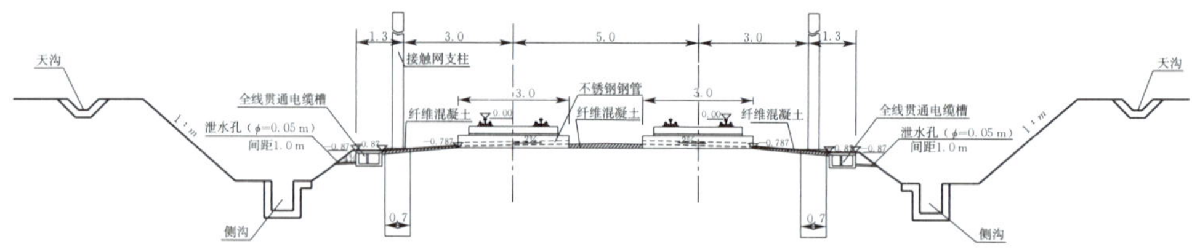

图 3.16 路堑横断面(单位:m)

(2)弱风化及未风化软质岩和强风化硬质岩路堑

采用路堤式路堑型式(见图 3.17),路堤高度按冻深设计,基床表层换填,采用级配碎石填筑,底部应做成 4%的排水坡,以利水排出。

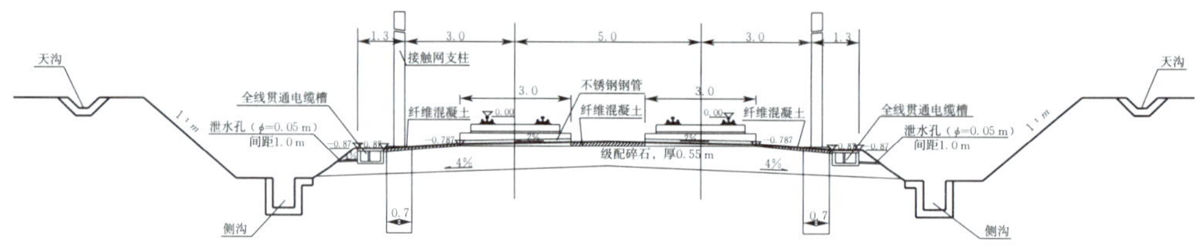

图 3.17 路堑横断面(单位:m)

(3)强风化软质岩路堑

采用路堤式路堑型式(见图 3.18),路堤高度按冻深设计,冻深影响范围内基床换填,表层填筑级配碎石,基床表层以下冻深范围内填筑非冻胀 A、B 组土。底部两侧设渗水盲管或侧沟平台下设渗水盲沟。

(4)土质、全风化软质岩及全风化的硬质岩路堑

采用路堤式路堑型式(见图 3.19),路堤高度按基床厚度设置,基床全部换填,表层填筑级配碎石,基床底层填筑非冻胀 A、B 组土。底部两侧设渗水盲管或侧沟平台下设渗水盲沟。

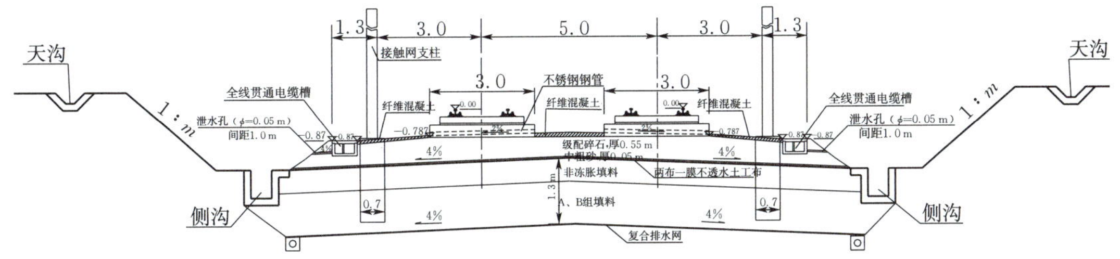

图 3.18 路堑横断面(单位:m)

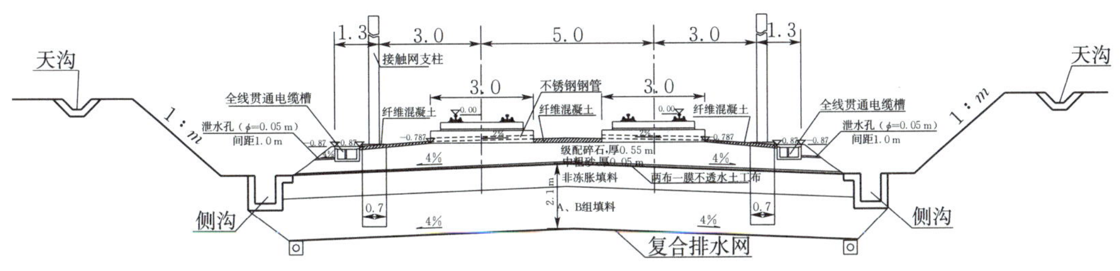

图 3.19 路堑横断面(单位:m)

(5)地下水路堑

地下水位较高地段,于两侧侧沟平台下设置渗沟,采取路堤式路堑,基床换填原则与无地下水地段相同,如图 3.20 所示。

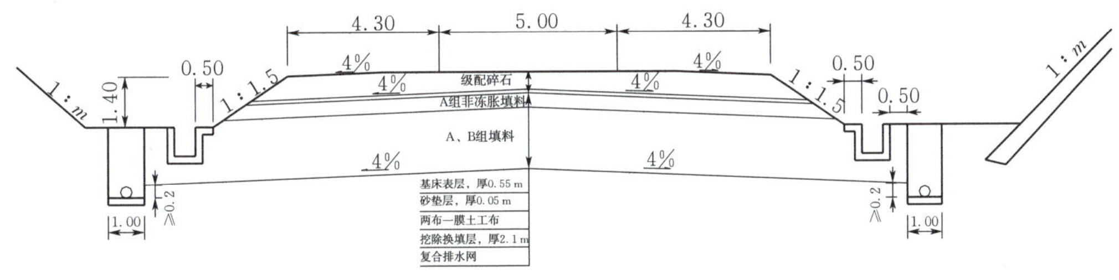

图 3.20 路堑横断面(单位:m)

3.6.2 过渡段防冻胀设计

高速铁路有过渡段设置要求,路堤与桥台、路堤与横向结构物、路堤与路堑等连接处均设置过渡段,过渡段中桥台、涵洞等建筑物的基坑应以级配碎石分层填筑并压实至 $K_{30} \geqslant$ 60 MPa/m。级配碎石粒径、级配及材料性能应符合《高速铁路设计规范》(TB 10621)的有关规定。

(1)路堤与桥台连接处应设置过渡段,可采用沿线路纵向倒梯形过渡段(见图 3.21),并应符合下列规定:

①过渡段长度按式(3.2)确定。

$$L = a + (H - h) \times n \text{ 且} \geqslant 20 \text{ m} \tag{3.2}$$

式中 L——过渡段长度,m;

H——台后路堤高度,m;

h——基床表层厚度,m;

a——倒梯形底部沿线路方向长度,m,取 3～5 m;

n——常数,取 2～5。

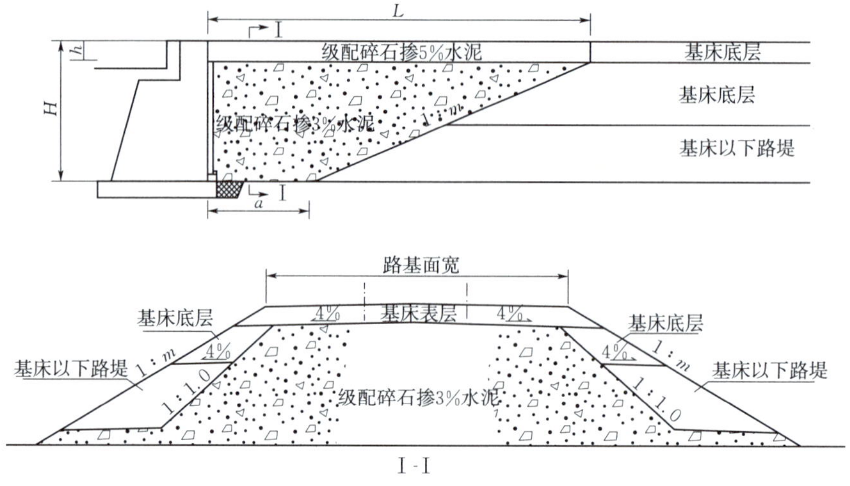

图 3.21 台尾过渡段设置示意图

②过渡段路基基床表层应满足《高速铁路设计规范》(TB 10621)要求,并掺入 5%水泥。基床表层以下倒梯形部分分层填筑掺入 3%水泥的级配碎石,级配碎石的级配范围应符合表 3.9 的规定。压实标准应满足压实系数 $K \geqslant 0.95$、地基系数 $K_{30} \geqslant 150$ MPa/m、动态变形模量 $E_{vd} \geqslant 50$ MPa。

表 3.9 碎石级配范围

级配编号	通过筛孔(mm)质量百分率/%									
	50	40	30	25	20	10	5	2.5	0.5	0.075
1	100	95～100	—	—	60～90	—	30～65	20～50	10～30	2～10
2	—	100	95～100	—	60～90	—	30～65	20～50	10～30	2～10
3	—	—	100	95～100	—	50～80	30～65	20～50	10～30	2～10

注:颗粒中针状、片状碎石含量不大于 20%;质软、易破碎的碎石含量不得超过 10%。

③过渡段桥台基坑应以混凝土回填或以碎石、灰土分层填筑并用小型机具碾压密实,混凝土应满足设计要求,碎石、灰土填筑应满足 $E_{vd} \geqslant 30$ MPa。

④过渡段地基需要加固时应考虑与相邻地段协调渐变。

⑤过渡段还应满足轨道特殊结构的要求。

⑥过渡段路堤应与其连接的路堤同时施工,并按大致相同的高度进行填筑。距离台背 2.0 m 范围内应用小型机具碾压密实并适当减小分层填筑厚度。

⑦过渡段处理措施及施工工艺应结合工程实际,进行现场试验。

(2)路堤与横向结构物(立交框构、箱涵等)连接处,应设置过渡段,可采用沿线路纵向倒梯形过渡形式(见图 3.22)。横向结构物顶部及过渡段路基基床表层填料、压实标准及基坑回填应符合《高速铁路设计规范》(TB 10621)相关要求。横向结构物顶面填土厚度不大于

1.0 m 时，横向结构物及两侧 20 m 范围基床表层级配碎石应掺加 5%水泥（见图 3.23）。

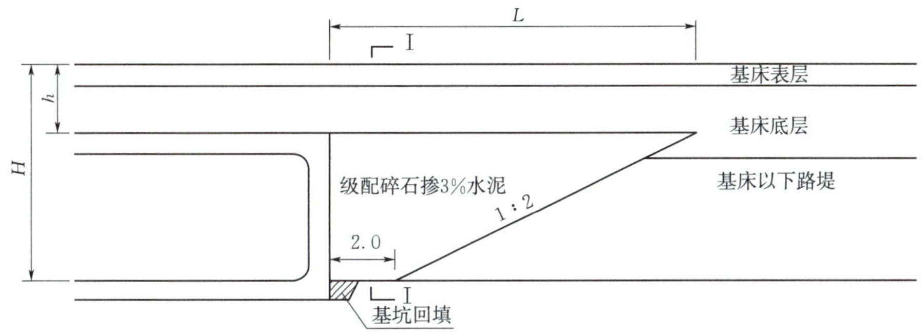

图 3.22 一般路堤与横向结构物连接处（$h>1.0$ m）过渡段示意图（单位：m）

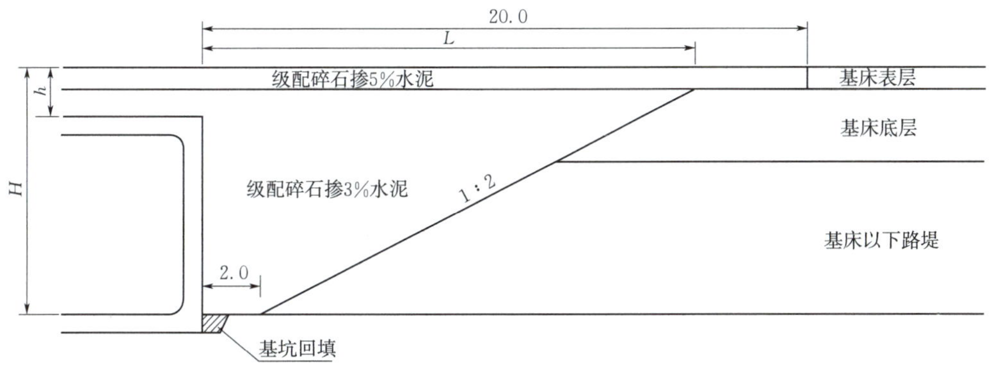

图 3.23 路堤与横向结构物（$h\leqslant1.0$ m）连接处过渡段示意图（单位：m）

（3）路堤与路堑连接处，应设置过渡段。过渡段可采用下列设置方式：

①当路堤与路堑连接处为硬质岩石路堑时，在路堑一侧顺原地面纵向开挖台阶，台阶高度为 0.6 m 左右，并应在路堤一侧设置过渡段，如图 3.24 所示。过渡段填筑要求应符合《高速铁路设计规范》（TB 10621—2014）第 6.6.1 条第 2 款的规定。

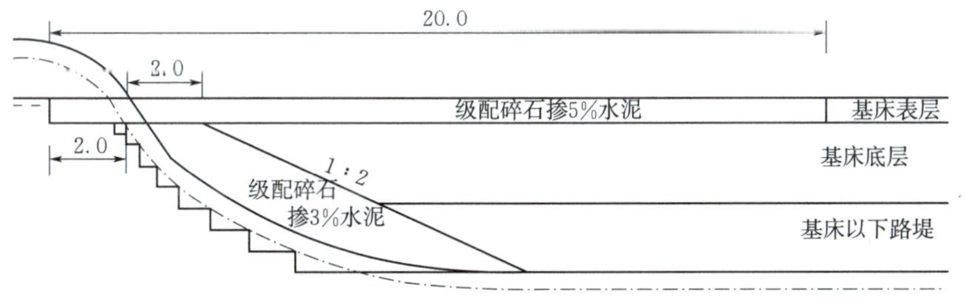

图 3.24 硬质岩石堤堑过渡段示意图（单位：m）

②当路堤与路堑连接处为软质岩石或土质路堑时，应顺原地面纵向开挖台阶，台阶挖入深度不小于 1.0 m，台阶高度为 0.6 m 左右，如图 3.25 所示，其开挖部分填筑要求应与路堤相同。

（4）土质、软质岩及强风化硬质岩路堑与隧道连接地段，应设置过渡段（见图 3.26），过渡段设置长度不小于 20 m,并采用渐变厚度的混凝土或掺入 5%水泥的级配碎石填筑。

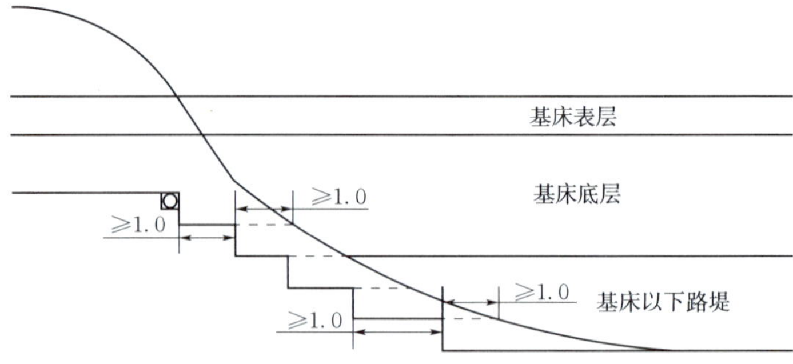

图 3.25　软质岩石或土质堤堑过渡段示意图(单位:m)

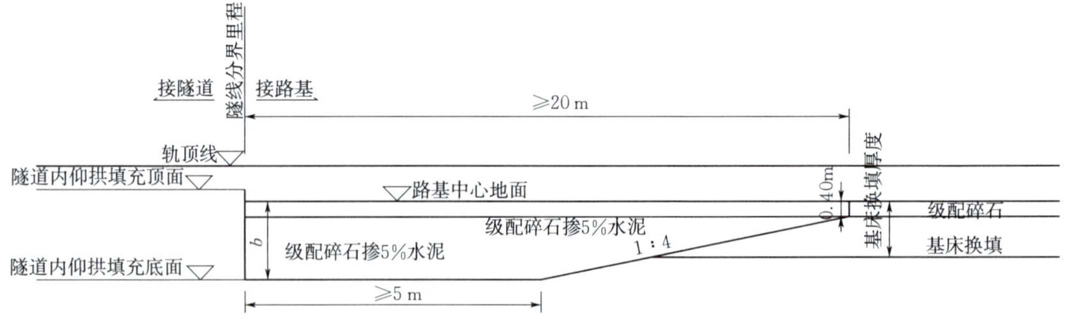

注：b值不小于路堑基床的换填厚度，且不小于路基中心地面至隧道仰拱填充底面的厚度。

图 3.26　路基与隧道过渡段

3.6.3　特殊条件下基床结构

1. 混凝土基床结构

混凝土基床就是基床整体由混凝土浇筑,针对地下水位及其变幅在冻深影响范围内,且无自然排水条件的地段,采用 C35 混凝土浇筑基床,设防厚度为设计冻结深度+0.3 m。

混凝土基床每 10~20 m 设置一道伸缩缝,缝内填塞木丝板并设置传力杆钢筋。混凝土基床与相邻的填料基床间设置过渡段,过渡段长 20 m,填筑级配碎石掺 3%水泥。横断面方向混凝土基床表面自路基中心至轨道底座外边缘设 2%排水坡,自轨道底座外边缘往线路外侧设 4%排水坡(见图 3.27)。

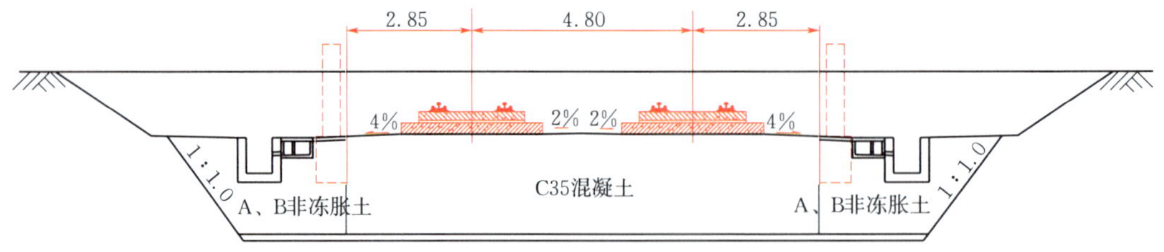

图 3.27　混凝土基床方案标准断面示意图(单位:m)

2. 保温基床结构

保温材料对下部土体发挥着良好的保温隔热作用，在季节性冻土区铁路路基冻胀防治方面发挥良好作用，在填料基床内合适部位铺设保温材料，可使路基冻胀量控制在一定范围内，满足铁路安全运营要求。

保温材料应使用高分子聚合物原生料，严禁使用再生料。保温材料可选用挤塑聚乙烯泡沫塑料(XPS)：导热系数不大于 0.029 W/(m·K)，抗压强度不小于 500 kPa；聚氨酯泡沫塑料(PU)：导热系数不大于 0.024 W/(m·K)，抗压强度不小于 500 kPa。其铺设方式需要经过计算、分析和现场试验进行确定，如图 3.28 所示。

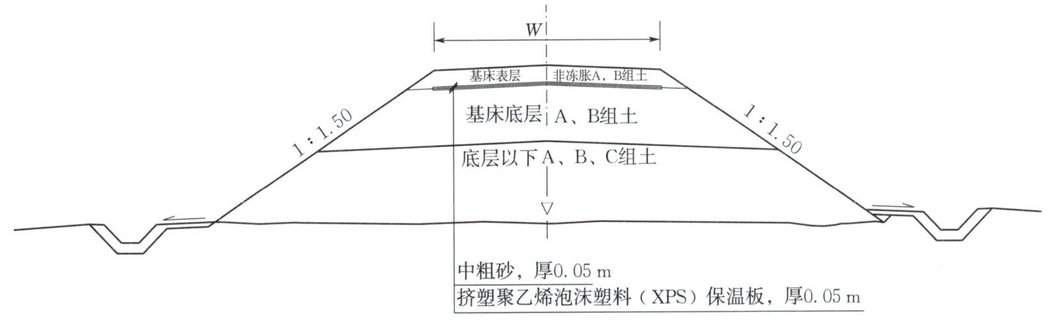

图 3.28 保温基床结构断面示意图

如图 3.28 所示，线路中部基床底层表面下设置一层挤塑聚乙烯泡沫塑料或聚氨酯泡沫塑料保温板，厚 5 cm，其上设置 5 cm 砂垫层，板两侧填筑弱冻胀 A、B 组土。通过计算和现场试验，验证了该种结构在当地冻深达 1.5 m 时，保证了保温板下路基 1.0 m 范围内不冻结，有效控制了路基冻胀发展。

保温材料下路基高程应严格控制，且必须平整，碾压密实后，采用单层搭接方式铺设。保温材料铺设完成检查无损后，铺设砂垫层及两侧填料，施工机械不能直接碾压保温材料，施工时用自卸汽车运抵试验段的一端卸料，并将填料按照预留压实厚度向前摊铺平整，以同样顺序填筑一层表层填料，整平压实。

3.6.4 防排水设计

水是冻胀产生的必要因素之一，所以路基防排水至关重要。路基防排水设计主要有路基面防排水、地面防排水和地下水防排设计。

1. 路基面防排水设计

有砟轨道路基面形状为三角形，由路基面中心向两侧设置不小于 4% 的横向排水坡。

无砟轨道支承层外侧路基面两侧设置向外 4% 的横向排水坡，线间排水采用在底座间设置横向排水通道的方式。基床表层顶部设置纤维混凝土封水层，封闭层沿线路长度方向每 5 m 设置一道横向伸缩缝，且应与底座伸缩缝错缝布置。缝隙采用密封胶和聚乙烯棒填充，纤维混凝土与底座间纵向缝同样采用密封处理。路基面防排水示意如图 3.29 所示。

根据汇水面积计算，底座板每隔一定距离将伸缩缝加宽至 100 mm，作为横向排水通道，

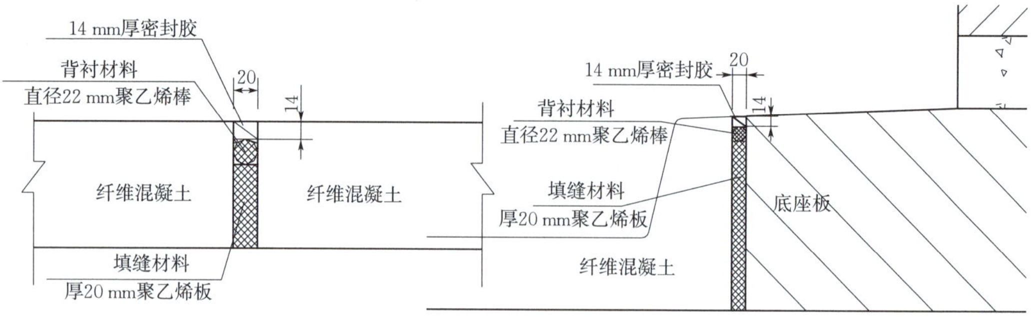

图 3.29 横向缝封堵、纵向缝封堵示意图(单位:mm)

如对应位置有圆形凸台,则调整为两个半圆形凸台。排水通道处的底座板下设置钢筋混凝土搭板。搭板沿线路纵向长 2 m,横向与底座板等宽,搭板表面设置 2%的横向排水坡,如图 3.30~图 3.33 所示。

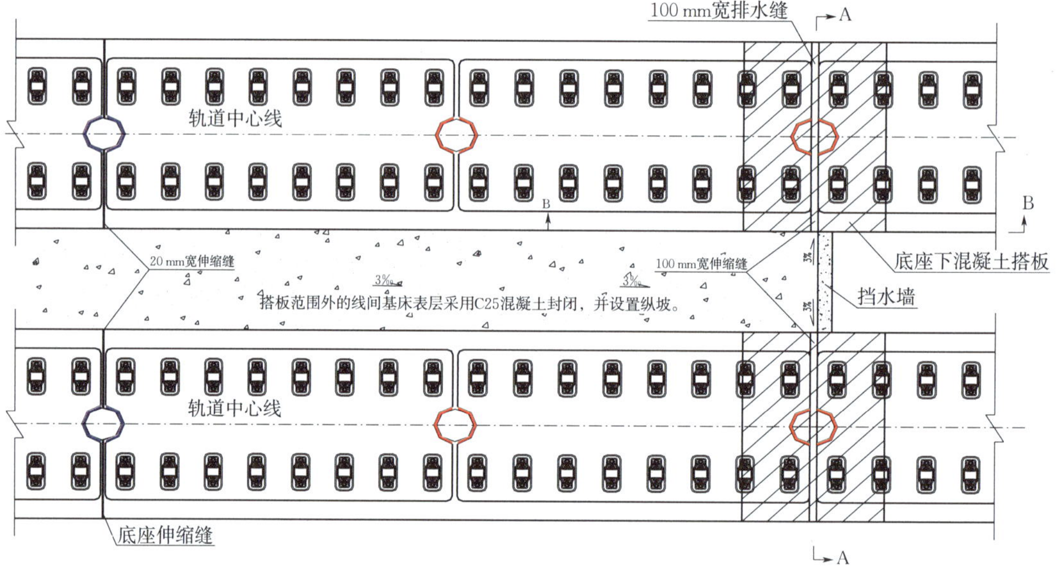

图 3.30 底座间设排水通道方案示意图

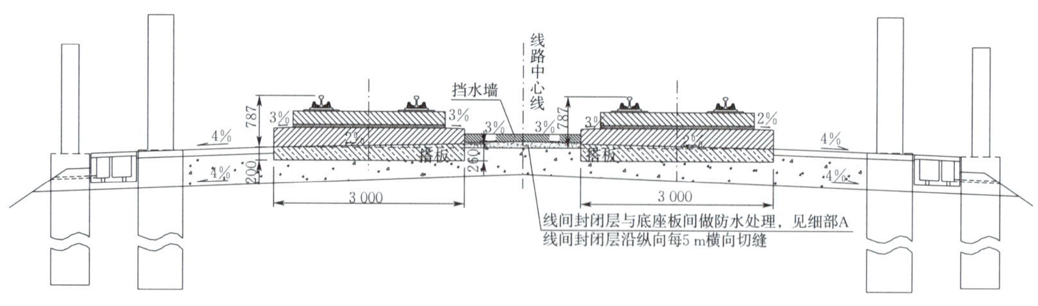

图 3.31 剖面 A-A(单位:mm)

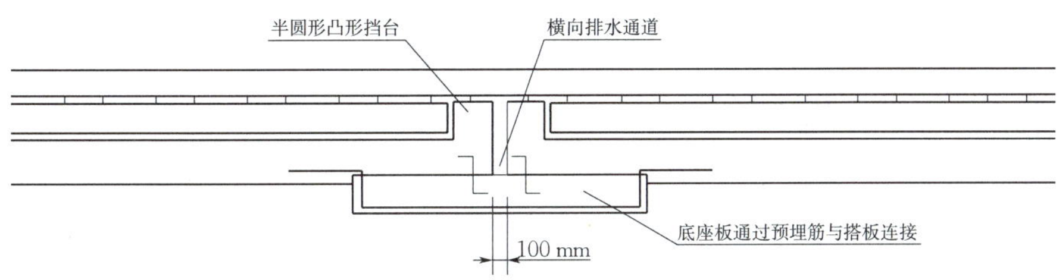

图 3.32 剖面 B-B

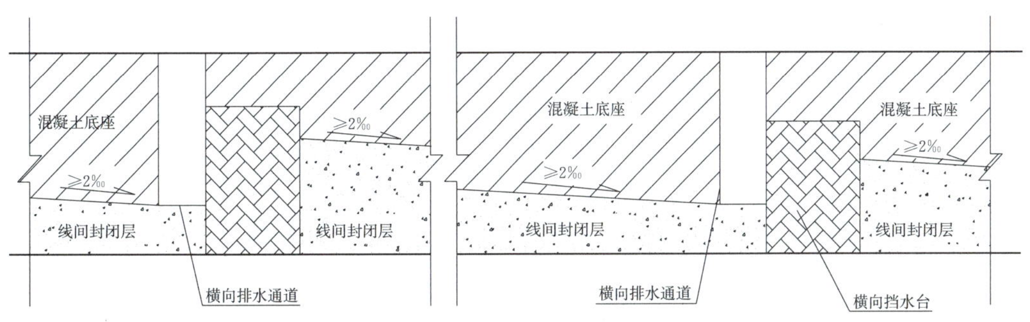

图 3.33 挡水墙示意图

线间封闭层顶面设置不小于 2‰的纵坡，将线间水引至排水通道处，在排水通道下坡位置处的底座板之间设置横向混凝土挡水台，使线间水通过横向排水通道排出，如图 3.34 和图 3.35 所示。

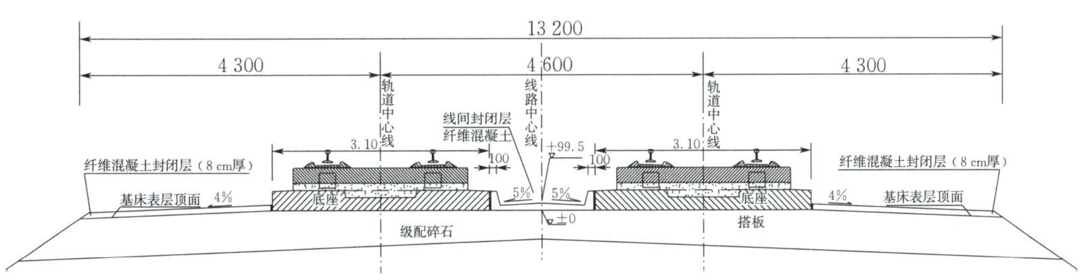

图 3.34 路基面防排水横断面示意图(单位：mm)

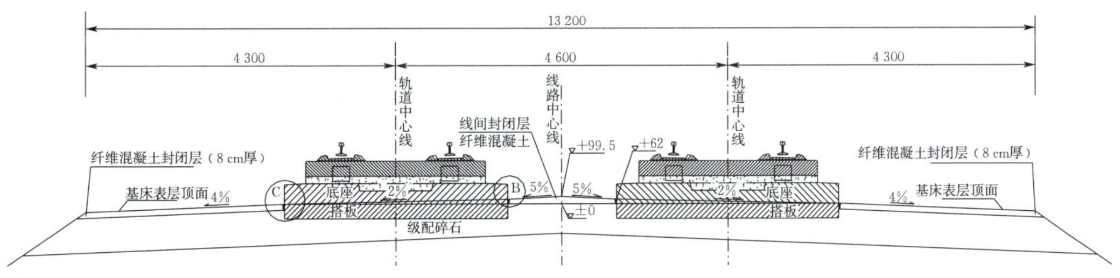

图 3.35 横向排水通道位置横断面示意图(单位：mm)

2. 地面防排水设计

填方地段路基坡脚外根据地形、气象等情况设置排水沟已汇集并排泄坡面水和路基面表面水。挖方地段路肩外侧设置侧沟,已汇集并排泄边坡面和路基面的表面水,堑顶外设置天沟拦截堑顶外地表水。地面防排水为常规设计,本文不再赘述。

3. 地下水防排设计

综合考虑地层、地形、赋水条件、勘察资料、施工开挖情况,对于地下水位相对较高的地段,地形易汇水、地层结构及岩性不利于地表水下渗的地段,基床换填且基底为渗透系数较小的土质及软质岩地段,设置纵向渗水盲沟以降低地下水位。

(1)渗水盲沟设置于侧沟下部(见图 3.36),渗沟沟底纵坡原则上同线路纵坡,一般不小于5‰,困难地段不小于 2‰。渗沟每隔 30 m 及排水路线起终点、转折处均设置一处检查井。渗沟出水口采取防冻设计,如图 3.37 所示。盲沟埋深不小于最大冻结深度的 1.3 倍加 0.5 m。

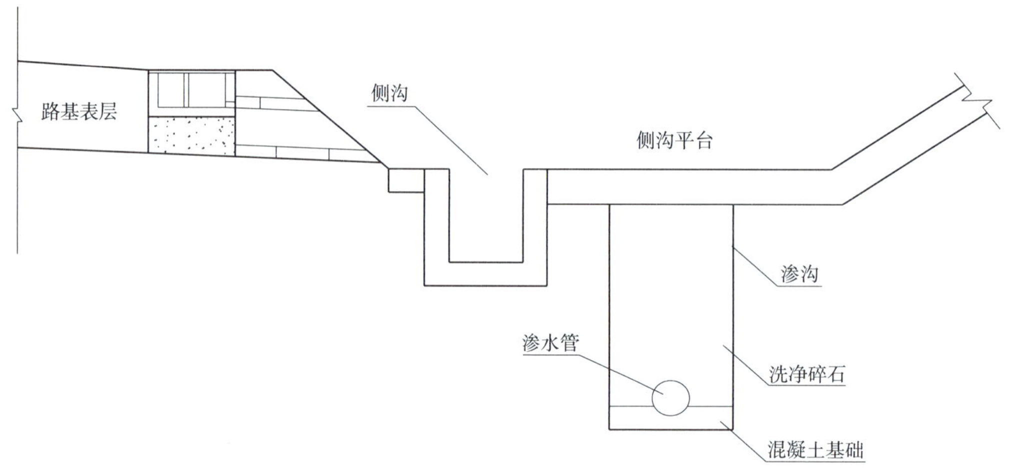

图 3.36 渗水盲沟设置示意图

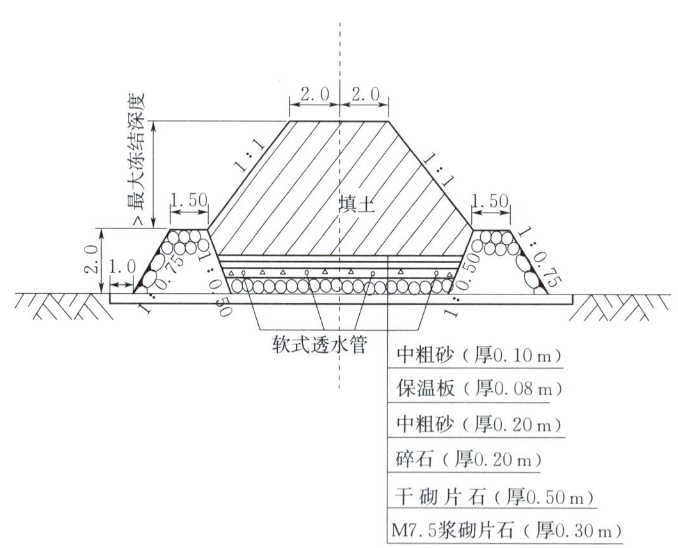

图 3.37 渗水盲沟防冻出水口剖面示意图(单位:m)

(2)渗沟内充填洗净碎石,下设 C25 混凝土基础,厚 0.2 m,基础底部设置 4%排水坡,其上设 ϕ315 mmPVC 带孔双壁波纹渗水管,在渗沟四周采用一层透水土工布反滤层包裹。

(3)根据防冻需求可在渗沟顶部铺设 1～2 层 XPS 保温板,厚 0.05～0.1 m;圆形检查井采用预制拼装式,并在井内设置防寒木盖;根据现场情况,于渗沟出口处设置保温出口,并于出口内设置集水井。

3.6.5 路堑边坡设计

对于季节性冻土地区,边坡岩土体年复一年地受到周期性变化的冻融循环作用,极易发生冻害、浅层溜坍等病害,对边坡的稳定性有着严重的影响。

1. 边坡坡率设计

边坡坡率应根据边坡高度、岩土性质、水文条件等综合分析确定,边坡土质冻胀等级为Ⅲ、Ⅳ、Ⅴ级时,边坡坡率应适当放缓。

2. 防护结构设置缓冲层

冻胀、强冻胀、特强冻胀土路基边坡防护工程结构厚度小于设计冻深时,宜设置隔热或换填非冻胀填料(碎石)缓冲垫层。例如哈大高铁长春段土质路堑边坡部分段落采取了沿坡面方向挖出 3 m 黏土,换填石笼+A、B 组填料护坡措施,效果良好。哈佳高铁路堑边坡防护骨架下铺设 0.3 m 碎石垫层,很好地解决了防护结构开裂变形问题。

3. 防排水设计

(1)地表水

对于地表水,通过防护结构排水槽、坡面绿化灌木根系的吸附及加强横向排水、仰斜排水孔等措施达到迅速排出的目的。例如哈大高铁长春段部分段落采用多层水平排水管技术,多层水平排水管在边坡内部空间形成密集的排水系统,对边坡内地下水及土体中部分自由水施加影响,降低地下水位及边坡土体的含水率,减小季节性冻融对边坡土体抗剪强度的不利影响,有效抑制土体的季节冻胀和融沉的发展。同时边坡密集设置的水平排水管具有一定的抗拉能力、抗剪能力及抗弯能力,还可起类似格栅铺设的“加筋作用”。

(2)地下水

对于地下水位较高的路堑边坡,设置纵向渗水盲沟、支撑渗沟等措施降低地下水位,以减小边坡冻胀破坏。

3.7 寒冷地区路基防冻胀施工

路基防冻胀不仅在设计方面逐步深化研究并得到完善,在施工过程中也需相应地改进施工工艺,控制施工要点。

预防路基冻胀应从两个方面着手:一是提高填料本身防冻胀特性,二是通过路基结构型式提高路基防水、防冻能力。这两个方面的施工工艺和施工质量控制非常关键。

3.7.1 路基填筑施工

1. 基床表层施工

(1)集料配合比应经过反复试验比选，按颗粒级配要求和易于达到压实质量标准两方面验证，同时兼顾集料的生产比例，以保证施工质量。

(2)基床表层级配碎石分两层填筑，每层的最大填筑压实厚度不得大于 30 cm，最小填筑压实厚度不得小于 15 cm，摊铺厚度及碾压遍数按工艺试验确定和控制。

(3)横向接缝处填料应翻挖，并与新铺的填料混合均匀后再进行碾压，并注意调整其含水率，纵向应避免工作缝。

(4)摊铺后应由人工及时消除粗细料离析现象。

(5)局部表面不平整应进行补平，碾压后质量应符合设计要求。接触网立柱等基础周围采用人工及小型机具摊铺整型，小型振动夯实机具夯实。

(6)已完成的基床表层应控制车辆通行，做好保护工作，防止表层扰动破坏。

(7)采用级配碎石掺水泥时，在拌和之前，应反复检试调整，使其符合级配要求。

(8)严控级配碎石掺水泥的含水量，夏季施工，考虑到拌和、运输、摊铺过程中水分的蒸发，根据施工经验，加水量比最佳含水量增加 0.5%～1.5%。在雨季施工期间，加水量应按最佳含水量减去砂石含水量进行控制；其他季节施工可不考虑增加或少量增加，增加量控制在 0.5%以内。

2. 基床底层施工

设计冻深范围的基床底层填筑非冻胀性 A、B 组填料。冻深范围以下的基床底层填筑 A、B 组填料，基床以下路堤填料采用 A、B 组填料和 C 组碎石、砾石类填料。本节只对冻深范围内填筑进行阐述，其余部位填筑参考相关规范。

(1)填料选择

对取土场的 A、B 组填料进行级配试验分析，严格控制 0.075 mm 粒径以下粒径颗粒碾压前后的含量。在施工前进行试验室水洗法测定和首件的碾压验证，或选择优质料源和掺入粒径土料，改变土质的级配，使之既达到细颗粒含量的控制标准，又能够满足压实度等路基检测指标的要求。

(2)填料生产

拌和采用筛分设备进行工厂化作业，不可采用现场机具拌和，既不利于大面积作业的展开，也不利于各种级配料的匀质性控制。

(3)填料存储运输

赋存集料时用装载机及时转运，分层堆放，防止形成自然坡角的堆，避免颗粒发生离析。

(4)控制填料含水量

填料运输前控制填料的含水量，试验人员跟踪检测，使施工过程中达到最佳含水量。翻拌过程中也要检查集料含水量，发现不足时应补水焖料，保证集料进入路基后含水量足够。发现含有冰雪块采用人工挑选清理，含水量超标时应晾晒。

基床表层及底层现场试验与施工如图 3.38 所示。

(a)换填渗水土检测

(b)水洗法颗粒筛分试验

图 3.38 现场试验与施工

3. 填筑质量控制

寒冷地区高速铁路路基应严格按照“三阶段、四区段、八流程”进行施工。除此外还应在以下几个方面加以控制：

(1)场地条件核对

在严格执行图纸设计的同时，还要认真核对施工场地实际情况，部分区段由于受人为因素影响而与原设计时地形地貌条件发生重大变化，例如路基附近变成过水通道或集水地，都会对路基造成重大影响，需提前通知设计人员现场核实并作相应调整。

(2)加强基底排水

基底必须设置透水效果良好的透水垫层，透水垫层采用级配良好的碎石，最大粒径不得大于 50 mm，保证其清洁、不被污染，含泥量不大于 5%。为防止施工中碎石流失，在垫层的两端用沙袋码砌护脚。

(3)填筑面排水坡度

为保证施工过程中表层水以及成型后路基填料内自由水的顺利排出，严格按照设计要求控制每层填筑面的排水坡度和平顺度，采取压路机弱振完成后(碾压第二遍后)平地机精平、局部人工补料处理的办法，避免填筑面出现排水不畅或局部水坑现象。

(4)桥涵过渡段填筑

桥涵过渡段采用填筑级配碎石掺加水泥材料填筑，除严格控制级配、拌和等工艺外，碾压后需及时对其洒水养护，养生期间不能通行车辆。过渡段施工时间要与同层高度的路基填筑同步进行。

(5)填料铺填均匀性

路基填筑过程中要铺填均匀，严格控制集料窝的处理，其不但影响路基压实等指标，还会形成集水点，对路基的整体防冻影响较大，集料窝需采用人工挖除，再回填合格填料，重新碾压。

(6)填料车辆装卸

路基填料上料、运输、装卸需选择合适区域作为运料车掉头的位置，严禁车辆在已填筑完的路面上掉头或倒车上料，以防止车辆掉头时破坏路基面平顺度和密实度。

(7)局部有干扰的碾压方法

高速铁路沿线在施工中需提前铺设沉降观测设施，由于沉降观测桩的影响，路基填筑时不能对该范围进行有效碾压，必须采用小型碾压设备，如气动打夯设备等进行夯实，其检测指标不能低于设计标准。

(8)冻胀区底部高程控制

由于各地区冻融深度的不同,在路基填筑施工过程中应严格控制好冻胀区分层线即设计冻深底部高程,控制原则“宜低不宜高”,以确保非冻胀土填筑厚度。施工中应加密测量,每5 m一个断面,每个断面布置5个控制点,并采用网格拉绳法进行整体检测,确保点点合格。

3.7.2 混凝土基床施工

1. 施工流程

基床混凝土边线准确放样→模板制作及钢筋加工→支模→绑扎钢筋→预埋件安装→浇筑C20、C35混凝土→覆盖养生→路肩及相关附属设施施工。

2. 基坑开挖

按照混凝土基床尺寸采用挖掘机开槽,在路堑基床开挖左右两侧预留50 cm保护层人工开挖。

3. 模板安装

混凝土基床模板采用厂制定型大块钢模拼装而成,为准确控制两层基床混凝土厚度,在模板内侧明显标示出C20和C35混凝土浇筑的高度位置。基床混凝土模板安装如图3.39所示。

图3.39 基床混凝土模板安装

4. 预留伸缩缝

按照轨道图纸或布板数据在混凝土基床施工前预留伸缩缝,伸缩缝宽20 mm,混凝土基床伸缩缝与无砟轨道底座板伸缩缝对齐设置。

5. 预埋件安装

混凝土基床内预埋钢筋和底座内连接钢筋均为L形,预埋套筒、预埋钢筋及塑料保护端在预埋前组装成一体,并严格控制混凝土基床内预埋钢筋拧入套筒中的深度。预埋套筒埋入混凝土基床后,顶面与混凝土基床面平齐,不允许高于基床面。

距混凝土基床底20 cm及混凝土基床顶20 cm处埋设传立杆,传力杆采用长50 cm、直径40 mm的光圆钢筋,横向间距0.3 m,顶层C35与底层C20混凝土基床埋设位置应一致。传力杆利用定型模板预留孔进行固定,端部用扣件锁定在水平钢管上,保证其平面及高程的埋设位置。基床混凝土预埋件安装如图 3.40 所示。

图 3.40 基床混凝土预埋件安装

6. 基床混凝土浇筑

先浇筑底层 C20 混凝土，初凝之前再浇筑顶层 C35 混凝土，每次施工分层浇筑，每层厚度 30～40 cm。层内由基床两边向中间浇筑，并在下一层混凝土浇筑面初凝之前，将上一层混凝土浇筑完毕，保证上下两层浇筑面无层间冷缝出现。

7. 横向排水坡

浇筑成型的基床混凝土表面，轨道中心两侧 1.25 m 范围内水平设置，轨道中心 1.25 m 以外路基面及线间设置 5%的横向顺水坡。

8. 伸缩缝填塞

基床伸缩缝宽 2 cm，缝内设置 14 mm 厚聚氨酯密封胶，其下设置直径 22 mm 聚乙烯棒作为背衬材料。背衬材料下采用厚 20 mm 的聚乙烯板填缝，背衬材料利用铆钉梅花形固定，间距 1.0 m。为了保证路基伸缩缝施工质量，待路基沉降稳定及架梁完成后，对伸缩缝进行填充施工。

3.7.3 防排系统施工

有砟轨道路基面形状为三角形，由路基面中心向两侧设置不小于 4%的横向排水坡；无砟轨道支承层外侧路基面两侧设置向外 4%的横向排水坡，线间排水采用在底座间设置横向排水通道的方式。基床表层顶部设置纤维混凝土封水层。

1. 路基面封水层施工

寒区高铁一般采用 C30 纤维混凝土，8 cm 厚，纤维混凝土的纤维掺量为 0.3%/m^3（体积比）。

(1)材料选择

严格按照设计要求选用，100%聚丙烯腈纤维，单丝长度 6～12 mm，直径 10～15 μm，抗拉强度≥400 MPa，弹性模量≥7 GPa，极限延伸率≥20%，密封胶采用位移能力±50%的低模量自流平型聚氨酯。严格对进场材料进行抽样试验，确保材质满足要求。

(2)纤维混凝土拌和

聚丙烯腈纤维混凝土混合料采用卧式双轴强制式搅拌机拌和，砂石及少量水与聚丙烯腈纤维先投入搅拌机搅拌 90 s，再投入水泥搅拌 90 s。搅拌玻璃纤维混凝土时，各种材料按重量计，允许偏差为：纤维、水泥±2%，粗细骨料±3%，水±1%。将纤维与粗骨料投入搅拌机中搅拌不少于3 min，使纤维拌和均匀。

(3)纤维混凝土施工

纤维混凝土应随拌随铺，在一个区段内的铺设应连续进行，不得中断。拌和料从搅拌机中卸出到浇灌完毕，所需时间不宜超过30 min，在浇筑过程中严禁因拌和料干涩而加水。铺设过程中应采用平板式振捣器进行振捣，注意捣固密实，接近初凝时用光滑的抹刀进行抹面，压平表面竖起的纤维，并形成流水坡。

(4)混凝土的养护

用塑料薄膜密贴覆盖养生。对玻璃纤维混凝土早期潮湿养护，并保持一定的养护温度，避免过冷、过热。

2. 排水通道搭板施工

为保证线间排水畅通，在沿线路方向每隔20 m左右设置横向排水通道，排水通道下设置搭板，搭板采用C30混凝土现场浇筑，搭板沿线路纵向长2 m，横向与底座板等宽(3 m)，搭板表面设置2%的横向排水坡，搭板与底座板通过预埋筋连接。搭板上下层网片采用CRB550级冷轧带肋钢筋现场绑扎。搭板下层钢筋净保护层厚度为30 mm，上层钢筋净保护层厚度为40 mm。

施工过程中需注意以下几点：

(1)测量放样

根据设计图纸精确放出搭板位置。根据放样桩点放出搭板基坑位置，撒石灰线后采用机械开挖至搭板基底高程，基坑开挖时随挖随测，以避免超挖。开挖至设计高程后采用人工将基地浮渣清除，浇筑混凝土前必须洒水湿润后再浇筑。

(2)设置排水坡

排水通道处2%的排水坡需在搭板施工时完成，如果底座施工完成后再施工则难以保证施工质量，且施工难度大。

(3)混凝土养护

混凝土初凝后需要浇水养护，保持混凝土表面湿润，养护时间不少于7 d。

3. 电缆槽及路肩底排水

(1)设置泄水孔

施工时严格按照设计要求，沿线路纵向在路肩上下设置泄水孔，以引排基床表层积水和电缆槽内积水。下排泄水孔安装时，管进口采用透水性强土工布进行包裹；上排泄水管安装时，与电缆槽预留孔眼对齐；上下两排泄水管安放时，向路基外侧的排水坡度控制在4%，以保证电缆槽内不积水不下渗，如图3.41所示。

(2)电缆槽底部排水

电缆槽安装前底部采用洗净碎石回填，安装完成后在纵向接缝处采用砂浆填塞密实，电缆槽与表层级配碎石、接触网基础或路肩衔接处缝隙采用混凝土填塞密实。

4. 渗水盲沟施工

渗水盲沟是梳排地下水、阻断地下水进入路基内的主要措施，对路基防冻胀至关重要。渗水盲沟在基床两侧或靠山侧设置，深度一般不小于最大冻结深度的1.3倍加0.5 m。

(a) 路肩底部泄水孔安装

(b) 路肩泄水孔布设

图 3.41 路肩泄水孔

(1)工艺流程

施工准备→基坑开挖→基坑除渣→基坑修整与防护→基坑清理检查与验收→基底混凝土施工→渗水盲管安设→土工布铺设→碎石夯填→薄膜铺设→沟顶混凝土施工→保温板、薄膜铺设→保温出口施工→现场清理及恢复。

(2)沟槽开挖

开挖采用分段分层跳槽开挖,分段长度不大于 20 m,开挖至距盲沟底部 5～10 cm 处。为保证路基边坡的稳定性及施工作业人员的安全,对基坑进行临时支护。基坑挖至设计高程后不得长时间暴露,以免削弱其承载力。基底尽量避免超挖,如有超挖或松动应将其夯实,基坑开挖完成后,应放线复验,确认沟底高程到盲沟沟底设计高程,确保渗水能顺利流至管井。

(3)开挖临时支护

基坑开挖后碎石回填完工前,需对基坑坑壁进行临时支护,支护采用木板与方木相结合的方式,在基坑两侧横向布设厚 5 cm、宽 30 cm 的松木板,中心间距 70 cm,竖向采用 10 cm 方木(松木),中心间距 1.0 m,横撑采用 15 cm 方木。碎石采用分段拆除分段回填,回填长度不大于 20 m,拆除一段及时回填一段。在开挖过程中对积水严重地段及时采用水泵排出渗水盲沟内的积水,防止积水浸泡沟槽壁而造成渗水盲沟坍塌,在施工过程中派专人进行位移沉降监测。

(4)渗水盲沟沟底及检查井基础混凝土施工

基坑清理并经检查验收合格后,进行渗水盲沟及检查井基础混凝土施工,施工过程中严格控制混凝土顶面高程,确保流水面顺畅。混凝土采用商品混凝土,由罐车运至现场泵送入模,困难地段人工挑抬入模,振捣棒振捣密实,并覆盖保湿养生。

(5)波纹管安装

待渗沟基础混凝土强度达到 2.5 MPa 后,利用人工直接进行 PVC 双壁带孔波纹管的安装,波纹管接头按照相关要求进行连接。

(6)土工布铺设

渗水盲沟基础施工完毕,波纹管安装完成后,进行土工布铺设,根据实际开挖断面尺寸预留好土工长度,在土工布顶部顺线路方向每 10～15 m 用方木条支撑固定,防止碎石回填过程中土工布下滑。

(7)碎石回填

碎石在碎石场清洗干净,汽车转运至临时存料场储存。渗水盲沟开挖完成后,在出渣前,采用自卸吊车将装袋碎石卸至路肩与底座混凝土间存放,然后在渗水盲沟基础混凝土、PVC 双壁波纹管安装、土工布铺设完成后,人工挑抬或手推车运输回填至渗水盲沟内,并利用打夯机夯实。

(8)渗水盲沟顶层混凝土及保温层铺设

为确保保温板铺设平整,在顶层混凝土底部面铺设一层塑料薄膜。在回填碎石顶部和保温层之间浇筑 10 cm 厚的 C25 混凝土,混凝土强度达到 2.5 MPa 以上,即可进行 XPS 保温板的铺设。铺设时,接缝严密,上下两层保温板层与层之间的接缝应错开,接缝应紧密、平齐,缝隙不大于 1 mm。

(9)盲沟出水口底面位置

底面高程应高出沟外最高水位 0.2 m。盲沟出水口 PVC 管采取防鼠措施,以防盲沟堵塞失效。

地下排水设施施工时碎石回填及保温层铺设如图 3.42 所示。

(a)洗净碎石回填

(b)检查井底部保温

图 3.42　地下排水措施

5. 堑坡排水

施工时严格按照设计要求在拱形骨架的主、拱骨架下增设碎石反滤层,主骨架沿坡面设置泄水孔,骨架下部镶边处设置泄水孔。安装泄水管时,端头采用透水无纺布包裹以防止堵塞,并保证排水坡度,防止反坡,如图 3.43 所示。

6. 完善水系衔接

地表排水重点是排水体系的完善,应在施工前根据现场地形进行排水系统优化,通过增设或延长水沟、进出水口,完善水系沟通。牡绥沿线山区较多,针对山体常年的基岩裂隙水,路基基底施工前应采取“截、排、引”等措施。路基填筑完成后,将山体水引入涵洞,根据涵洞进出口现场地形,可在进出口增加铺砌、设置跌水台阶,防止水流冲刷两侧淤积泥土,如图 3.44 所示。

路基冻胀控制技术是寒区高速铁路建造最关键的技术,路基冻胀影响因素主要是土质、水分、温度三个自然要素以及附加荷载这一客观条件。负温是路基土产生冻结的前提条件,水是路基土发生冻胀的直接原因,土质是路基土产生冻胀的主要影响因素。路基工程防冻胀措施主要在选择适宜基床结构、路基填料性能、特殊条件路基结构,做好路基范围内防排水设计；施工中严格控制路基填料性能，结构尺寸、工艺和工序要严格按设计要求实施到位，排水系统要通畅。

图 3.43 边坡设置泄水孔

(a) 排水沟衔接

(b) 涵洞入口衔接

图 3.44 地表排水衔接

4 寒冷地区高速铁路桥梁工程建造技术

4.1 寒冷气候对桥梁的影响

寒冷气候对桥梁工程的影响主要体现在冻融冻胀导致的混凝土劣化、结构变形等。我国寒冷地区既有铁路桥梁病害情况如下：

牙林铁路和嫩林铁路自 20 世纪 50 年代至 70 年代陆续投入使用以来，已经运营三十多年，牙林铁路根河铁路公司管内，桥梁 36 座，病害桥 23 座，病害桥占桥梁总数的 64%。嫩林铁路林海运输管理中心管内病害桥梁 19 座，占桥梁总数的 27%，涵渠病害 44 座。桥梁病害主要表现为墩台浅基发生桥台前倾、墩台冻起、梁端顶死、支座位移等，涵洞的病害表现为涵身下沉、错位、开裂、腐蚀、风化、孔径不足、防护设施损坏、基底淘空以及交通涵洞积水等。

(1)桥墩台下沉

桥梁墩台顶面实际高程较竣工时的设计高程有一定程度的降低，附带引起了桥面线路水平的变化。

(2)桥墩台冻起

桥梁墩台顶面实际高程较竣工时的设计高程有一定程度的抬升，附带引起了桥面线路纵断面的变化。

(3)桥涵基础断裂

基础挖验或钻探观察发现，强度较差的砌石或个别混凝土基础及墩台身，在冻融埋深范围内发生横截面方向断裂。

(4)桥涵混凝土体冻融剥蚀

浸入水中强度较低的混凝土体，在冰水冻融范围内，混凝土体表面出现风化状剥蚀现象，并且逐年加深。

(5)涵洞洞身的冻胀隆起和融化下沉

涵洞一般顺水流方向较长，通常由数节涵节组成，当涵洞基础较浅时，冬季各管节将由于冻胀作用产生不均匀的隆起，进出口涵节冻胀隆起高度较大，愈往中间隆起高度愈小，使整体涵洞明显呈凹曲形。在融化期，冻胀力消失，涵洞又开始产生融化下沉。

(6)涵洞涵节错位和脱离及挡墙开裂

进出口涵节冻胀上抬和融化下沉量一般大于中间涵节，使靠近进出口涵节与中部涵节接缝处产生错位，且由于冻胀和融沉的往复作用使各涵节在接缝处脱离。涵节在接缝处脱离和错位致使止水带破坏，在渗流或水流直接的淘刷下往往导致涵洞在短期内被破坏。当涵洞涵节过长或采用刚性接头时，由于沿纵向不能适应地基的冻胀或融沉变形，往往被折断，产生环向裂缝。

(7)涵洞洞身塌腰、错节

涵洞地基融沉后使得洞口高而中间低，形成凹形，即为塌腰，而错节则是由洞身冻胀和融沉的不均匀性所致。塌腰使得冬季涵洞积冰，减小了有效过水面积，影响排洪功能，春夏又由于错节而渗水。

寒冷地区桥涵特殊病害，是冻土地基对桥涵基础产生失衡力引起的一系列结构变形及失稳现象，这些病害也被称为冻害。

4.2 寒冷地区桥梁技术现状

我国自 20 世纪 60 年代以后，随着中小桥梁的普遍应用，在寒冷地区，尤其是我国的青藏高原以及东北大小兴安岭地区的中小桥涵发生严重冻胀现象，对此，相继开展了桥涵地基土冻胀性研究，提出了不同冻胀土切向冻胀力值、桩基抗冻拔问题等课题的研究，由此对桥涵桩基础冻胀问题有了较初步的认识。20 世纪 80～90 年代，为防止中小桥涵基础倾斜、断裂、涵洞脱节、错位等冻害现象，我国相继开展了桥涵基础埋置深度的研究与探讨，20 世纪 90 年代后期，随着多年冻土地区，尤其是青藏公路桥涵结构物冻害现象不断出现，对人工构造物及多年冻土退化做了相应的研究

我国季节性冻土区范围宽，气候变化大，最冷月平均气温多在－15 ℃以下，极端最低气温达到－40 ℃，土壤冻结深度从 0.5 m 到 2.72 m。我国高铁要面对冻结时间长、冻深大的客观条件，特别是初冬多次冻融交替期降水较大，白天处于融化状态，夜间冻结，直接影响到轨道结构；春融期同样也存在白天融化的雪水入渗至表层未融化层，无法迅速排出，夜间又发生冻结，会产生冻胀隆起变形，导致轨道不平顺，严重时影响列车正常运营。同时，高寒又给桥梁结构设计、材料的低温适应性、施工及养护维修等提出了更高的要求。

自哈大高铁建设以来，随着科研和工程建设的不断深入，我国季节冻土区高速铁路桥梁建造技术不断完善，形成了桥涵防冻坑洞的技术标准体系，为满足冬季施工需要，研制了负温管道压浆材料，制定了严寒地区冬季施工后张法预应力管道压浆材料性能检验标准，解决了寒区冬季管道压浆施工的难题，研制出适用于 0 ℃～－5 ℃、－5 ℃～－10 ℃温度条件下桥梁支座灌浆材料，解决了灌浆材料流动性能及保持性与凝结时间之间的矛盾问题，建立了灌浆材料施工工艺及材料的质量评定方法等。

4.3 寒冷地区桥梁防冻设计

1. 基础防冻胀设计

对于承台板底面置于冻胀土中或位于冻冰水流中的情况，为避免因土和水的冻胀使承台板底面承受向上的冻胀力，造成基桩拉断或拉裂，根据经验，要求承台板底面应位于冻结线以下或最低冰层底面以下不少于 0.25 m。

桥梁基础冻胀包括切向及水平冻胀两方面：

(1)防桩的冻拔

①对强冻土，钻孔桩可采用光面混凝土护筒穿透冻结层的方法减少切向冻胀力。

②采用分离式套管可彻底根除桩所受的冻胀力。为防止套管因土冻胀而不断被顶出，可在套管底部镶板或加翼缘，套管与桩之间填以砂石油渣的混合物。

③桩侧换土法。桩侧换填较纯净的粗粒土(粉黏粒含量不超过15%)，换填深度为0.7倍~0.9倍冻深，换填厚度不少于2倍桩径。若换填土是不透水黏土层时，可加深换填深度至整个土层厚度或打盲井沟通，以加强排水措施。

④保护措施，用渣油和表面活性剂对桩侧、承台综合处理，是保护桩基、防止或消除冻胀的有效措施。

(2)防墩台水平冻胀

①增加结构抗冻能力，必须在结构设计时考虑，计算时考虑冻胀力，确定合理结构尺寸、钢筋配置等。

②减弱冻胀力:采取换填措施，在承台侧采用不冻胀或弱冻胀的砾砂等粗粒土换填，是减少水平冻胀力的主要方法。

③设置排水措施，无论回填何类土，降低水位、增加排水都可以显著减少水平冻胀力。

2. 混凝土防冻胀

在寒冷地区，混凝土受冻融循环作用往往是导致混凝土劣化的主要因素，混凝土表面剥落和内部开裂是冻融破坏的主要特征，钢筋混凝土由于保护层不足，同时会发生钢筋锈蚀。

混凝土结构所处环境的侵蚀因素往往不是单一的，提高混凝土抵抗不同侵蚀环境(如化学侵蚀、冻融)作用所采取的技术措施也不相同，设计遇到多种环境同时作用时，对混凝土结构采取的耐久性技术措施应同时满足每种环境作用的要求。

(1)混凝土冻融破坏机理

对混凝土冻融破坏的机理的认识尚不完全一致，目前公认程度较高的是膨胀压和渗透压理论。吸水饱和的混凝土在其冻融的过程中，遭受的破坏应力主要由两部分组成。其一是当混凝土中的毛细孔水在某负温下发生物态变化，由水转变成冰，体积膨胀9%，因受毛细孔壁约束形成膨胀压力，从而在孔周围的微观结构中产生拉应力;其二是当毛细孔水结成冰时，由凝胶孔中过冷水在混凝土微观结构中的迁移和重分布引起的渗管压。由于表面张力作用，混凝土毛细孔隙中水的冰点随着孔径的减小而降低。由冰与过冷水的饱和蒸汽压差和过冷水之间的盐分浓度差引起水分迁移而形成渗透压。另外凝胶不断增大，形成更大膨胀压力，当混凝土受冻时，这两种压力会损伤混凝土内部微观结构，当经过反复多次的冻融循环以后，损伤逐步积累不断扩大，发展成互相连通的裂缝，使混凝土的强度逐步降低，最后甚至完全丧失。从实际中不难看出，处在干燥条件的混凝土显然不存在冻融破坏的问题，所以饱水状态是混凝土发生冻融破坏的必要条件之一，另一必要条件是外界气温正负变化，使混凝土孔隙中的水反复发生冻融循环，这两个必要条件，决定了混凝土冻融破坏是从混凝土表面开始的层层剥蚀破坏。制约混凝土开裂的三大因素是混凝土变形量的大小、抗拉性能及约束条件。影响混凝土变形量大小的内因是混凝土的材质，外因是混凝土所处的环境条件。在约束条件、自然环境不可改变的情况下，混凝土防裂措施主要应着眼于提高混凝土的品质，减少混凝土干缩，提高混凝土的匀质性和抗拉强度。

(2)混凝土抗冻融指标

混凝土的抗冻性可用多种指标表示，如标准试验条件下经反复冻融后混凝土试件的动弹性模量损失、质量损失、长度增加或体积膨胀等。国内外多数标准都采用动弹模损失或同时考虑质量损失来确定混凝土的抗冻级别，但所有这些指标都只能用来作为抗冻性能的相对比较，而不能与实际工程在某种环境条件下的使用年限预测相联系。现在国内外比较通用的是以快速冻融循环试验结果对混凝土的抗冻性进行评定，将混凝土试件经 300 次快速冻融循环后的动弹模损失(即与初始动弹模的比值)作为混凝土抗冻耐久性指数。

《铁路混凝土结构耐久性设计规范》(TB 10005)采用抗冻融循环次数作为混凝土抗冻性的耐久性指数，不同环境条件下不同设计使用年限混凝土的抗冻性应满足相关要求，见表 4.1。

表 4.1 冻融破坏环境下混凝土抗冻性能指标

评价指标	环境作用等级	设计使用年限		
		100 年	60 年	30 年
抗冻等级(56 d)	D1	≥F300	≥F250	≥F200
	D2	≥F350	≥F300	≥F250
	D3	≥F400	≥F350	≥F300
	D4	≥F450	≥F400	≥F350

冻融破坏环境下桥梁混凝土的最低抗压强度等级应满足表 4.2 的要求。

表 4.2 混凝土最低抗压强度等级

环境类别	环境作用等级	设计使用年限					
		100 年		60 年		30 年	
		钢筋混凝土和预应力混凝土	素混凝土	钢筋混凝土和预应力混凝十	素混凝土	钢筋混凝土和预应力混凝土	素混凝土
冻融破坏环境	D1	C35	C35	C35	C30	C30	C30
	D2	C40	—	C35	C35	C35	C35
	D3	C45	—	C40	—	C40	C35
	D4	C50	—	C45	—	C45	—

(3)防止冻融措施

①构造措施

桥梁结构防冻胀最重要的方面是良好的排水以及防水构造。混凝土结构的外形应简洁、平顺，混凝土表面的棱角宜做成圆角，尽量避免突变构造。混凝土结构受雨淋的表面或可能积水的表面宜做成斜面，尽量避免水在混凝土表面积聚。当混凝土结构表面不得不承受聚积水作用时，应在承水面设置可靠的防、排水措施。

混凝土结构的施工缝、伸缩缝等连接缝的设置应尽量避开最不利环境的作用，不得在结构缝处设置排水构造。

采用合理的保护层厚度。根据不同冻融破坏环境等级，钢筋混凝土结构最外钢筋最小保护层厚度为 40～60 mm，后张预应力钢筋的混凝土保护层厚度与普通钢筋相同，预应力金属管外缘至混凝土表面的距离应不小于 1 倍管道直径（在结构的顶面和侧面）或 60 mm（在结构底面），见表 4.3。

表 4.3 桥涵混凝土结构钢筋的混凝土保护层最小厚度

环境类别	作用等级	保护层最小厚度/mm
冻融破坏环境	D1	40
	D2	45
	D3	50
	D4	60

铁路混凝土结构表面裂缝计算宽度限值除应遵守现行铁路工程有关专业设计规范的相关要求外，还应符合表 4.4 的规定。

表 4.4 钢筋混凝土结构表面裂缝计算宽度限值

环境类别	环境等级	裂缝计算宽度最大值/mm
冻融破坏环境	D1	0.2
	D2	0.2
	D3	0.15
	D4	0.15

注：当钢筋保护层实际厚度超过 30 mm 时，可将钢筋保护层厚度的计算值取为 30 mm。

②提高混凝土性能

工程实践表明，提高混凝土抗冻性的技术途径有两方面，其一是提高混凝土的密实度或强度，其二是适当引气。

当结构物处于冻融破坏环境时，混凝土配合比设计应同时考虑采用抗硫酸盐硅酸盐水泥、掺加足量矿物掺和料和引气等技术措施。不同类别环境共同作用可能会加重对混凝土的腐蚀，也有可能减轻其中某种环境作用。

a. 适用低水灰比

严格混凝土制作配合比，要根据结构类型和所处的环境条件，保证密实度或强度，通过试验确定关键参数，主要是降低混凝土的水灰比，水泥水化所需水分仅为其重量的 25%左右，若水量增加，多余的水就游离析出，产出孔隙，饱和后易受冻胀破坏。

b. 适当引气

引气混凝土具有较高抗冻性已被证实，但也有实践表明高强混凝土用于严重冻融环境即使不引气也没有发生破坏。考虑到引气不仅能够提高混凝土的抗冻性，而且能够改善混凝土的工作性能。另外，高强混凝土黏度大、施工困难。《铁路混凝土结构耐久性设计规范》（TB 10005）规定了冻融环境下混凝土的含气量要求。

当使用新型外加剂时，必须经过试验论证并通过铁路部门评审。

c. 表面涂装体系

严重冻融环境条件下，在结构混凝土表面采取外包钢板或涂装体系，有利于提高混凝土表面密实度,减少水分渗入,可有效提高混凝土抗冻胀性能,提高结构的耐久性。

3. 管道及支座灌浆

寒区铁路桥梁冬期施工,桥梁后张法预应力管道压浆及支座灌浆需采取特殊措施。根据冬期管道压浆施工需要,采用性能满足要求的冬季负温管道压浆材料,灌浆材料流动性能及流动性保持性与凝结时间满足现场施工工艺需要,保证浆体性能满足冬期施工要求。

(1)管道压浆

①进入冬季后应采用冬期施工措施,如使用普通管道压浆材料在低于-5 ℃条件下直接灌注,浆体会出现冻害,常温下将逐渐解冻,最终失去强度。同时浆体受冻时会发生体积膨胀,发生胀裂预应力管道的问题。

②根据冬期管道压浆施工需要,冬期施工时的管道压浆材料为了能够更快地获得强度防止冻害的发生,浆体的凝结时间控制在 3~4 h,流动度保持时间相对缩短在 20 min 左右,要求压浆施工应在 20 min 内完成。

③浆体与管壁之间热传导十分迅速。模拟试验表明,入模温度 18 ℃条件下,在-10 ℃和-5 ℃条件下仅十几分钟浆体温度就降低到零度,仅使用蓄热法无法满足施工要求,受冻后浆体强度丧失,因此有必要采取前期保温养护措施。

④负温条件下预应力管道压浆施工时,浆体达到临界抗冻强度前不得受冻,需保证在大于 5 ℃的环境条件下对压浆材料不少于 24 h 的预养护。负温养护 7 d 抗压强度在 20 MPa 以上,28 d 抗压强度在 70 MPa 左右,满足施工需要。

⑤冬期施工可采用预应力管道通热气法对梁体压浆前加热预热,压浆结束后对梁体采用热棚棚罩法加热养护,按照相应质量控制程序施工可以有效保障管道压浆冬期施工质量。

(2)支座灌浆

桥梁铺架质量是保证桥梁梁体受力是否均匀的重要环节,国内的桥梁铺架施工是将梁落放在经严格按架梁高程调平的墩台上的千斤顶上,然后在支撑垫石与支座的缝隙间填充 20~30 mm 的无收缩灌浆料,这样能避免三点受力现象的产生,减小桥梁开裂的概率。

寒冷地区冬季铺架施工,施工环境温度处于低负温,新浇注的灌浆材料会在很短的时间内将热量传导到支座和周边墩台身混凝土中,浆体水化热温度很难保证浆体硬化后达到适宜的早期强度,将降低桥梁的铺架效率,尤为严重的是,还会出现浆体早期受冻后期强度损失的病害,从而给工程带来质量隐患。冬季施工对灌浆材料提出了在低温、负温条件下仍具有工作性好、无收缩、自密实以及高强、早强等性能要求。

4.4 寒冷地区桥梁防冻施工

寒冷地区桥梁混凝土施工需从原材料控制、配合比、拌和物生产制备、灌注、养护等整个施工过程来实现。重视全面质量控制,更严格地执行有关规范和有关技术规定,以保证混凝土具有良好的匀质性,不论强度多少均应满足所使用的冻融环境。

1. 材料要求

混凝土施工中应根据不同情况选择含有不同矿物成分和不同性能的水泥、骨料和外加剂,从材料方面确保混凝土的耐久性。

(1)水泥

水泥宜采用品质稳定的硅酸盐水泥或普通硅酸盐水泥，水泥混合料仅限于磨细矿渣粉或粉煤灰。在选用水泥时除配制普通混凝土要考虑的因素外，更需注意水泥质量的稳定性和与高效减水剂的相容性。相容性好坏集中反映在用其拌制工作度满足要求的混凝土时水灰比的大小与坍落度损失率两方面。水泥的细度对新拌混凝土的工作性及硬化混凝土的强度都有着主要影响，过大或过小都不利，现今配制高性能混凝土的水泥细度一般在 3 000～4 000 cm^2/g。不同的水泥类型，由于化学成分的不同，导致其应用也不同。由于高强混凝土的水泥用量较大，水化热将大幅度地增加，这样将导致混凝土内部温度的升高。对于大体积混凝土，必须引起注意，为了防止温度裂缝，必要时需采用低水化热的水泥或在强度允许的条件下以优质矿物掺和料大量替代部分水泥。

(2)矿物掺合料

矿物掺合料应选用品质稳定的产品，其品种宜为粉煤灰、磨细粉煤灰或矿粉等。根据日本、美国等国家的使用经验，使用矿物掺合料配制高性能混凝土是行之有效、经济实用的技术路线，是当今国际上混凝土技术发展的趋势之一。

矿物掺合料可以使新拌和硬化混凝土的力学性能、耐久性能以及微观结构都得到不同程度的改善，但前提是所选矿物掺合料的品质必须有可靠的保证。大量的试验研究证明，优质的粉煤灰和矿渣粉都有减水增塑作用，优质粉煤灰比矿渣粉掺合料的减水效果要明显。当优质矿物掺合料与高效减水剂共同作用时，在保持相同胶砂流动度的情况下，双掺的复合减水和塑化效果更为明显，其减水率大于单掺减水剂的砂浆流动度。同时，矿物掺合料的掺量合理与否也会对混凝土的性能产生较大影响。严重冻融破坏环境时，采用的粉煤灰烧失量不应大于 3%。

(3)细骨料

细骨料应选用级配合理、质地坚硬、吸水率低、孔隙率小、硬质洁净的天然中粗河砂，也可选用专门机组生产的人工砂，不得使用海砂。冻融破坏环境下，细骨料的含泥量不应大于 2%，吸水率不应大于 1%。

(4)粗骨料

粗骨料应选用粒形良好、质地坚硬、线胀系数小的洁净碎石。粗骨料应选用二级或多级级配骨料混配而成。

对于高水泥含量和低水灰比的混凝土而言，粗集料的最大粒径以 20～25 mm 为宜。大量研究表明，配制高性能混凝土采用碎石较卵石更为有效，这主要是因为碎石的棱角对机械咬合的增长起促进作用。然而，过多的棱角使需水性增大从而降低了混凝土的工作性能。因此从强度与流变性能方面综合考虑，理想的粗集料应是：干净、粗糙等径、有棱角、避免平或长的颗粒。冻融破坏环境下，粗骨料的吸水率不应大于 1%，最大公称粒径不宜超过钢筋混凝土保护层的 2/3(严重冻融环境下不宜超过 1/2)。

(5)外加剂

外加剂应采用减水率高、适量引气、能明显提高混凝土抗冻性且品质稳定的产品。外加剂与水泥及矿物掺和料之间应有良好的相容性。

配制高性能混凝土必然会用到高效减水剂。研究表明，高效减水剂是一类能与水泥颗粒产生物理与化学相互作用的聚合物。当它用于分散无胶凝性的微细粉状材料时，仅发生物理性相互作用，包括：①其分子由于范德华力和静电力吸附在颗粒上；②由于带相反电荷颗粒间引力的减小（反絮凝作用）和高负电荷被吸附的高效减水剂传递到颗粒上，这些颗粒间斥力的感应；③所吸附的聚合物分子与周围颗粒间的空间位阻。

当高效减水剂用于分散水泥时，则除上述物理作用外，与水泥颗粒间还可能产生化学作用。在混凝土中掺入高效减水剂后，在溶液中解离出有机阴离子及金属阳离子，水泥颗粒的表面吸附了有机阴离子，为了静电平衡，阴离子外围的阳离子造成扩散分布，在微粒表面造成双电层，产生双电层电位（又称 Zeta 电位）。因水泥微粒表面的静电斥力及范德华引力的作用，在两微粒之间形成位垒（或能峰），使水泥浆体的絮凝结构破坏，释放出自由水，混凝土的流动性提高。

高效减水剂不但要具有高的减水效率，而且要能与水泥相容。因此必须事先进行高效减水剂的试掺工作，包括选择不同的常用水泥品种与减水剂的相容性试验、减水剂的掺量和掺加方法等。减水剂对坍落度损失的控制特性将决定它是否能够适用于混凝土搅拌站或建筑工地的现场浇筑。

2. 混凝土配合比

（1）浇筑的混凝土在满足良好的工作性能的同时，其强度等级不得低于设计强度，弹性模量不低于设计值。

（2）不同强度等级混凝土 56 d 电通量应满足表 4.5 的要求。

表 4.5　不同环境条件下混凝土的电通量/C

混凝土强度等级	设计使用年限		
	100 年	60 年	30 年
C35～C45	<1 200	<1 500	<2 000
≥C50	<1 000	<1 200	<1 500

（3）引气不仅能够提高混凝土的抗冻性，而且能够改善混凝土的工作性能。冻融破坏环境下，除新拌混凝土的含气应满足表 4.6 要求，硬化混凝土气泡间距系数应小于 300 μm。

表 4.6　混凝土含气量要求

环境条件	冻融破坏环境		
	D1	D2、D3	D4
含气量/%	≥4.0	≥6.0	≥6.0

（4）混凝土配合比要根据结构类型和所处的环境条件，保证密实度或强度，通过试验确定关键参数，主要是降低混凝土的水灰比。水泥是混凝土中必要的胶凝组分，但水泥用量过大，会增加混凝土的水化放热与开裂趋势，还会造成混凝土的泛浆分层，对混凝土耐久性反而不利，且会增加混凝土的成本。胶凝材料用量主要满足混凝土的力学性能，在此前提下，应尽可能降低混凝土中单方胶凝材料的用量。

配合比设计是确保混凝土耐久性最关键的环节，水胶比与最小胶凝材料用量限值是保证混凝土耐久性所需要的抗渗性与力学性能的重要技术参数，见表 4.7。由于混凝土拌和时的用水量在其浇筑成型后被水化结合的很少，大量游离水随后成为混凝土的薄弱环节，给混凝土的开裂和耐久性带来不利影响。近年来，从机理到工程应用都可以证实，控制混凝土拌和物最大用水量可以有效地改善其各项性能。

表 4.7 冻融破坏环境下混凝土配合比参数限值

环境作用等级	100 年		60 年		30 年	
	最大水胶比	最小胶凝材料用量/(kg·m^{-3})	最大水胶比	最小胶凝材料用量/(kg·m^{-3})	最大水胶比	最小胶凝材料用量/(kg·m^{-3})
D1	0.50	300	0.55	280	0.55	280
D2	0.45	320	0.50	300	0.50	300
D3	0.40	340	0.45	320	0.45	320
D4	0.36	360	0.40	340	0.40	340

不同环境下混凝土的三氧化硫含量不应超过胶凝材料总量的 4.0%。

3. 混凝土浇筑

(1)制定浇筑工艺，明确结构分段分块的间隔浇筑顺序，尽量减少后浇带或施工缝。

(2)根据结构截面尺寸大小研究确定降温防裂措施。

(3)混凝土入模温度要求如下：

①炎热气候条件下混凝土的入模温度不宜超过 30 ℃。应避免模板和新浇混凝土受阳光直射，控制混凝土入模前钢板和钢筋温度以及附近的局部气温不超过 40 ℃。宜安排在傍晚开始浇筑，不宜在早上浇筑，以免气温升到最高时加剧混凝土内部温升。

②当室外日平均气温连续 3 d 低于 5 ℃或最低气温低于 0 ℃时，应按冬期施工办理，混凝土的入模温度不应低于 5 ℃。

③新浇混凝土入模温度与邻接的已硬化混凝土或岩土、钢筋、模板介质间的温差不得大于 15 ℃。与新浇筑混凝土接触的已硬化混凝土、岩土介质、钢筋和模板的温度不得低于 2 ℃。

④混凝土浇筑应分层连续进行。当因故间歇时，其间歇时间应小于混凝土的初凝时间。不同混凝土的允许间歇时间应根据环境温度、水泥品种、水胶比和外加剂类型等条件通过试验确定。当超过允许间歇时间时，应按浇筑中断处理，同时应留置施工缝，并作好记录。施工缝的平面应与结构的轴线相垂直。

⑤在浇筑混凝土过程中或浇筑完成时，如混凝土表面泌水较多，须在不扰动已浇筑混凝土的条件下，采取措施将水排除。继续浇筑混凝土时，应查明原因，采取措施，减少泌水。

⑥在混凝土施工缝处接续浇筑新混凝土时，应符合下列规定：

a. 应凿除已浇筑混凝土表面的水泥砂浆和松弱层，凿毛后露出的新鲜混凝土面积不低于总面积的 75%。

b. 施工缝为斜面时，旧混凝土应浇筑成或凿成台阶状。

(4)混凝土振捣。

①混凝土浇筑过程中，应随时对混凝土振捣并使其均匀密实。振捣宜采用插入式振捣器垂直点振，或采用插入式振捣器和附着式振捣器联合振捣。混凝土振捣过程中应避免重

复振捣，防止过振。

②对有抗冻要求的引气混凝土不应采用高频振捣器振捣。

③混凝土振捣完成后，应及时修整、抹平混凝土裸露面，待定浆后再抹第二遍并压光或拉毛。抹面时严禁洒水，并应防止过度操作影响表层混凝土的质量。寒冷地区和干旱地区的混凝土，应特别加强施工抹面工序的质量控制。

4. 混凝土养生，防止水化热裂缝

(1)混凝土养护期间，应对有代表性的结构进行温度监控，定时测定混凝土中心温度、表面温度以及环境的气温、相对湿度、风速等参数，并根据混凝土温度和环境的变化情况及时调整养护制度，严格控制混凝土的内外温差。控制混凝土的各种温差主要是为了防止温差过大引起混凝土产生裂缝。在湿养护的同时，应该保证混凝土表面温度与内部温度和所接触的大气温度之间不出现过大的差异。采取保温和散热的综合措施，可以防止温降和温差过大。混凝土温度控制的原则是：①升温不要太早和太高；②降温不要太快；③混凝土中心和表面之间、新老混凝土之间以及混凝土表面和大气之间的温差不要太大。温度控制的方法和制度要根据气温（季节）、混凝土内部温度、构件尺寸、约束情况、混凝土配合比等具体条件来确定。

(2)合理的混凝土养护时间。最为科学的方法是根据同条件下养护开始和养护结束时混凝土强度比来控制，现场混凝土构件的养护方法和养护时间需要综合考虑混凝土强度等级、环境温湿度、风速、构件尺寸等。按不同水胶比确定出不同的养护时间，且考虑大气湿度、有无风和温差因素。

混凝土掺加矿物掺和料后，早期的强度发展速度有所放慢，对温度和湿度的敏感程度显著，应特别注意带模养护，确保足够的带模养护时间。混凝土带模养护期间，应采取带模包裹、浇水、喷淋洒水或通蒸汽等措施进行潮湿养护。为了保证顺利拆模，可在混凝土浇筑24～48 h后略微松开模板，并继续浇水养护至拆模后。

混凝土自然养护期间，混凝土浇筑完毕后的保温保湿养护最短时间应满足表4.8的规定。

表 4.8 混凝土保温保湿养护最短时间

水胶比	大气潮湿（RH≥50%），无风，无阳光直射		大气干燥（20%≤RH<50%），有风，或阳光直射		大气极端干燥（RH<20%），大风，大温差	
	日平均气温 T/℃	养护时间/d	日平均气温 T/℃	养护时间/d	日平均气温 T/℃	养护时间/d
>0.45	5≤T<10	21	5≤T<10	28	5≤T<10	56
	10≤T<20	14	10≤T<20	21	10≤T<20	45
	T≥20	10	T≥20	14	T≥20	35
≤0.45	5≤T<10	14	5≤T<10	21	5≤T<10	45
	10≤T<20	10	10≤T<20	14	10≤T<20	35
	T≥20	7	T≥20	10	T≥20	28

(3)拆模时，混凝土应具有一定的强度，表面及棱角不能因为拆模而受损，其不同结构对

拆模时混凝土应具备的强度要求不一致，因此，拆模强度应满足相关专业规范的要求。大风或气温急剧变化时不宜拆模。混凝土内部开始降温前及混凝土内部温度最高时不得拆模。拆除模板或撤除保温防护后，如表面温度骤降，混凝土就可能会产生龟裂。只有当混凝土任何部位的温度都处于逐渐下降状态时才能撤除保温防护。大体积混凝土不能降温过快，因为当混凝土内外存在温差时，表面骤冷的混凝土产生裂缝的可能性较大。

在气温很高时，则应采取措施来降低混凝土的入模温度。夏期在降低入模温度的同时，还要冷却模板并避免混凝土表面日晒。在高温下拌和、浇筑和养护会损害混凝土的质量和耐久性，过热会使坍落度损失过快，拌和物用水量增大。因此，夏期施工对混凝土的最高温度和浇筑作业应有限制。

降低入模温度对控制混凝土的裂缝非常重要，同样的混凝土，入模温度高的其温升值要比入模温度低的大许多。规范规定混凝土的入模温度宜为 5 ℃～30 ℃。混凝土的收缩在浇筑早期最为明显，且随龄期的增长，混凝土的收缩率会逐渐减少。当新拌混凝土浇筑于已硬化混凝土表面时，由于两种混凝土的收缩不能同步，新浇混凝土往往由于收缩受到硬化混凝土的限制而产生开裂，这种现象在两种混凝土温差过大时更为明显。因此，混凝土的入模温度与钢模、邻接的已硬化混凝土或岩土介质间的温差不得大于 15 ℃。

为了避免混凝土早期受冻，冬期混凝土应具有一定的出机温度和入模温度，冬期施工时，混凝土的入模温度不宜低于 5 ℃。当施工现场存在机械运输困难、运距较长等问题时，应适当提高混凝土的出机温度，以保证混凝土在运输过程中不致被冻坏。

降低混凝土拌和物温度的主要措施有：①用冷水或冰水；②冷却水泥温度；③用冷却水喷洒、浸泡或冷风降低骨料温度；④对搅拌和运输设备遮阴、隔热处理；⑤夜间浇筑；⑥预埋冷水管。

4.5 寒冷地区涵洞防冻胀

选择适宜的基础类型与合理的基础埋深，对防止涵洞冻胀融沉变形有重要的作用。涵洞冻害可以通过改变地基土的冻胀条件或采取结构措施来防治，一般选用以下五种防治措施。

1. 换填法

换填法用粗砂、砾石等非(弱)冻胀性材料置换天然地基的冻胀性土，以削弱或基本消除地基土的冻胀。换填法防冻害的效果与换填的深度、换填料黏粒含量、换填料的排水条件、地基土质、地下水位及建筑物适应不均匀冻胀变形能力等多种因素有关。换填土的深度一般根据当地冻土层厚度而确定，换填措施需根据地下水位的高低来选择垫层料。

2. 物理化学法

物理化学法有多种，一般常用的主要有人工盐渍化改良土、用憎水物质改良土和使土颗粒聚集或分散改良土三种方法。人工盐渍化法是指向土体中加入一定量的可溶无机盐类，如氯化钠、氯化钙、氯化钾等，使之成为人工盐渍土。用憎水性物质使地基土改良方法，是指在土中掺少量憎水性物质，使土颗粒表面具有良好憎水性，减弱或消除地表水下渗和阻止地下水上升，使土体的含水量减少，进而削弱土体冻胀及地基土与建筑物间的冻结强度。通常用石油产品和其他化学表面活性剂掺到土中制作憎水土。为防止涵洞基础在侧表面切向冻胀力下上台，可在其基础侧表面铺设一定厚度的憎水土，其厚度一般在15～25 cm。

3. 保　温　法

保温法是指在建筑物基础底部或四周设置隔热层，增大热阻，以推迟地基土的冻结，提高土中温度，减少冻结深度，进而防治冻胀的一种方法。

4. 排水隔水法

排水隔水法主要是降低地下水位及季节冻层范围内土体的含水量，隔断外水补给来源和排出地表水，防止地基土致湿。对洞身基础采取排水措施比较困难，但当遇到陡坡涵洞或基础底部不透水层下有砂砾石层时，可在涵洞出口陡坡段设置排水孔，对进出口坡降缓的可在涵洞基础底部设置砂桩排水。

5. 结构措施

将涵洞基础置于冻层以下也是防止冻害的有效途径之一，但在冻深加大地区修建小型涵洞往往基础工程量较大。寒冷地区许多工程实践表明，小型涵洞自重力小，在冻胀力作用下难以维持自身稳定，虽然涵洞失稳也不影响涵洞正常运用，但可按允许冻胀变形进行设计，这种设计的关键是增强涵洞结构适应变形的能力。

5 寒冷地区高速铁路隧道工程建造技术

5.1 寒冷气候对隧道的影响

1. 寒区隧道的特点

由于严寒及寒冷地区的环境温度四季交替周期性变化，并长时间处于冰点以下温度，环境温度的交替变化使隧道洞口及周边一定范围的围岩必然经历反复冻融变化。这种周期性的冻融作用对隧道结构、防排水系统均产生了巨大的影响，隧道结构需要承担负温差引起的拉应力及局部含水产生的冻胀力叠加而形成的周期性加、卸载作用，整个隧道还要建立一个完善、通畅兼保温的防排水系统。

此外，对于全封闭、采用大型养护机械和实施综合维修的寒冷地区高速铁路隧道，隧道往往采用大断面结构，加之洞内运营高速列车，受空气动力学效应及活塞效应影响更加显著，使得隧道内的温度场变化更趋复杂，隧道抗冻、防冻的要求亟须提高。

2. 寒区隧道的冻害特征及表现形式

国内外大量既有寒区铁(公)路隧道的运营实践经验表明，当地下水发育，且隧道防水系统失效、排水设施堵塞或结构抗冻功能不足时，隧道建成后常常发生冻害，伴随着出现衬砌挂冰、洞内网线设备挂冰、隧底冰锥、排水沟冰塞、道床积冰等冻害形式，局部甚至出现衬砌开裂、酥脆、剥落及洞门端墙开裂等因壁外冻胀而产生的结构性损伤，如图 5.1～图 5.4 所示。

上述寒区隧道的冻害形式不仅大大增加运营维修养护的工作量，造成严重的经济损失，还直接威胁到隧道结构及运营行车的安全。

图 5.1　衬砌接缝漏水形成边墙挂冰图

图 5.2　斜井内渗漏水引起的冰漫形冰锥

图 5.3 中心水沟检查井冻结

图 5.4 侧沟冻结

(1)国内隧道冻害

近年来,我国寒区隧道的数量和长度均大幅度增加,而与之相对的是,寒区隧道的冻害问题依然十分突出,是长期困扰运营部门的难题之一。

根据东北地区哈尔滨局及沈阳局的相关工务部门统计数据,哈尔滨局及沈阳局管普速铁路隧道中分别约 90%和 70%发生过冻害。其中最典型是位于东北林区牙林线岭顶铁路隧道,它是我国第一座修建在多年冻土区的隧道,隧道全长 936.8 m,采用单面坡,隧道所在区域最低气温约为−50 ℃,当地负温日数占全年的 58%以上,年平均气温为−6.71 ℃,全年相对温差约为 80 ℃,日温差最大为 20 ℃～30 ℃。由于当时设计缺乏相关经验,未设置有效的防排水系统,隧道主体结构于 1961 年 9 月建成后,同年 11 月便发生了严重的隧道冻害问题:拱部由于渗漏水形成多处挂冰,隧底形成冰笋,边墙上甚至出现直径约 1 m 的大冰柱,道床积冰厚度 0.3～1.3 m;二次衬砌也产生多处环向裂缝,而衬砌接缝处的宽度有发丝粗至 3 mm 不等。为保证隧道正常使用,整治病害中不得不在隧道下修建了长 720 m 的防寒泄水洞,配套设置了盲沟、支导洞、洞外暗沟、保温出水口等排水设施。此外,东北地区的翠岭 2 号隧道、西罗奇 1 号隧道和西罗奇 2 号隧道以及西北的乌鞘岭隧道、关角隧道等的冻害情况也很典型。

在寒区公路隧道中,也有许多冻害的例子,较为典型的是老玉希莫勒盖公路隧道和甘肃七道梁公路隧道。其中老玉希莫勒盖隧道位于新疆 217 国道天山段,隧道长 1 007 m,1988 年 8 月底完工时就发生了严重的渗漏现象,进入 9 月后由于路面结冰、洞顶挂冰,车辆便难以通行,更为严重的是由于隧道衬砌受到反复冻融破坏导致目前该隧道形成冰塞而报废。而甘肃七道梁公路隧道于 1989 年建成后,冬季排水沟冻结引起隧道排水不畅、防水失效,因冻胀导致二次衬砌结构出现开裂,加之路面结冰,严重影响行车安全,不得不组织大量养护人员在洞内清冰以满足隧道使用功能。此外,东北的小盘岭隧道和新交洞隧道,华北地区的梯子岭隧道,西南地区的鹧鸪山隧道,以及西北地区的天山 2 号隧道、奎先隧道、大坂山隧道等公路隧道,均呈现出不同程度的冻害特征。

(2)国外隧道冻害

在国外,日本、俄罗斯、美国等国家及北欧的寒区隧道冻害问题也十分普遍。根据日本 1979 年对国内投入运营的 3 819 座铁路隧道的统计数据,其中 34%的隧道出现过渗漏冻害问题。此外,根据日本 1990 年对国内投入运营的 6 705 座公路隧道的统计数据,约 60%的隧道出现渗漏水，其中约 24%的隧道出现严重冻害问题。

3. 寒区隧道按气候环境分类

工程实践表明，隧道所在区域的最大土壤冻结深度、极端最低气温、年(月)平均气温、最冷月平均气温、年平均降雨(雪)量及季节分布、日照时间、风向、风速、冻结指数等气候环境因素均对隧道的冻害产生影响。根据《铁路隧道设计规范》(TB 10003)，隧道按所处气候环境通常可按所在区域的最冷月平均气温划分为微冻地区、寒冷地区和严寒地区，见表 5.1。

表 5.1 隧道所处气候环境分类

最冷月平均气温/℃	气候环境分类	备注
−3～2.5	微冻地区	
−8～−3	寒冷地区	
≤−8	严寒地区	

5.2 寒冷地区隧道技术现状

针对寒区隧道的冻害问题，国内外的隧道技术人员做了系列的探索、研究及工程实践，取得了一些成效。

1. 国内现状

由于地下水是隧道冻害的必要条件，而针对季节性冻土区的水具有冬季冻结夏季融化的特点，与多年冻土区中含水通常全年呈冻结状态的特点不同，国内的隧道技术人员经过多年研究和工程实践，采取了不同的处理思路：

(1)对于季节性冻土区隧道，采取“以排为主”的地下水处理思路，通过围绕隧道周边建立一个以深埋排水设施为主体的保温排水系统，及时、通畅地排除隧道周边的地下水，确保衬砌表面不渗水、背后不积水和排水沟不冻结，从而实现防止隧道冻害的目的。

(2)对于多年冻土区隧道，采取“以防为主”的地下水处理思路，通过在初期支护与二次衬砌间设置保温层，防止隧道周边冻土融化，从而实现防止隧道冻害的目的。

而上述技术已经应用于大量寒区隧道的工程实践，取得明显成效。

2. 国外现状

针对寒区隧道的冻害问题，日本主要采用在衬砌表面或初期支护与二次衬砌间设置被动隔热保温层保温，以及对排水系统采取主动加热技术，苏联及挪威等北欧国家则对排水系统采取主动加热技术，法国等则采用在二次衬砌表面设置隔板保温技术，均取得了明显成效。目前上述措施也在国内一些出现冻害的隧道治理过程中被采用，但实践也证明，上述技术措施存在的最大问题是一次投入和运营维护的成本相对高昂，尤其不适用于全封闭、大型机械化养护的高速铁路。

3. 高铁现状

严寒地区隧道渗漏水后结冰，危及高速铁路设备和行车安全。寒区高速铁路研究采用防、排、堵综合措施，形成隧道防寒保温防排水技术；创新了具备可维护条件的洞内、外防寒保温排水体系，解决了寒区高速铁路隧道结构抗冻及保温排水难题，形成一整套完善的防寒、抗冻的隧道排水系统；针对隧道洞口采取了径向注浆加固围岩并堵水、二次衬砌采用钢筋混凝土加强以及衬砌背后采用回填注浆等技术措施，加强了隧道结构自身及周边围岩的抗冻能力。

5.3 寒冷地区隧道防冻设计

1. 一般规定

(1)由于地下水是隧道产生冻害的首要条件，因此，寒冷地区隧道宜选择在地下水水位低、围岩比较干燥且冻融时围岩工程性质变化小的地段。

(2)持续低温状态对隧道尤其是洞口段结构影响大，洞口段应设置抗冻设防段，并考虑温度应力及冻胀作用的叠加影响。

(3)寒冷地区隧道的防排水设计除应遵循“防、排、截、堵结合，因地制宜，综合治理，保护环境”的原则外，还应结合项目所在地区的气候条件、工程与水文地质、环境条件等影响因素，遵循“防寒可靠、排水通畅、施工方便、维护易行”的原则，采取切实可靠的设计、施工措施，妥善处理地表水与地下水，使洞内外形成一个完整、可靠、通畅的防排水系统，达到衬砌表面不渗水、背后不积水和排水沟不冻结，确保隧道工程安全、可靠、耐久。

(4)施工开挖揭示隧道穿越地下水发育的地段时，宜采取注浆封堵等方式，减少地下水往隧道内的汇聚。

2. 隧道位置选择及洞口工程

(1)线路平面与纵断面

①隧道洞身宜尽量避免穿越长段落的黏性土、粉质土、细粒土及泥岩等易受冻胀影响的地层，避免以浅埋方式穿越地表有水流、池塘、湖泊或低洼易积水的地段，避免穿越断层破碎带、节理密集带等地下水发育的地层。当不可避免时，应采取合理工程措施。

②隧道洞口宜选择在背风向阳、不易积雪、便于排水的位置。当隧道位于降雪量较大山区时，隧道洞口不宜设置在边、仰坡陡峻等易造成雪崩的位置。

③长隧道及以上宜采用人字坡，以利排水。

④寒区输水隧洞内明流排水的设计流速不宜小于 1.2 m/s。结合隧道中心管沟的尺寸、设计流量等，寒冷地区隧道内的纵坡不宜小于 5‰。当纵坡小于 5‰时，隧道内的排水系统除应做正常的防冻保温设计外，还应采取加大排水沟坡度、设置保温层保温等措施。

(2)洞口工程

①当隧道洞门墙基础位于冻胀变形敏感地层时，应将洞门墙基础底面埋置于冻结线以下 0.25 m 处；当冻结线较深时，应采取基底换填等处理措施，确保隧道洞门墙基底安全。

②隧道洞口浅埋段位于冻胀变形敏感的地层时，宜优先采用明挖法施工，并采用非冻胀性材料回填。

③设置开孔式缓冲结构洞门的隧道，为防止春融期昼夜温度变化而引起洞顶积雪冻融对洞内接触网线等设施的不利影响，孔洞处应设置外檐等拦水设施。

5.4 寒冷地区隧道结构抗冻设计

1. *初期支护*

喷射混凝土抗冻试验研究结果表明：在冻融循环作用下，喷射混凝土结构表面剥蚀严重，抗拉强度、抗压强度逐渐降低；冻融后，喷射混凝土内部的孔隙含量增加，水化物酥松、劣化，裂缝宽度不断增大，导致承载能力逐渐下降。由于喷射混凝土结构本身内部形成的封闭球状气泡隔断了混凝土渗水的毛细管通道，有效缓解了冻胀压力和渗透压力对硬化水泥基体的破坏，改善了喷射混凝土的抗冻耐久性，并使得喷射混凝土的抗冻性能优于模筑混凝土。

此外，喷射混凝土体内加筋也不利于初期支护抗冻，寒区隧道宜在采取注浆等措施减少地下水入渗并加固改良地层的条件下，尽量采用格栅钢架等柔性支护体系，并尽量减少钢筋网的使用。

2. *二次衬砌*

实践经验与实测数据表明，寒冷地区长大隧道洞口段受环境温度影响大，洞口应设置抗冻设防段。抗冻设防段长度可根据隧道长度及坡度、洞口朝向、当地最冷月平均气温、地下水水量、隧道内外气温、风速、风向、列车长度、行车速度和密度等影响因素综合确定，一般可参考当地最冷月平均气温并结合邻近项目既有隧道的设防条件类别及效果等综合确定。在调研分析近年来开通的牡绥铁路、哈佳铁路、哈牡客专、吉图珲高铁、京沈客专等东北地区铁路项目隧道结构抗冻设防段长度设置基础上，提出寒冷地区隧道结构抗冻设防段长度建议值，见表5.2。

表5.2 寒冷地区隧道结构抗冻设防段长度一览表

气候环境分类	最冷月平均气温 t	抗冻设防段长度	备注
寒冷地区	$t\leqslant -25$ ℃	洞口 2 000 m	
	-25 ℃ $<t\leqslant -20$ ℃	洞口 1 500 m	
	-20 ℃ $<t\leqslant -15$ ℃	洞口 1 000 m	
	-15 ℃ $<t\leqslant -8$ ℃	洞口 500 m	

支护结构抗冻设防段应满足下列要求：

(1)隧道抗冻设防段应采用曲墙带仰拱型复合式衬砌，且二次衬砌应采用防水钢筋混凝土，混凝土抗渗等级不低于P10、抗冻性能指标不低于F350。

(2)隧道抗冻设防段结构应设置温度伸缩缝。由于寒冷地区具有负温差大、冰冻期长的气候特点，往往导致隧道二次衬砌结构冷缩开裂，为了适应温度变化，隧道抗冻设防段范围二次衬砌纵向需间隔一定距离设置一道温度伸缩缝，防止由温度应力引起的开裂。

(3)隧道抗冻设防段范围拱墙、仰拱、仰拱填充及侧沟的施工缝、温度伸缩缝、沉降缝应贯通对齐，防止由于隧道结构上、下部位变形不一致而导致开裂。

3. 保 温 层

(1)保温层设置目的及其适应性

①保温层设置目的

设置保温层保温也是防止寒区隧道结构产生冻害的有效手段之一。该方法一般通过对隧道洞口易受冻融影响地段设置保温层,从而避免衬砌背后环境与洞内空气发生剧烈的热交换,避免衬砌背后形成负温区域,从而达到防治冻害的目的。

②保温层设置位置分析

通过设置保温层防止隧道结构冻害时,按保温层敷设的位置通常有两种方式:一种是直接在隧道二次衬砌结构表面设置保温层,另一种是在隧道初期支护与二次衬砌之间设置保温层。不同设置位置保温层的优缺点对比分析见表 5.3。

表 5.3 保温层不同设置位置优缺点对比分析

位置	优点	缺点
二次衬砌表面	施工工艺相对简单,质量易控制;维修相对方便	①保温层安装受洞内表面悬挂设备的影响大,固定较复杂,且保温材料需采取特殊的防火和饰面处理。 ②衬砌结构发生破坏时,设置保温层后无法及时观察衬砌表面病害发生、发展情况,不利于病害的预防和及时处治。 ③隧道内运营车辆产生的气流、振动等易对保温层耐久性造成破坏,危及行车安全
初期支护与二次衬砌之间	有利于行车安全;对洞内设备安装干扰小	①施工工序繁琐,工效低。 ②保温层阻燃性能低,施工时易发生火灾,风险高。 ③保温层在二次衬砌混凝土振捣过程中易脱位而造成局部空洞。 ④围岩压力时,由于保温层的强度和弹性模量偏低,受压后保温层变形破坏,从而降低保温性能。 ⑤处于夹层位置的保温层维修难度大,无更换可能性

需要说明的是,考虑铁路隧道内运营列车密度、时速等影响以及维修养护的要求,为保证安全,保温层一般不得敷设于衬砌结构表面,相关内容后续亦不再深入探讨。而实践经验表明,保温层达到保温效果的关键在于保温层必须处于相对干燥的环境中,而多年冻土区及季节性土区地层中地下水的不同形态对设置于初期支护与二次衬砌之间的保温层的保温效果会产生不同影响:

a. 对于多年冻土区铁路隧道,设置保温层的主要目的是防止夏季隧道周边多年冻土圈产生融化,由于该地层中地下水多为固态,故设置于初期支护与二次衬砌间的保温层基本可保持为干燥状态,因此,设置保温层可实现保温防融目的。

b. 对于季节性冻土区铁路隧道,由于该地层中的地下水长时间为液态,且防水层的破损等原因极易导致地下水在保温层内窜流,位于初期支护与二次衬砌之间的保温层难以保持干燥,使得保温效果大大降低甚至失效,而当保温层内窜水不能及时排出时,低温状态下将不可避免地产生冻结,进而对隧道结构产生破坏。

(2)保温材料的选择及保温层厚度的确定

用作隧道保温层的材料应具有较低的导热系数、足够的抗压强度、较低的吸水率甚至不吸水,且具有良好的化学稳定性及耐久性等特点。目前寒区隧道常用的保温材料有酚醛泡沫塑料、聚氨酯泡沫塑料等。根据保温层材料的性能指标,保温层厚度计算见式(5.1)。

$$\frac{1}{\lambda_p}\ln\frac{r+Z_s(x)}{r}=\frac{1}{\lambda}\ln\frac{r+\delta_2+\delta}{r+\delta_2}+\frac{1}{\lambda_2}\ln\frac{r+\delta_2}{r} \tag{5.1}$$

式中 λ_2——二次衬砌混凝土的导热系数,W/(m·K),一般钢筋混凝土导热系数为1.74W/(m·K),素混凝土导热系数为1.65W/(m·K);

δ_2——二次衬砌混凝土的厚度,m;

r——衬砌结构的曲率半径,m;

$Z_s(x)$——围岩的冻结深度,m;

λ——防冻保温材料导热系数,W/(m·K),取材料实测值;

δ——保温层的厚度,m,当计算值小于0.05 m,取$\delta=0.05$ m。

5.5 寒冷地区隧道防排水设计

工程实践表明,寒区隧道的冻害多数是由于防水失效、排水系统淤堵导致,主要病害表现形式为接缝处渗漏水引起的挂冰、排水沟堵塞冻结造成道床积水、积冰而影响行车安全。因此,相较于日本等提出的被动隔热保温和主动加热、苏联和挪威等北欧国家提出的主动加热以及法国等提出设置隔板保温的冻害防治技术,我国的工程技术人员经过多年的工程实践,总结出建立一个以深埋排水设施为主体的完整、通畅的隧道保温防排水系统,及时排除隧道周边地下水的隧道冻害防治技术,并通过了寒区数百座铁路隧道的运营考验。

1. 防水设计

(1)围岩防渗

当隧道洞口位于粉质土、黏性土和细粒土等受冻胀变形明显的地层时,隧道发生冻害的可能性大大增加,应采用以“防寒堵水”为主要目的的注浆方案,在隧道开挖轮廓外侧的围岩体中构建一个相对封闭的防渗圈,减少地下水向隧道的入渗,达到降低隧道冻害风险的目的。

隧道防渗圈的范围可按承受外部静水压力设计,一般裂隙地段防渗圈的范围按0.2倍~0.5倍隧道开挖跨度考虑。

防寒注浆完成后需做防渗注浆效果检查和评定,通常采用标准如下:

①一般岩质地层防寒注浆防渗标准可采用钻孔压水试验成果表示,压水试验成果一般要求透水率$q\leqslant 5L_u$,透水率q可按式(5.2)计算。

$$q=Q/(PL) \tag{5.2}$$

式中 Q——每分钟注水量,L/min;

P——注浆压力,MPa;

L——试验长度压力,m;

L_u——在1 MPa水压下每分钟的注水量。

压水流量稳定标准为:在稳定的压力下,每3~5 min测读一次压入流量,连续四次读数中最大值与最小值之差小于最终值的10%,或最大值与最小值之差小于1 L/min时,本阶段试验即可结束，取最终值作为计算值。

②土质地层防寒注浆防渗标准一般采用渗透系数 K（单位为 cm/s）表示，要求 K 降低到 10^{-5} cm/s 量级。

由于注浆工程多采用钻孔压水试验成果表示，渗透系数 K 与透水率 q 之间的关系可按式(5.3)估算。

$$K=q\times1.5\times10^{-5} \tag{5.3}$$

(2)衬砌结构自防水

寒冷地区隧道二次衬砌混凝土采用防水混凝土，抗渗等级不低于 P10；当地下水发育或对混凝土具有侵蚀性时，抗渗等级不低于 P12。

(3)防水层防水

①隧道暗洞拱墙初期支护与二次衬砌之间铺设分离式防水层。分离式防水层由 EVA 防水板和土工布缓冲层组成，防水板厚度不小于 1.5 mm，土工布标称断裂强度不小于 15 kN/m。防水层一般采用无钉铺设，无纺布铺设基面应平整、无尖锐物，且平整度不应大于 1/10（基面相邻两凹槽深度与宽度之比）。

②明洞衬砌拱墙部位防水层由内到外依次为：3 cm 厚 M10 水泥砂浆找平层，4 mm 厚自粘式防水卷材，双层土工布，6 cm 厚砖砌保护层。帽檐斜切式洞门、缓冲结构洞门的回填面以下结构的防水层可与明洞结构相同，外露部分涂刷一层厚度不小于 1.5 mm 水泥基防水涂料。

③隧道内的附属洞室防水宜采用全包防水，防水等级要求与正洞一致，且洞室防排水系统构成应与正洞防排水系统连接牢固形成整体，并应加强连接处的防水措施。隧道附属洞室阴阳角防水处理示意如图 5.5 所示。

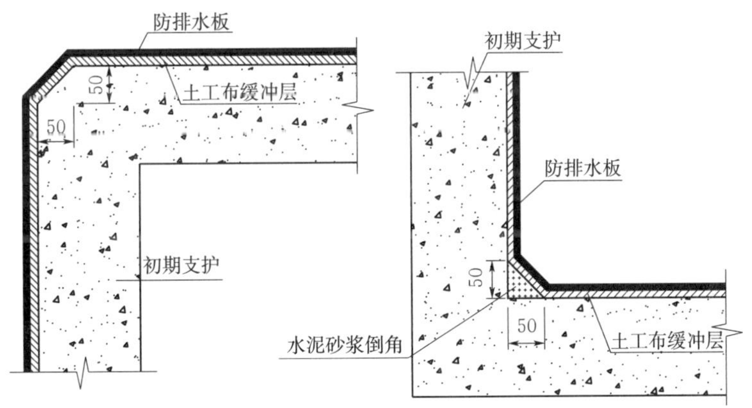

图 5.5 隧道附属洞室阴阳角防水处理节点示意图（单位：mm）

④接缝防水

由于隧道施工期的环境温度要求至少在 5 ℃以上，而开通运营后寒冷地区隧道内的温度低、冰冻期长，正温差远远小于负温差，隧道结构仅需考虑混凝土结构自身收缩和“负温差”引起的纵向收缩变形影响，故寒冷地区隧道温度伸缩缝可不考虑缝宽，仅考虑设置隔离材料即可。隔离材料可选用喷涂沥青橡胶等防水材料。

此外，隧道施工缝、沉降变形缝、温度伸缩缝应按一级防水标准设置防水措施。寒区隧道结构缝常用防水设计见表 5.4。

表 5.4 施工缝、沉降变形缝、温度伸缩缝防水措施表

序号	类别	防水措施
1	暗洞拱墙环向施工缝	背贴式橡胶止水带＋中埋式橡胶止水带
2	暗洞仰拱环向施工缝	中埋式橡胶止水带＋遇水膨胀橡胶止水条
3	明洞拱墙环向施工缝	中埋式橡胶止水带＋遇水膨胀橡胶止水条
4	明洞仰拱环向施工缝	中埋式橡胶止水带＋遇水膨胀橡胶止水条
5	纵向施工缝	中埋式橡胶止水带＋遇水膨胀橡胶止水条
6	水沟环向施工缝	遇水膨胀橡胶止水条
7	暗洞拱墙沉降变形缝、温度伸缩缝	背贴式橡胶止水带＋中埋式钢边橡胶止水带＋遇水膨胀橡胶止水条＋建筑接缝用密封胶
8	暗洞仰拱沉降变形缝、温度伸缩缝	中埋式钢边橡胶止水带＋遇水膨胀橡胶止水条＋建筑接缝用密封胶
9	明洞拱墙沉降变形缝、温度伸缩缝	中埋式钢边橡胶止水带＋遇水膨胀橡胶止水条＋建筑接缝用密封胶
10	明洞仰拱沉降变形缝、温度伸缩缝	中埋式钢边橡胶止水带＋遇水膨胀橡胶止水条＋建筑接缝用密封胶

⑤拱顶回填注浆

工程实践表明，寒区隧道的结构损伤破坏除洞身位于冻胀变形明显的地层外，多是由于隧道排水系统不畅，加之隧道支护结构局部存在质量缺陷导致的，其中衬砌背后的空洞对于寒冷地区隧道冻害影响最大。为保证围岩与初期支护、初期支护与防水层、防水层与二次衬砌均密贴，往往采用纵向预贴管道法或拱顶带模径向注浆法对二次衬砌拱部背后充填注浆。回填注浆材料一般采用 M20 微膨胀水泥砂浆或自流平水泥浆。

纵向预贴管道法回填注浆示意如图 5.6 所示，其主要技术参数为：预贴注浆花管一般采用 ϕ20～30 mm 的 PVC 管，管身布设梅花形溢浆孔；排气管不布孔，现场根据排气需要安设；回填注浆应在孔口封堵材料达到一定强度时进行；注浆压力达到 0.2 MPa 或排气孔出浆时结束注浆。

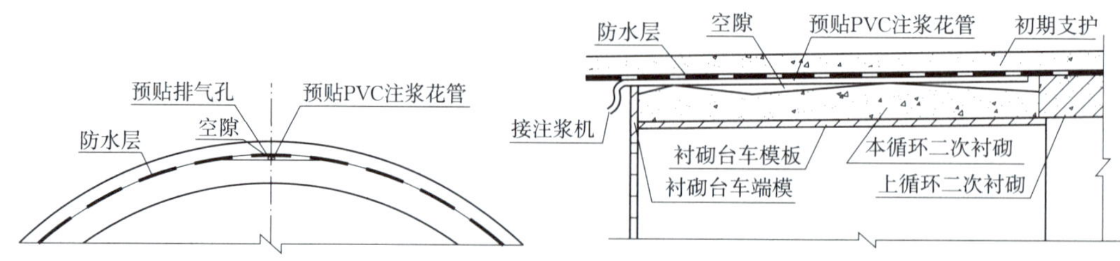

图 5.6 纵向预贴管道回填注浆横断面和纵断面示意图

拱顶带模回填注浆示意如图 5.7 所示，主要技术参数为：每板台车预留 4 个 ϕ40 mm 的注浆孔并在衬砌台车开孔处焊接固定法兰；注浆管采用内径 15 mm、外径 36 mm 的 RPC 注浆管，衬砌台车安装定位后，衬砌混凝土浇筑前，从固定法兰处垂直穿入 RPC 注浆管，上端顶住防水板，下端采用定位法兰及套管固定；注浆孔可兼作观察口和排气孔；注浆压力不得超过 1.0 MPa；回填注浆宜在衬砌混凝土脱模前及时进行。

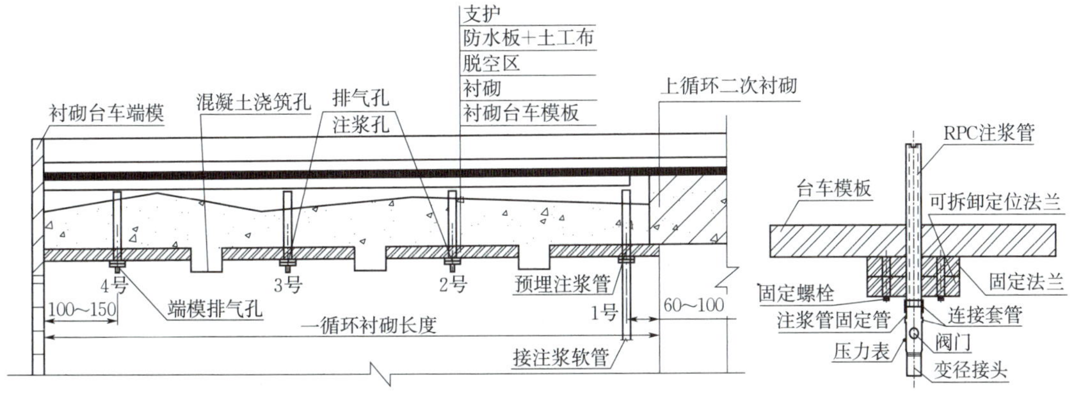

图 5.7　拱顶带模注浆纵断面及连接件安装示意图(单位：mm)

2. 排水设计

为防止寒冷地区隧道排水系统冻害，保证隧道内排水通畅，应结合隧道所在地区的气候条件和地下水赋存条件进行隧道保温排水系统防冻专项设计。一般设置保温水沟、中心深埋水沟、防寒泄水洞及相关的配套排水设施形成防寒排水系统，无具体资料时可按表 5.5 设置保温排水措施。

表 5.5　寒区隧道保温排水措施设防长度一览表

<table>
<tr><th rowspan="2">序号</th><th rowspan="2">最冷月平均气温 t/℃</th><th colspan="2">中心深埋水沟</th><th colspan="2">防寒泄水洞</th><th colspan="2">保温水沟</th></tr>
<tr><th>是否设置</th><th>长度/m</th><th>是否设置</th><th>长度/m</th><th>是否设置</th><th>长度/m</th></tr>
<tr><td>1</td><td>$-15<t\leqslant-8$</td><td>应设</td><td rowspan="2">$L\leqslant-1\,000-200t$，全隧设置；$L>-1\,000-200t$，洞口段设置长度为 $-500-100t$</td><td rowspan="2">—</td><td rowspan="2">—</td><td rowspan="3">根据中心深埋水沟或防寒泄水洞的设置确定</td><td rowspan="3">除去中心深埋水沟或防寒泄水洞长度后设置</td></tr>
<tr><td>2</td><td>$-25<t\leqslant-15$</td><td>应设</td></tr>
<tr><td>3</td><td>$t\leqslant-25$</td><td>—</td><td>—</td><td>应设</td><td>$L\leqslant-1\,000-200t$，全隧设置；$L>-1\,000-200t$，洞口段设置长度为 $-500-100t$</td></tr>
</table>

注：表中 L 为隧道长度。

(1)保温水沟

保温水沟一般适用于寒冷地区冬季隧道衬砌背后不会出现负温状态地段。此时隧道周边的地下水可通过边墙处侧沟的泄水孔进入洞内后，在采取保温措施后可通过浅埋方式(即水沟埋置深度小于隧道内的最大冻结深度)设置的水沟引排实现冬季水流不冻结的地区。

保温水沟一般采用侧沟式或中心埋置式，其结构形式应配合隧道衬砌断面设计。

侧沟式保温水沟上部设置双层盖板，两层盖板间充填保温材料作为保温层，保温层厚度一般不小于 30 cm，且保温材料宜选用阻燃、防潮、耐久性好的材料；下层盖板下方为排水通道，有效过水断面一般为 30 cm×30 cm（宽×高），且纵坡应与隧道纵坡相同且不小于 3‰，如图 5.8 所示。

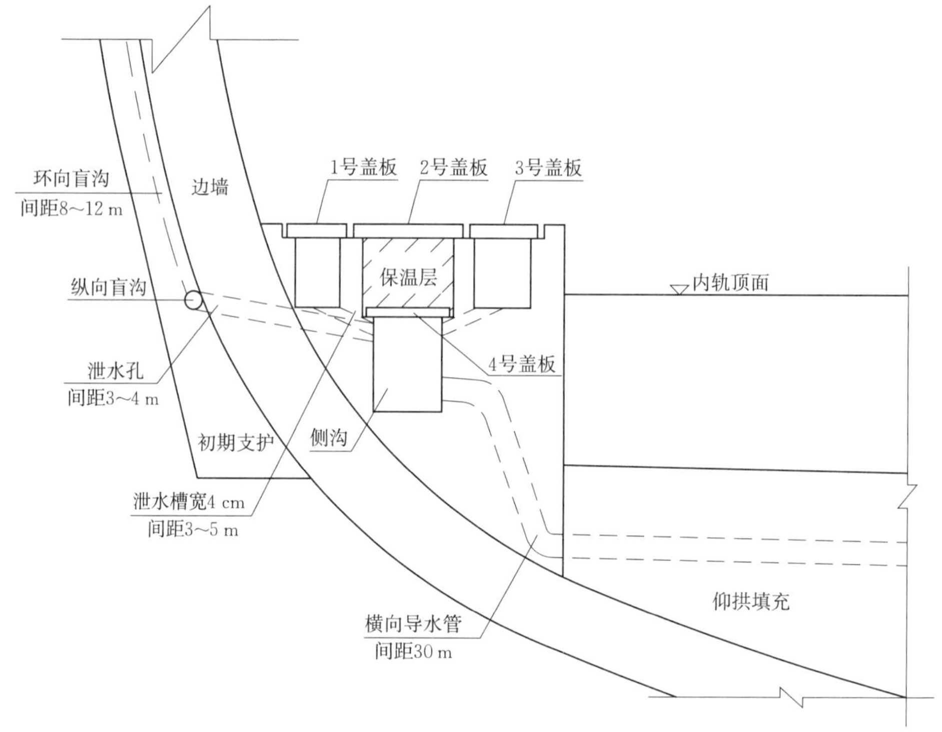

图 5.8 侧沟式保温水沟

中心埋置式保温水沟的管径与普通隧道相同，一般设置在隧道仰拱填充内或紧贴隧道底板设置。当采用仰拱内保温中心水沟无法满足隧道排水量要求时，应进一步研究增加泄水洞等其他排水措施。中心埋置式保温水沟设计如图 5.9 所示。

(2)中心深埋水沟

中心深埋水沟一般适用于冬季衬砌背后会出现负温状态，但围岩冻结深度不大于 2.5 m，隧道周边的地下水可通过渗水盲沟系统或重力下渗作用，并经设置于隧道结构下方的中心深埋水沟引排，从而实现冬季不冻结的地区。

中心深埋水沟是将水沟流水面埋置于洞内相应的冻结深度以下，确保水沟内寒季流水不冻结的排水设施，中心深埋水沟设计如图 5.10 所示。为满足最大冻结深度要求，中心深埋水沟一般设置在隧道仰拱或底板以下，其管径可根据隧道出水量经计算确定。当隧道出水量大，中心深埋水沟排水能力不足时，可采用防寒泄水洞。

中心深埋水沟的埋置深度一般可按式(5.4)确定。

$$h_x = \frac{K h_0 t_x}{t} \tag{5.4}$$

式中 h_x——隧道内距洞口 x 米处深埋水沟的最小埋深,m;

K——与岩性有关的冻结深度系数,按表 5.6 选用;

h_0——隧道所在地区的最大冻结深度,m;

t_x——隧道内距洞口 x 米处最冷月平均气温,℃,根据隧道沿纵向距洞口温度梯度推算,无资料是隧道中点至洞口段温度梯度可按 0.1 ℃/10 m 考虑;

t——隧道所在地区最冷月平均气温,℃。

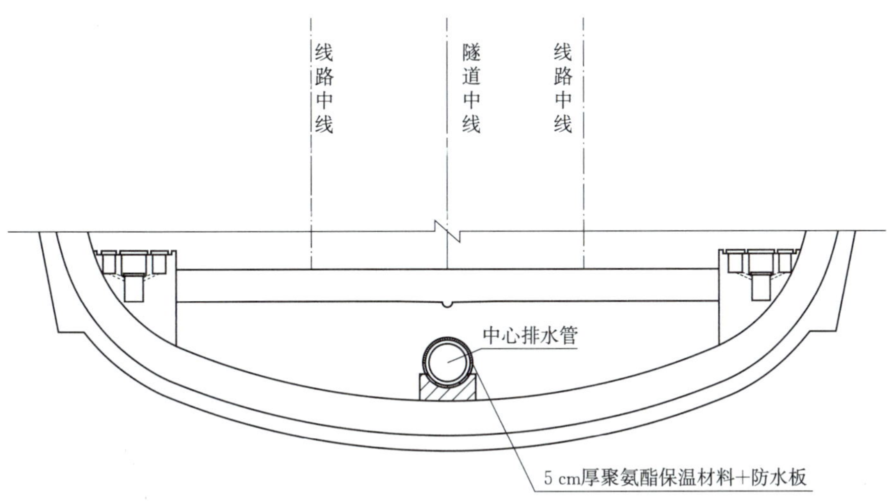

图 5.9 中心埋置式保温水沟

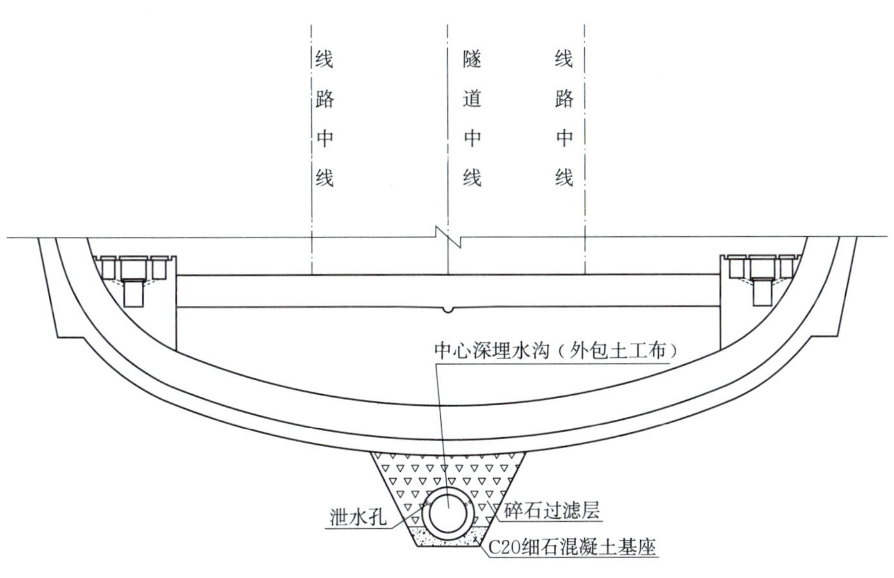

图 5.10 中心深埋水沟

表 5.6 冻结深度系数一览表

围岩类比	黏质土、粉质土	砂类土、碎石土	岩石
K 值	1.0	1.1～1.3	1.3～2.0

为保证排水效果，中心深埋水沟下部应设置基座，基座一般采用C20细石混凝土现场浇筑完成。深埋水沟上部的回填材料应具有足够的强度、良好的透水性并方便施工。回填材料一般选用碎石作为过滤层，其粒径宜在2.5～6.0 cm之间，选用的碎石应水洗，且颗粒表面洁净度不应大于0.17%，针、片状指数不大于20%，在水饱状态下岩石抗压强度不宜小于60 MPa。碎石过滤层与初期支护间应铺设一层土工布。中心深埋水沟宜采用控制爆破开挖或机械方式开挖。

(3)防寒泄水洞

防寒泄水洞一般适用于冬季衬砌背后会出现负温状态，且围岩冻结深度大于2.5 m，中心深埋水沟施作困难的地段。此时隧道周边的地下水可通过渗水盲沟系统或重力下渗作用井设置于隧道结构下方的防寒泄水洞引排后可达到冬季流水不冻结目的。当地下水水量大，保温中心水沟及中心深埋水沟排水能力无法满足要求时，也可通过设置防寒泄水洞排水。

防寒泄水洞的埋置深度一般根据当地围岩的最大冻结深度并考虑泄水洞与正洞施工的相互影响关系、排水效果等影响因素综合确定。防寒泄水洞一般应满足超前正洞施工的要求，兼作隧道正洞的超前导洞，预报正洞前方的工程地质和水文地质情况，为正洞的安全施工提供适当的参考。泄水洞可采用钻爆法或掘进机法施工，一般均设置衬砌。此外，为满足排水要求，泄水洞与正洞的净距不能太大，施工过程中不可避免地存在一定程度的相互干扰，泄水洞及正洞开挖均应采取控制爆破措施，控制爆破振速，保证正洞及泄水洞的安全。防寒泄水洞断面净空尺寸应根据工程地质、水文地质、施工机械设备等综合确定，泄水洞的一般净空尺寸不小于2.2 m×2.5 m(高×宽)，泄水洞设计如图5.11所示。

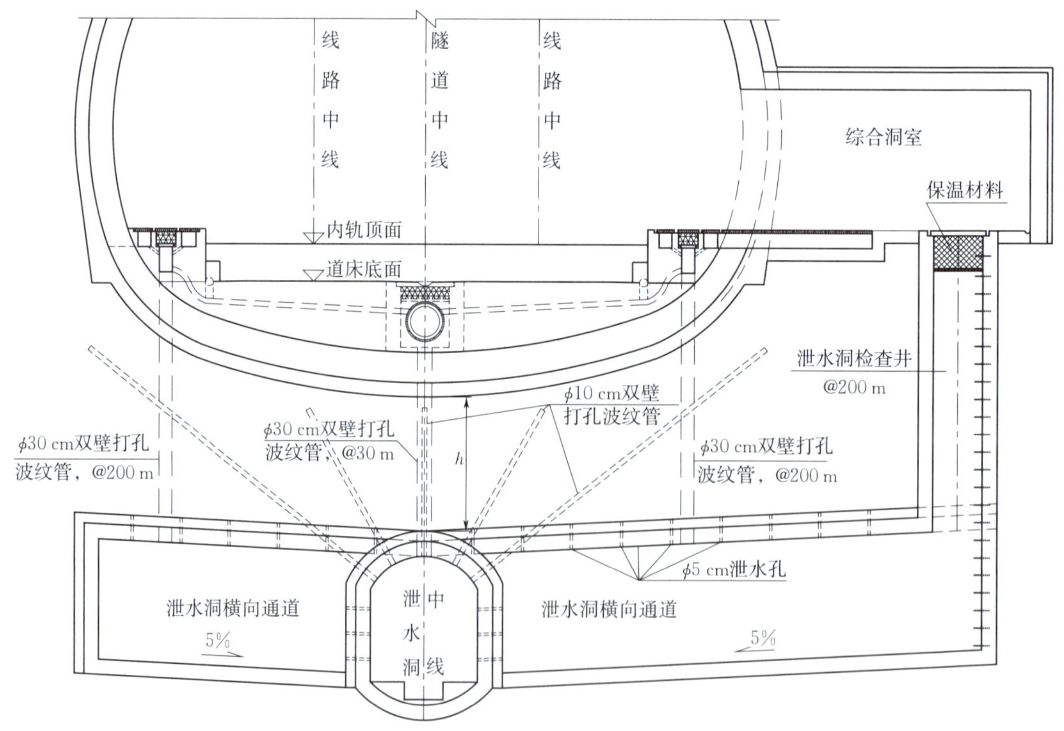

图5.11 防寒泄水洞

(4)配套排水设施

设置保温水沟、中心深埋水沟或防寒泄水洞的寒冷地区隧道,还应设置保温检查井、盲管(沟)、泄水孔等洞内配套排水设施。

①保温检查井

由于检查井是中心埋置式保温水沟、中心深埋水沟及防寒泄水洞等主要排水设施与隧道内的检修连接通道,是寒冷地区隧道保温防冻的薄弱环节,故应对检查井做保温设计。

检查井一般沿线路纵向间距为 30～50 m,其断面一般为方形,截面净尺寸一般为 1.0 m×1.0 m。保温检查井设置双层盖板,两层盖板之间充填保温层,保温层的厚度一般为 25～50 cm。此外,检查井盖板四周应与井壁周边密贴,防止冷空气进入。保温检查井如图 5.12 所示。

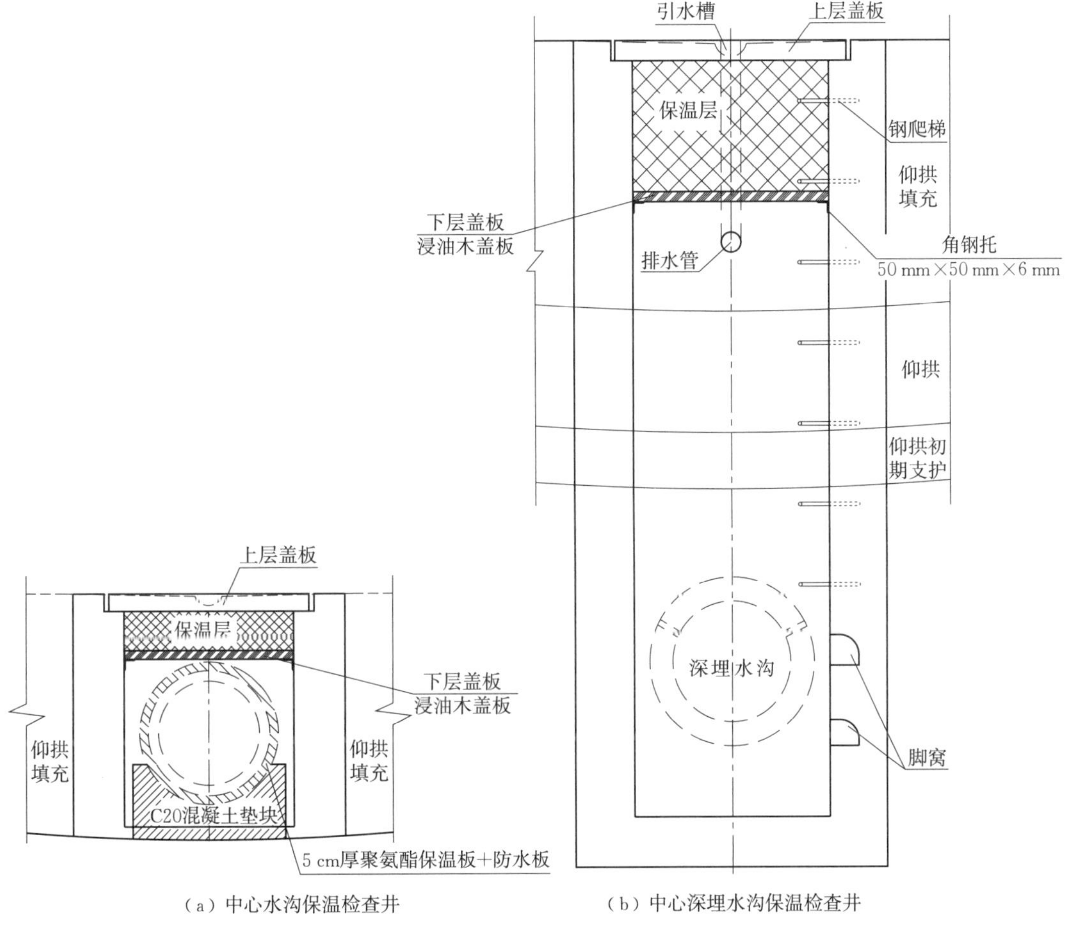

(a) 中心水沟保温检查井　　(b) 中心深埋水沟保温检查井

图 5.12　保温检查井示意图

②盲管(沟)系统及横向导水管

为保证冬季衬砌背后局部负温状态对盲沟系统排水的影响并局部泄水减压,可在衬砌背后设置保温盲沟,保证结构安全。保温盲沟应采用保温材料包裹,确保冬季盲沟排水正常。

当寒冷地区隧道暗洞段地下水水位较高且设置中心深埋水沟时,为减少高水压作用对隧道结构的影响,可设置位于围岩冻结线以外的深埋环向盲沟。深埋环向盲沟沿拱脚以下的边墙部位,通过局部开槽扩挖至围岩冻结深度以外的方式设置,并在两侧拱脚位置斜向上分别设置一个直径为 ϕ100 mm、长为 4 m 的排水潜孔,如图 5.13 和图 5.14 所示。

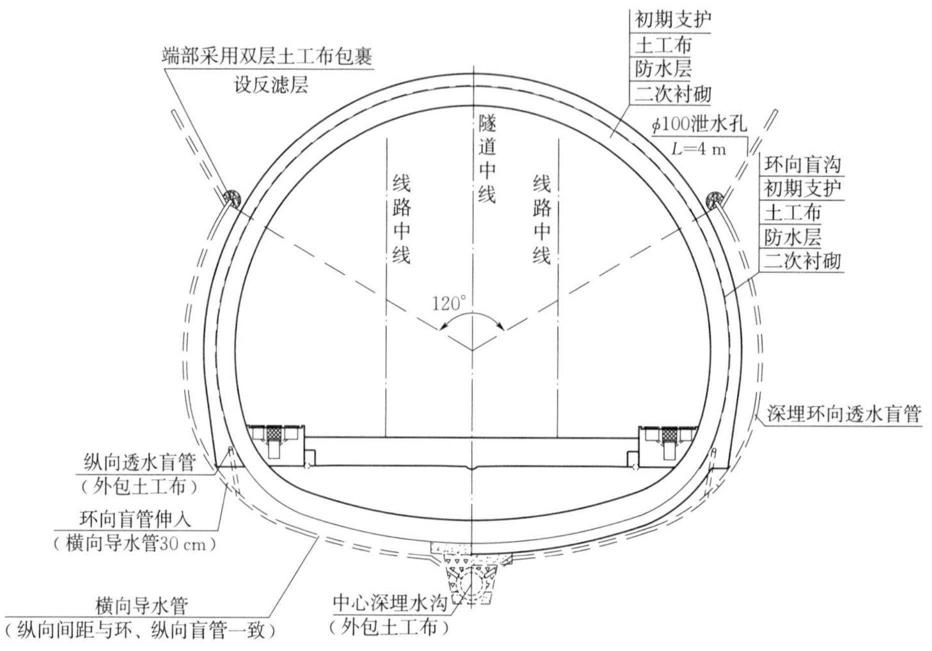

图 5.13　设置深埋水沟段的保温盲沟及基底横向导水管

为保证隧道衬砌内部排水系统的畅通,避免因盲沟局部堵塞影响隧道安全,位于寒冷地区隧道衬砌背后的环、纵向盲沟(管)可互不连通,形成独立的排水通道。环向盲沟(管)纵向间距一般为 8～12 m,当地下水发育时可加密环向盲管至 3～5 m 一道,纵向盲沟(管)一般每 8～12 m 设置为一个分段,纵向盲沟排水坡度一般不得小于 5‰。

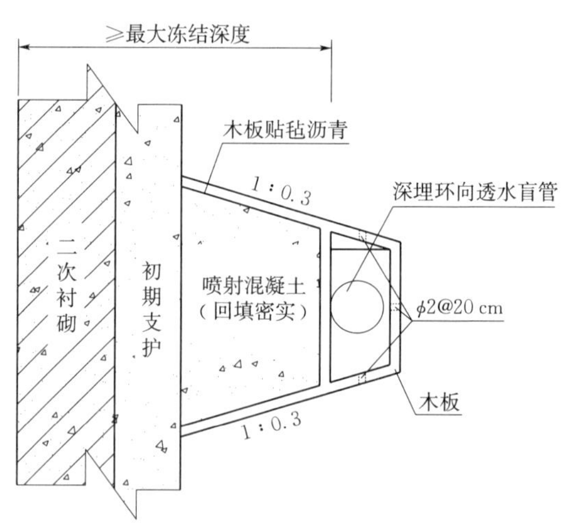

图 5.14　环向深埋盲沟

设置中心深埋水沟段的环、纵向盲沟(管)分别通过位于隧底的横向导水管与中心深埋水沟或保温检查井连通。设置保温中心水沟段的环、纵向盲沟(管)分别通过位于仰拱填充内的横向导水管与保温中心水沟或保温检查井连通。设置于隧底的横向导水管应打设泄水孔,并在管外包裹土工布,防止堵塞。

导水管的纵向间距应与环、纵向盲沟(管)设置间距一一对应,其排水坡度一般不小于 5‰;位于隧底的横向导水管可与 20 cm×20 cm(宽×深)碎石盲沟结合使用,增强排水效果,如图 5.15 所示。

保温侧沟通过位于仰拱填充内的横向导水管与检查井连通，导水管纵向间距同检查井纵向间距，横向排水坡度不小于3%。

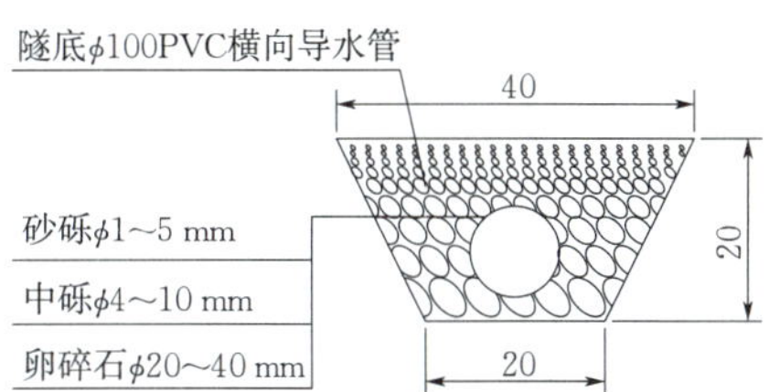

图5.15 隧道横向碎石盲沟(单位:cm)

③泄水孔

工程实践证明，由于寒冷地区冬季气温低、冰冻期长，现有的技术条件下保温侧沟的防寒能力有限，因此，位于寒冷地区隧道的保温侧沟不宜作为排水通路，即寒冷地区设置中心深埋水沟段边墙处侧沟不应设置泄水孔，其余段边墙至侧沟可设置泄水孔。而与之相对，由于寒冷地区隧道保温侧沟可作为主要排水设施，故边墙处侧沟应设泄水孔。泄水孔孔径一般为ϕ80 mm，纵向间距为2～4 m。

(5)洞外排水设计

①洞外深埋排水暗管

寒冷地区隧道内的水经洞内中心深埋水沟或防寒泄水洞排出后，应结合洞外地形条件采用深埋排水暗沟将水引排至地形低洼处或河道内。洞外深埋排水暗沟一般采用明挖法施工，其流水面应位于最大冻结深度以下，排水纵坡不宜小于5‰。为方便运营期维护，洞外深埋排水暗沟一般每隔约50 m设置一处洞外保温检查井。洞外深埋排水暗沟一般采用钢筋混凝土预制管，其管径不宜小于洞内中心深埋水沟。洞外检查井保温措施可参考洞内保温检查井施作。

②保温出水口

在洞外排水暗沟的末端，应选择背风向阳处设置保温出水口，目前常用的保温出水口型式有圆包式、端墙式及三排管式，如图5.16～图5.18所示。

圆包式保温出水口适用于地形较为陡峭、洞外排水条件较好的位置；端墙式保温出水口适用于地形陡峭、洞外排水条件非常好且隧道内的水经保温出水口能迅速排走的位置；三排管式保温出水口适用于地形平缓、洞外排水条件较为困难的位置。

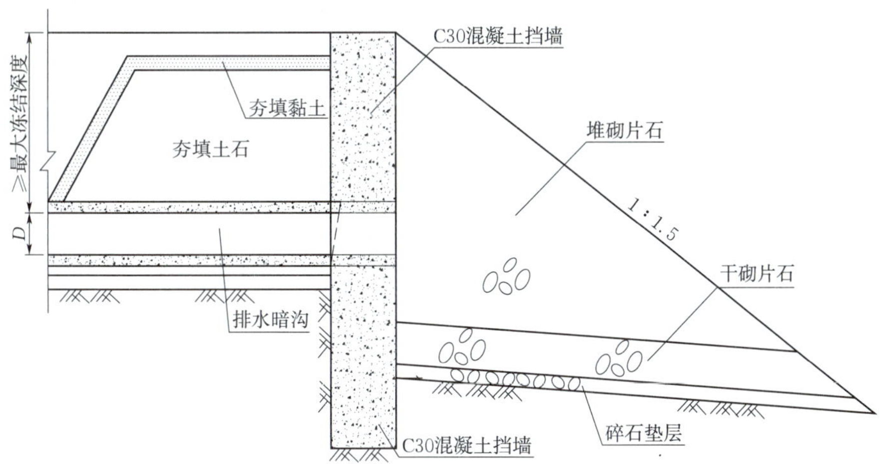

图5.16 端墙式保温出水口

注：D——排水管直径。

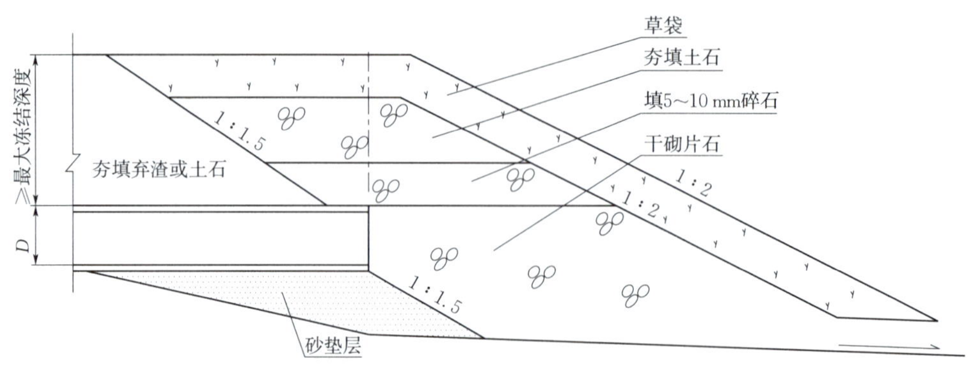

图 5.17 圆包式保温出水口

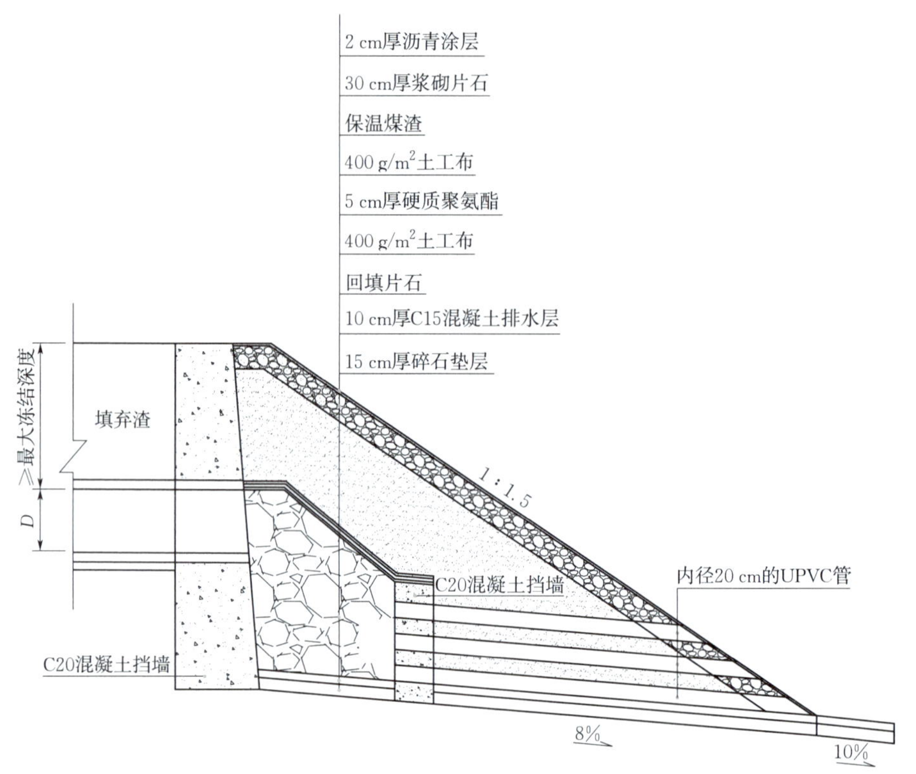

图 5.18 三排管式保温出水口

5.6 寒冷地区隧道防冻抗冻施工

针对寒区高速铁路隧道特有的冻害问题，设置了一系列的防寒保温排水措施，其中常用的中心深埋排水沟、深埋环向盲沟等设施的施工工序与正洞内其他施工工序存在交差和干扰问题，导致其施工难度较大，施工工艺较一般地区的防排水系统相对复杂。

1. 中心深埋水沟

中心深埋水沟通常开槽设置于隧道结构物的下方，沟体一般采用钢筋混凝土预制管逐节拼装而成，其主要工艺流程如图 5.19 所示。

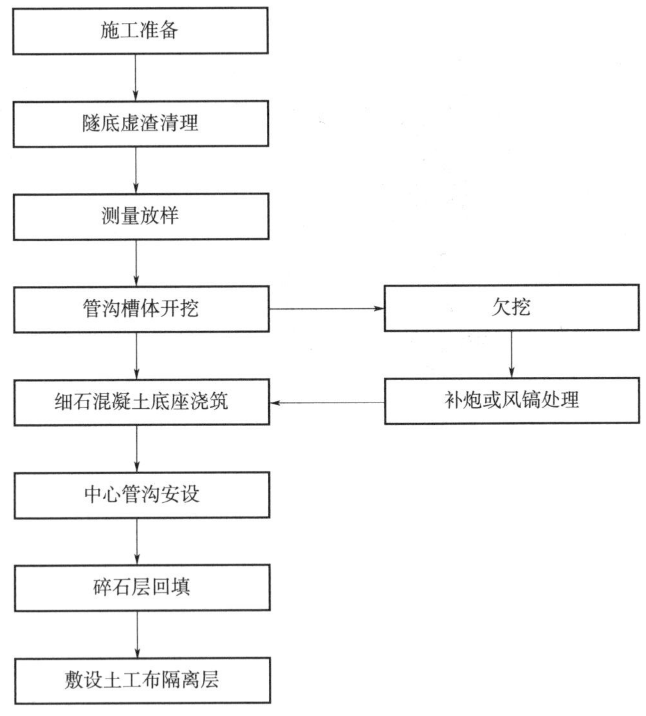

图 5.19 深埋中心水沟施工工艺流程图

(1)管沟槽体开挖

由于中心深埋水沟一般位于隧道结构下方，其槽体的开挖易对隧道拱墙初期支护的稳定性造成影响，且这种影响对于小跨度断面的隧道影响尤为明显。为控制管沟槽体开挖进而导致仰拱超挖，可结合围岩情况采用机械开挖，或采用预裂爆破后机械开挖成槽的技术。为保证安全，中心深埋管沟槽体的开挖进尺一般不得大于仰拱开挖进尺。

当沟槽采用预裂爆破后机械开挖时，应结合不同的围岩级别调整单孔装药量及炮孔布置，以便充分发挥围岩的自承能力，减少爆破对隧底围岩及隧道结构的扰动影响，确保隧道结构安全。为控制沟槽体的超挖，机械开挖时一般在沟槽体底部预留 20～30 cm 厚的虚渣，而后采用人工开挖清除。对于沟槽体的超挖部分一般可采用喷射混凝土回填、找平，而对于局部欠挖部分，则可采用小药量补炮或风镐处理。

为改善沟槽体开挖技术经济指标，每次爆破后应根据围岩岩性、节理裂隙的发育程度、爆破石渣的大小、开挖面圆顺等情况，进一步修正炮眼的间距、炮眼的深度和单孔用药量等参数：

①当爆破后石渣块体较小时，表明主炮眼布置偏密；

②而当石渣块体较大时，则说明主炮眼偏疏，用药量过大。

(2)细石混凝土底座浇筑

中心深埋管沟的C20细石混凝土底座可采用预制压模按设计纵坡现浇完成,从而保证管沟安装的顺直度及稳定性。预制压模的弧度、卡槽等应结合管沟的尺寸设计,如图5.20所示。

图5.20 中心深埋管沟底座压模及完成效果实景

(3)中心管沟安设

中心管沟在铺设前,应先将管节接口的内、外表面采用钢丝刷将油污等杂物清除干净,按管径规格选用相应的橡胶密封圈,并套入插口槽内,要求做到四周均匀、平顺、无扭曲,以防渗水。

为防止吊装过程中管口受损并保证安全,应采用人工配合挖掘机吊装中心水管,吊点设置在水管的重心处,并采用平衡起吊的方式完成吊装。严禁采取钢索穿管吊管或单头起吊的吊装方法。铺管时,应将管节平稳吊起并移动至上一管节的接口处,顺底座坡度调整管节的高程和轴线,然后用紧管设备将管的端部慢慢嵌入上一管节的企口内;铺管过程中应保证管节处于悬吊状态,以降低紧管时的拉力;管节嵌入时,应注意橡胶圈不出现扭曲、脱槽等现象。

(4)隧底横向导水管的安装

横向排水管处于隧道基底段放置在20 cm×20 cm(宽×深)碎石盲沟内,导水管安装必须顺直,且导水管管口应伸入中心排水管上部的排水孔内。

(5)回填层铺设

为保证隧道基底承载力要求并简化施工工艺,中心深埋排水管上部宜选用粒径2.5~6.0 cm碎石层回填隧道仰拱结构底部。碎石层回填时两侧应对称,防止管体单侧受压移位。碎石回填层与隧道仰拱结构底部间铺设一层土工布隔离层。

2. 深埋环向盲管

深埋环向盲管是寒区隧道冬季保证隧道衬砌排水畅通的有效手段。为保证其施工安全,深埋环向盲管的施工宜在初期支护完成后进行,采取凿除初期支护喷混凝土后再掏槽、埋管的方法,形成深埋环向盲沟。

当深埋环向盲管位于Ⅱ、Ⅲ级围岩段时,可采用控制爆破或机械开挖方式完成环向掏槽,而Ⅳ、Ⅴ级围岩段则可利用前后两榀钢架及邻近的系统锚杆作为径向支护,采用机械开挖或控制爆破方式完成掏槽。设置深埋环向盲管处邻近的钢架纵向间距可根据现场实际情况局部调整,以方便开挖掏槽,如图 5.21 和图 5.22 所示。

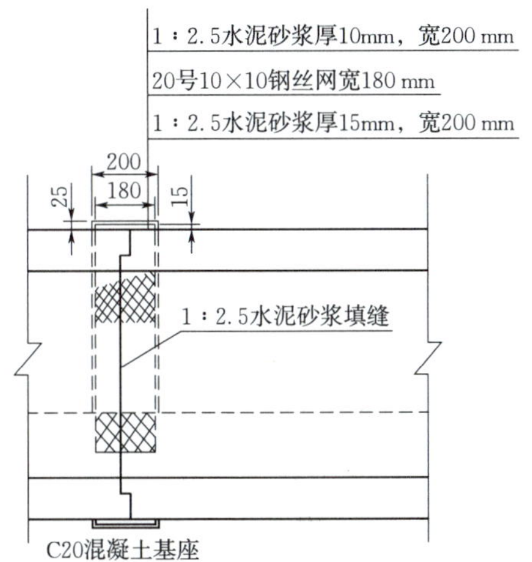

图 5.21 中心深埋管沟接头防水处理(单位:mm)

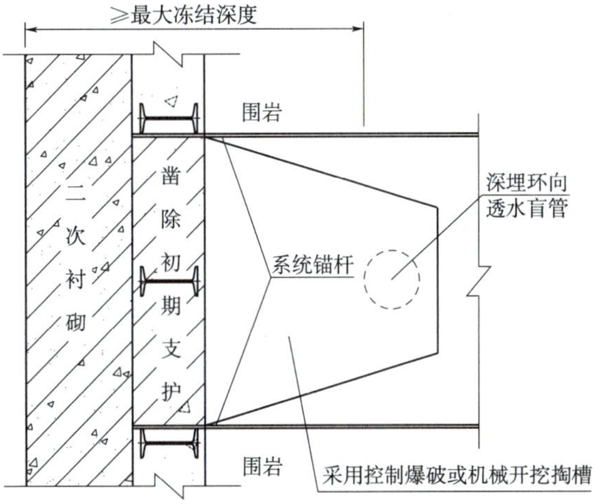

≥最大冻结深度
围岩
二次衬砌
凿除初期支护
深埋环向透水盲管
系统锚杆
围岩
采用控制爆破或机械开挖掏槽

图 5.22 深埋环向盲管支护示意

6 寒冷地区高速铁路轨道工程建造技术

6.1 寒冷气候对轨道的影响

寒冷地区具有年温差大、极端最低气温低、冬季漫长、降雪丰富等气候特点，在我国铁路工程实践中，寒冷地区影响铁路正常运营的病害主要是季节性路基冻胀病害。由于轨道结构铺设在路基基床顶面，路基冻胀导致轨道结构静态、动态轨道不平顺显著变化，引起轨道高低、水平不良，对运营列车平稳性、舒适性造成影响，严重时可能危及行车安全。

我国铁路工务部门长期摸索，逐步掌握了冻害对轨道平顺性的影响规律。其主要表现为在初期冻高值快速增加，并随着气温不断降低，冻高值不断加大；在冻害稳定期温度变化不大且昼夜气温基本低于零下，冻高值变化及冻害相对稳定；在冻害恢复期气温明显回升，冻高值迅速减小，但轨道几何尺寸表面上变化不大，安全隐患较大。在冻害初期和恢复期轨道的几何尺寸变化剧烈，如不及时整修，可能会对行车安全构成威胁。同时在长达半年以上的时间里，冻害使线路长期变形，质量下降，给铁路运营及线路维护工作带来了极大的不便。

寒冷地区铁路工程在做好路基防冻胀设计的同时，轨道结构设计也应针对寒冷地区的特点进行相应的设计，确保高速列车安全平稳运行。

6.2 寒冷地区轨道技术现状

作为高速铁路的主要结构物，轨道直接承受列车荷载，并传递到下部结构。轨道结构的状态直接影响高速列车运行的速度、安全和舒适，是高速铁路的关键核心技术之一。世界上高速铁路轨道结构以无砟轨道为主的国家主要是日本和德国。日本大部分地区属于温带海洋性季风气候，目前已修建无砟轨道的地区最冷月平均气温在－8 ℃以上，极端最低气温在－20 ℃以上；德国四季温和，最冷月平均气温在－5 ℃以上，极端最低温度为－10 ℃左右。我国幅员辽阔，气候条件差异较大，目前已修建无砟轨道的地区，最冷月平均气温－18 ℃，极端最低温度超过－40 ℃，气候条件较日本、德国恶劣，对无砟轨道提出了更高的要求。

为掌握寒冷地区无砟轨道设计建造技术，验证无砟轨道对寒冷地区的适应性，2007 年铁道部在滨绥线成高子站铺设了约 500m 长的无砟轨道试验段。轨道结构采用 CRTSⅠ型板式无砟轨道，试验段主要对轨道板、调整层砂浆等做了深入研究。在试验段科研过程中，考虑寒冷地区气候特点，优化了原 CRTSⅠ型板式无砟轨道的轨道板设计尺寸，增加了轨道板厚度，并在平板的基础上设置了承轨台，以降低寒冷地区融雪水对扣件系统的不利影响。针对低温下水泥乳化沥青砂浆力学、抗裂、抗冻、抗剥落性能等关键技术指标以及配制技术做了深入研究，并以此为基础，补充制定了寒冷地区高速铁路 CRTSⅠ型板式无砟轨道水泥沥青砂浆相关技术规定。试验段还对扣件系统、路基地段排水方式以及底座伸缩缝设置等做了相关试验研究。通过长期实车运营跟踪试验测试，验证了无砟轨道结构的可靠性及寒冷低温环境下的适应性。

为提高钢筋混凝土底座的抗冻性能，在路基及桥梁等明线地段的底座每隔 1～2 块轨道板设置横向伸缩缝，形成单元结构，并制定了适用于严寒地区无砟轨道结构间伸缩缝的嵌缝材料标准。针对路基地段线间排水问题，在底座间设置横向排水通道，减少了排水设施对路基本体和轨道结构耐久性的不利影响。针对严寒地区大跨度桥梁普遍存在的梁端扣件间距超限问题，采取梁端底座悬出与设置异型轨道板相结合的设计措施，解决了严寒地区大跨度连续梁梁端扣件间距超限的难题。

针对道岔在冬季容易被积雪掩埋，道岔转换时易造成积雪被挤压成冰片状，引起道岔转换的卡阻而影响运营，根据严寒地区特点，在电加热道岔融雪技术基础上，采用增加外锁闭加热装置、改进道岔融雪加热条功率等措施，改善了道岔尖轨和顶铁部位的融雪效果，使道岔尖轨保持密贴，解决了严寒地区融雪设备可能引起道岔尖轨几何尺寸变化及加热盲区造成道岔转换不良的难题。

2012 年我国寒冷地区第一条高速铁路——哈大高铁开通，其后盘营、兰新、哈齐等高速铁路相继开通。寒冷地区高速铁路主要情况见表 6.1。

表 6.1 寒冷地区高速铁路主要情况表

名称	全线极端最低气温/℃	开通时间	设计速度/(km·h⁻¹)	线路长度/km	轨道结构类型
哈大高铁	−38.1	2012 年 12 月	350	903	CRTSⅠ型板式无砟轨道
盘营高铁	−29.9	2013 年 9 月	350	89	CRTSⅢ型板式无砟轨道
兰新高铁	−41.5	2014 年 12 月	250	1786	CRTS 双块式无砟轨道
哈齐高铁	−39.5	2015 年 8 月	250	282	CRTSⅠ型板式无砟轨道
沈丹高铁	−32.9	2015 年 9 月	250	208	CRTSⅢ型板式无砟轨道
哈牡高铁	−38.3	2018 年 12 月	250	293	有砟轨道； 隧道地段 CRTSⅢ型板式无砟轨道
新通高铁	−33.9	2018 年 12 月	250	197	有砟轨道

由上表可知，目前我国寒冷地区高速铁路主要采用了无砟轨道结构，本章重点阐述寒冷地区高速铁路无砟轨道结构设计。

6.3 寒冷地区无砟轨道结构形式选择

1. 我国无砟轨道主要结构形式

我国高速铁路主要采用以下四种无砟轨道结构形式：CRTSⅠ型、CRTSⅡ型、CRTSⅢ型板式无砟轨道及 CRTS 双块式无砟轨道。自 2008 年 8 月京津城际正式开通运营以来，哈大高铁、沪宁城际、京沪高铁、沪杭城际、盘营高铁、郑西高铁、武广高铁等采用不同无砟轨道结构形式的项目相继开通运营。以上项目的成功运营，充分说明四种无砟轨道结构均能满足高速铁路运营要求，但四种无砟轨道在自身结构特点、施工方式等方面有所不同，其特点总结见表6.2。

表6.2　不同形式无砟轨道技术特点比较表

类别	预制板式			现浇道床式
	单元结构		纵连结构	单元结构
	CRTSⅠ型板式	CRTSⅢ型板式	CRTSⅡ型板式	单元结构CRTS双块式
主要结构组成	预制轨道板； CA砂浆调整层； 钢筋混凝土底座	预制轨道板； 自密实混凝土调整层； 钢筋混凝土底座	预制轨道板； 砂浆调整层； 支承层或钢筋混凝土底座	预制双块式轨枕； 道床板； 钢筋混凝土底座
优点	①轨道结构简单、传力明晰，便于施工，避免由于结构复杂引起工程质量不易控制。 ②采用单元结构，轨道板采用双向预应力结构，避免表面裂缝的发生。 ③结构简单，路、桥、隧地段轨道结构形式统一。 ④可维修性好	①轨道结构简单、传力明晰，便于施工，避免由于结构复杂引起工程质量不易控制。 ②轨道结构各层匹配，无明显薄弱环节，保证轨道结构的耐久性。 ③采用单元结构，轨道板采用双向预应力结构，避免表面裂缝的发生。 ④结构简单，路、桥、隧地段轨道结构形式统一。 ⑤可维修性好	①轨道板采用打磨，轨道几何形位精确，平顺度好，舒适度高，后期钢轨精调工作量最小。 ②轨道为纵连结构，轨道板端部变形小，结构整体性好	①与板式轨道相比，预制轨枕布置灵活，同时制造简便。 ②采用预组装轨排定位，自上而下施工，施工工艺相对简单。 ③可维修性好
缺点	①砂浆层耐久性与混凝土比相对较差，存在薄弱环节。后期存在一定维修工作量。 ②“自下至上”施工，铺轨阶段的轨道精调工作量大。 ③单元轨道板受温度梯度的变化影响，易产生翘曲变形	“自下至上”施工，铺轨阶段的轨道精调工作量相对大	①无砟轨道结构易出现裂缝，后期增加养护维修工作量。 ②由于轨道板及桥上底座纵向连续贯通，运营期间出现特殊情况，轨道结构可修复性较差。 ③砂浆层耐久性与混凝土比相对较差，存在薄弱环节。后期存在一定维修工作量。 ④桥上纵连体系结构复杂，需设置剪力齿槽、台后端刺等特殊结构。同时纵连底座施工工艺复杂，配筋量较大	①无砟轨道结构易出现裂缝，后期增加养护维修工作量。 ②现场混凝土浇筑量大，施工质量不易控制，施工工效低

注：表中CRTS双块式无砟轨道为路桥隧地段均采用的单元结构的双块式无砟轨道。

CRTSⅠ型、CRTSⅡ型、CRTSⅢ型板式及单元结构CRTS双块式四种无砟轨道因其自身结构形式的不同，表现出不同的优缺点，对于寒冷地区环境特点的适应性有明显不同。

2. 寒冷地区对无砟轨道的要求

寒冷地区具有极端最低气温低、年温差大的显著特点，我国东北地区冬季寒冷漫长，雨雪丰富，气候湿润；西北地区冬季寒冷，雨雪稀少，气候干燥。不同地区特点各不相同，对轨道结构设计、材料性能、养护维修等均提出了更高的要求。

(1)无砟轨道结构应能适应寒冷地区气候特点，具有良好的抗冻性和抗裂性。

高速铁路无砟轨道暴露于野外寒冷环境，自身应具有较好的抗冻性。此外特别重要的是，在冬季明线地段(路基、桥梁)的无砟轨道长期覆盖冰雪，如果轨道结构有裂缝存在，随着冰雪侵入，在冰冻胀的作用下裂缝会加速发展，将导致无砟轨道的承载强度以及使用寿命下降，尤其是在秋末春初，雪水冻融循环的频繁作用，对轨道结构耐久性的影响更为严重。因此，无砟轨道必须具有良好的抗裂性。

(2)无砟轨道结构各部件材料(水泥乳化沥青砂浆、嵌缝材料等)应对寒冷地区气候具有良好的适应性。

水泥乳化沥青砂浆、嵌缝材料等作为不同形式无砟轨道的重要结构组成，在寒冷气候条件下应用时，必须提高相关技术性能指标标准，以满足耐候性及耐久性要求，保证轨道结构的正常使用功能。

(3)无砟轨道的可修复性应能适应寒冷气候条件。

特殊情况出现路基冻胀等病害，无砟轨道应具备较好的可修复性能。

(4)无砟轨道应具备良好的排水性能。

东北地区雨雪丰富，如出现排水不畅，长期的浸水下渗将导致轨道及路基结构发生病害，影响正常使用功能。

3. 寒冷地区无砟轨道形式选择

寒冷地区无砟轨道形式选择时，应首先考虑混凝土结构裂缝控制及特殊情况下的可修复性。

(1)无砟轨道对寒冷气候的适应性分析

①CRTSⅠ型板式无砟轨道

轨道板采用预制的双向预应力混凝土板，结构按不允许开裂设计，同时采用工厂预制，质量容易保证。

CRTSⅠ型板式无砟轨道采用砂浆调整层，是无砟轨道结构的薄弱层。砂浆由不同组分的干料现场搅拌而成，其性能受搅拌设备性能及外部环境温度等因素影响较大。

在路基、桥梁、隧道地段CRTSⅠ型板式无砟轨道均为单元结构，底座内部温度应力较小，裂缝容易控制。

CRTSⅠ型板式无砟轨道对寒冷地区的适应性较好。

②CRTSⅡ型板式无砟轨道

轨道板采用横向单张预应力混凝土板，结构按允许开裂设计，且轨道板上每组扣件间设置横向预裂缝。由于轨道板需纵向连接，在板间设置的宽、窄接缝内需二次浇筑混凝土，后期新老混凝土结合处不可避免产生大量裂缝。

CRTSⅡ型板式无砟轨道采用砂浆调整层，是无砟轨道结构的薄弱层。砂浆由不同组分的干料现场搅拌而成，其性能受搅拌设备性能及外部环境温度等因素影响较大。

桥梁地段纵连底座采用现场浇筑，结构按允许开裂设计；路基、隧道地段采用不配置钢筋的水硬性支承层，支承层结构按允许开裂设计，同时间隔一定距离设置横向伸缩缝。

此外，CRTSⅡ型板式无砟轨道的路基、桥梁、隧道地段均采用纵连结构，与单元结构相比，当冬季环境温度降低时，混凝土结构内部存在较大的温度拉力，使得裂缝难以控制。

CRTSⅡ型板式无砟轨道对寒冷地区的适应性较差。

③CRTSⅢ型板式无砟轨道

轨道板采用预制的双向预应力混凝土板，结构按不允许开裂设计，同时采用工厂预制，质量容易保证。

CRTSⅢ型板式无砟轨道采用强度等级为C40的自密实混凝土作为板下调整层，自密实混凝土内配置钢筋网片，与砂浆调整层相比大大提高了结构耐久性，能更好地适应寒冷地区的气候环境。

在路基、桥梁、隧道地段，CRTSⅢ型板式无砟轨道均为单元结构，底座内部温度应力较小，裂缝容易控制。

CRTSⅢ型板式无砟轨道对寒冷地区的适应性较好。

④单元结构CRTS双块式无砟轨道

CRTS双块式无砟轨道除轨枕预制外，其余结构混凝土均为现场浇筑，浇筑量大，施工质量控制难度大。同时预制轨枕和现浇道床板间新老混凝土结合面处出现裂缝现象难以克服，后期运营阶段开裂严重。

在路基、桥梁、隧道地段均为单元结构，底座内部温度应力较小，裂缝容易控制。

单元结构CRTS双块式无砟轨道对寒冷地区的适应性相对较差。

(2)无砟轨道可维修性

CRTSⅠ、Ⅲ型板及单元结构双块式无砟轨道均采用单元结构，同时轨道板或道床板与底座之间隔离，后期运营中一旦出现路基冻胀等特殊工况，可维修性较好。

CRTSⅡ型板式无砟轨道为纵连结构，同时轨道板与底座或支承层间粘接，可维修性差。

综上所述，CRTSⅢ型板式无砟轨道对寒冷地区气候条件适应性最好，CRTSⅠ型板式无砟轨道次之，CRTSⅡ型板式无砟轨道不适应寒冷地区气候条件。

单元结构的CRTS双块式无砟轨道由于裂缝不可避免，因此相比CRTSⅠ、Ⅲ型板式无砟轨道，其对雨雪丰富的东北寒冷地区的适应性差，如设计采用，会使后期养护维修工作量大幅增加，同时一旦修补不及时，将影响轨道结构耐久性。但对于干旱的西北寒冷地区，经技术经济比较后可考虑采用。

6.4 寒冷地区无砟轨道结构设计施工

1. 不同形式无砟轨道结构

(1)CRTSⅢ型板式无砟轨道

①结构组成

a. 路基地段

路基地段CRTSⅢ型板式无砟轨道由钢轨、弹性扣件、轨道板、自密实混凝土层、隔离层以及底座等部分组成，结构高度为838 mm(内轨轨顶面至底座板底面)，曲线超高在底座板上设置，如图6.1和图6.2所示。

b. 桥梁地段

桥梁地段CRTSⅢ型板式无砟轨道由钢轨、弹性扣件、轨道板、自密实混凝土层、隔离层以及底座等部分组成，结构高度为738 mm(内轨轨顶面至底座板底面)，曲线超高在底座板上设置，如图 6.3 和图 6.4 所示。

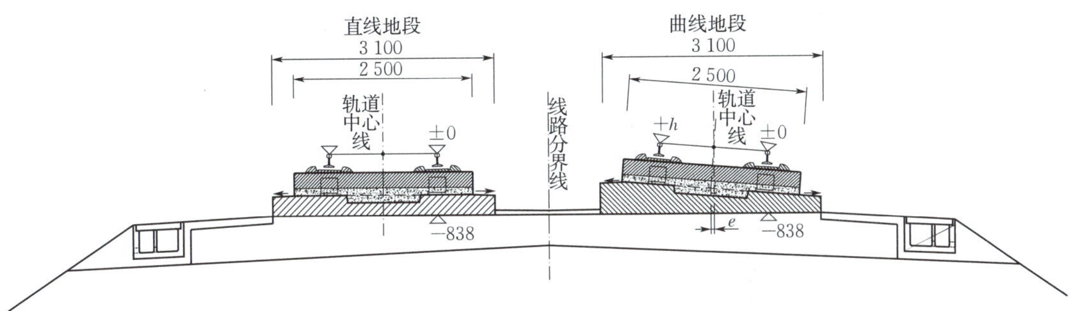

图 6.1　路基地段 CRTSⅢ型板式无砟轨道横断面示意图(单位:mm)

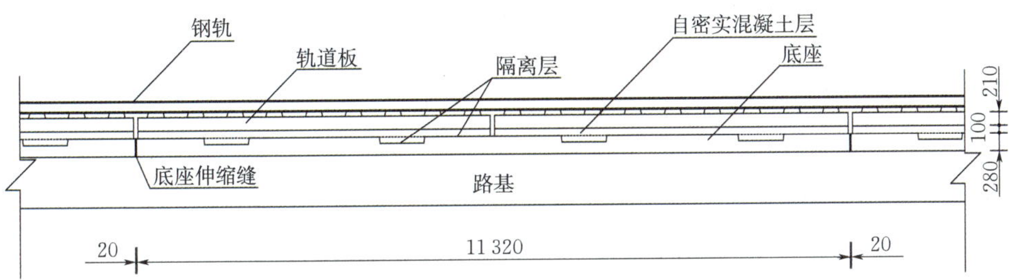

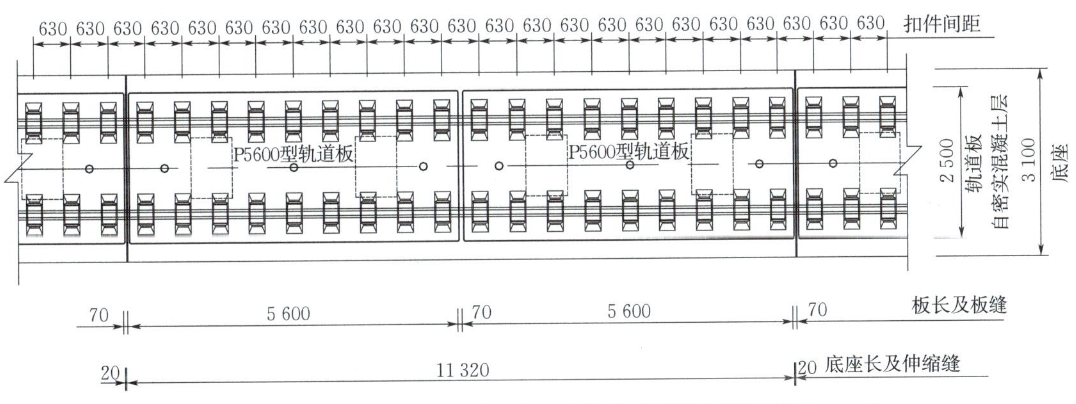

图 6.2　路基地段 CRTSⅢ型板式无砟轨道平剖面布置图(单位:mm)

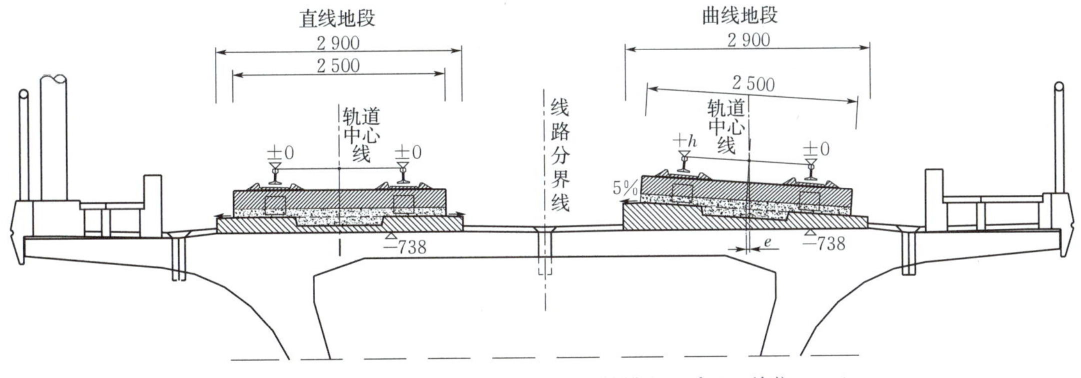

图 6.3　桥梁地段 CRTSⅢ型板式轨道横断示意面(单位:mm)

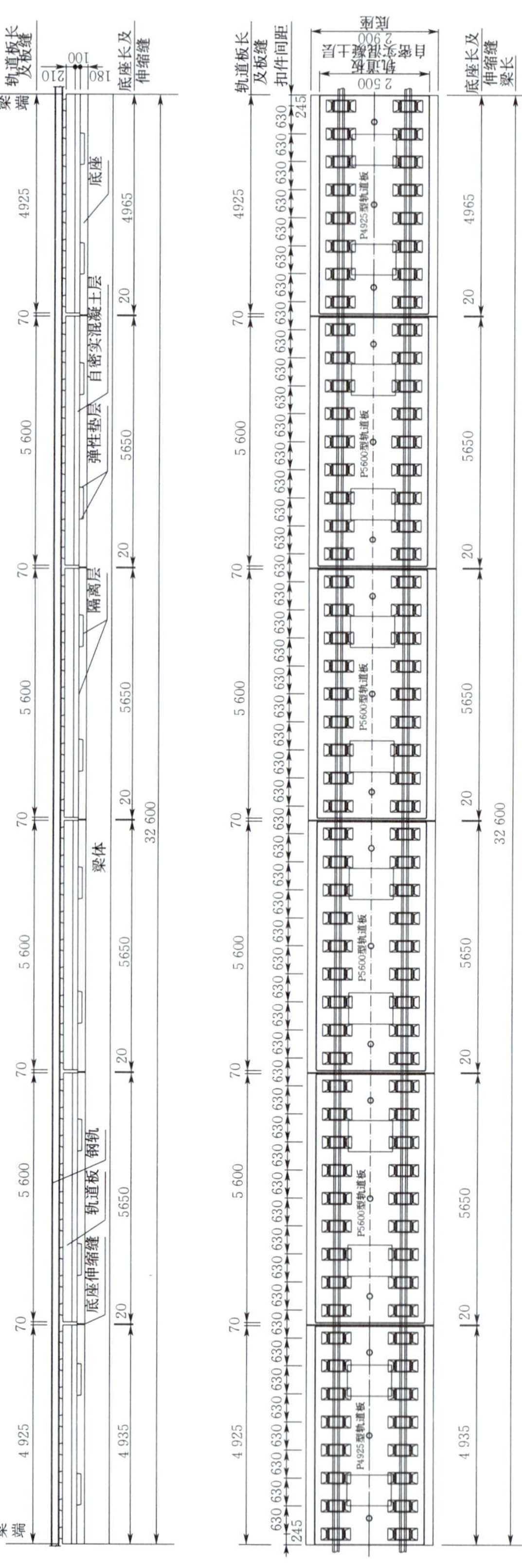

图 6.4 32 m简支梁地段CRTSⅢ型板式无砟轨道平剖面布置图(单位：mm)

c. 隧道地段

隧道地段 CRTSⅢ型板式无砟轨道由钢轨、弹性扣件、轨道板、自密实混凝土层、隔离层以及底座等部分组成,结构高度为 738 mm(内轨轨顶面至底座板底面),曲线超高在底座板上设置,如图 6.5 和图 6.6 所示。

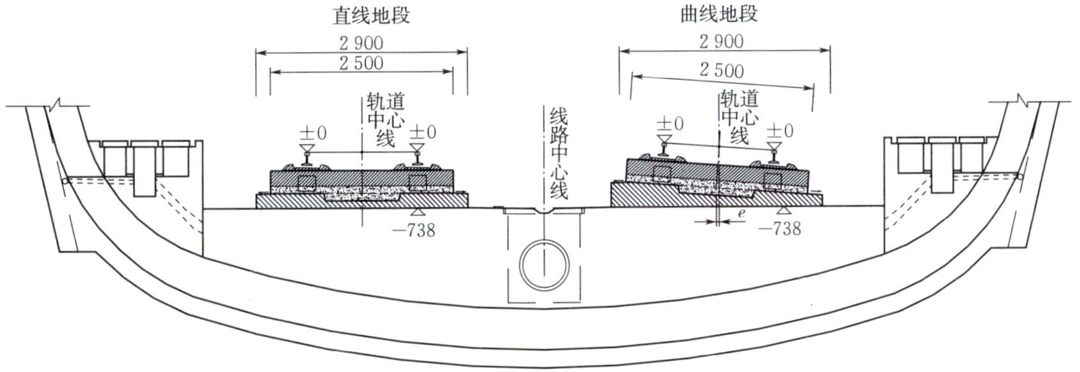

图 6.5 隧道地段 CRTSⅢ型板式无砟轨道横断面示意图(单位:mm)

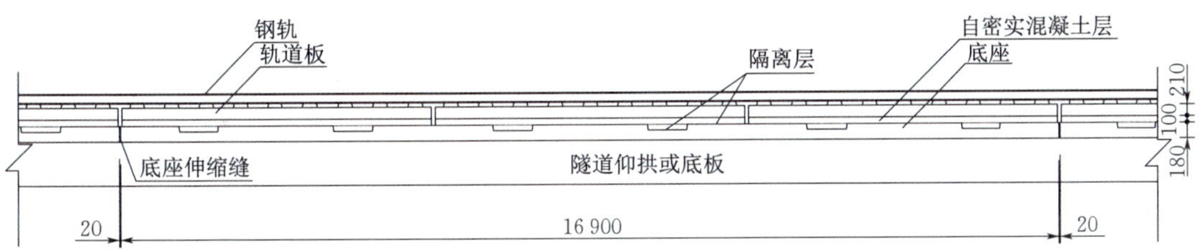

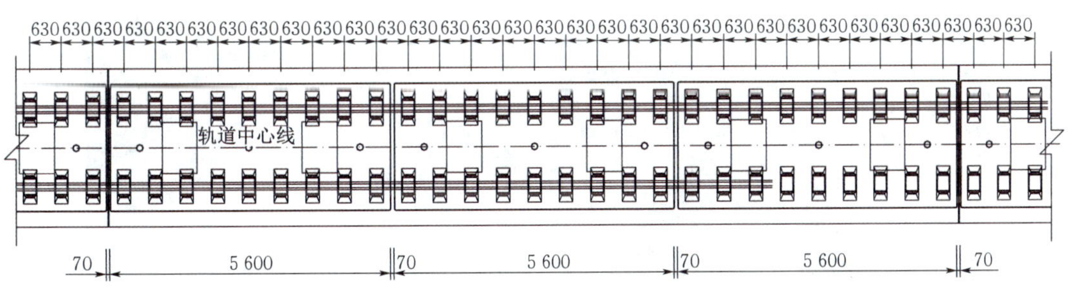

图 6.6 隧道地段 CRTSⅢ型板式无砟轨道平剖面布置图(单位:mm)

②结构设计

a. 轨道板

轨道板为带挡肩的双向先张预应力混凝土结构,混凝土强度等级为 C60,轨道板宽度2 500 mm,厚度 200 mm,标准轨道板长度分 5 600 mm、4 925 mm 和 4 856 mm 三种。

b. 自密实混凝土层

自密实混凝土层为单元结构,长度和宽度同轨道板,厚 90 mm。采用强度等级 C40 的自密实混凝土,配置单层钢筋焊网。每块轨道板对应自密实混凝土层设置两个限位凸台,与底座板上设置的凹槽相对应。

c. 底座

底座为钢筋混凝土结构，采用单元结构，混凝土强度等级为 C40。底座对应自密实混凝土限位凸台位置设置凹槽。

路基地段底座宽度为 3 100 mm，直线地段底座厚度为 300 mm，曲线地段根据具体超高确定。每 2～3 块轨道板范围对应底座为一个单元，相邻底座单元间设置伸缩缝，伸缩缝处设传力杆并填充嵌缝材料密封。

桥梁地段底座宽度为 2 900 mm，直线地段底座厚度为 200 mm，曲线地段根据具体超高确定。每块轨道板下底座为一个单元，相邻底座单元间设置伸缩缝，伸缩缝处填充嵌缝材料密封。

隧道地段底座宽度为 2 900 mm，直线地段底座厚度为 200 mm，曲线地段根据具体超高确定。每 3～4 块轨道板范围对应底座为一个单元，相邻底座单元间设置伸缩缝，伸缩缝处填充嵌缝材料密封。

d. 隔离层

自密实混凝土层与底座间设置 4 mm 厚的土工布隔离层。

e. 限位结构

自密实混凝土层设置限位凸台，底座对应限位凸台位置设置凹槽，通过限位凸台、凹槽对轨道限位。限位凸台周围设置弹性缓冲垫层。

③工程实例

我国东北地区的盘营、沈丹及京沈高铁均采用 CRTSⅢ型板式无砟轨道，如图 6.7 所示。

图 6.7 盘营高铁 CRTSⅢ型板式无砟轨道

(2)CRTSⅠ型板式无砟轨道

①结构组成

a. 路基地段

路基地段 CRTSⅠ型板式无砟轨道由钢轨、弹性扣件、轨道板、水泥乳化沥青砂浆、混凝土凸形挡台及混凝土底座等部分组成，结构高度为 787 mm(内轨轨顶面至底座板底面)，曲线超高在底座板上设置，如图 6.8 和图 6.9 所示。

b. 桥梁地段

桥梁地段 CRTSⅠ型板式无砟轨道由钢轨、弹性扣件、轨道板、水泥乳化沥青砂浆、混凝土凸形挡台及混凝土底座等部分组成，结构高度为 687 mm（内轨轨顶面至底座板底面），曲线超高在底座板上设置，如图 6.10 和图 6.11 所示。

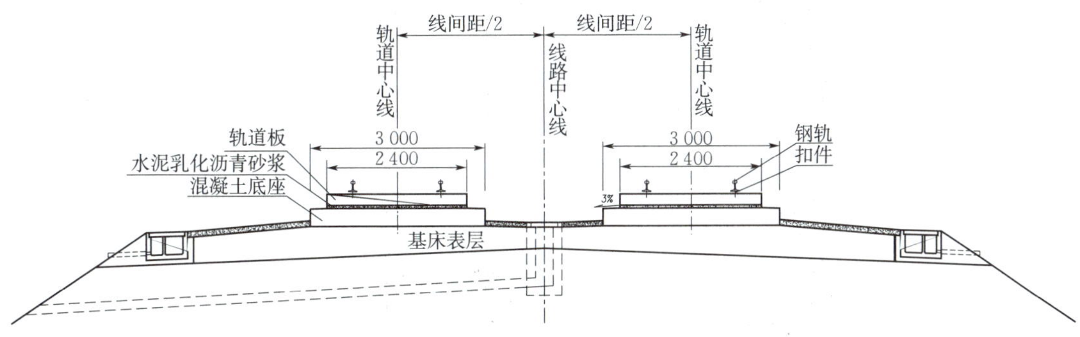

图 6.8 路基地段 CRTSⅠ型板式无砟轨道横断面示意图（单位：mm）

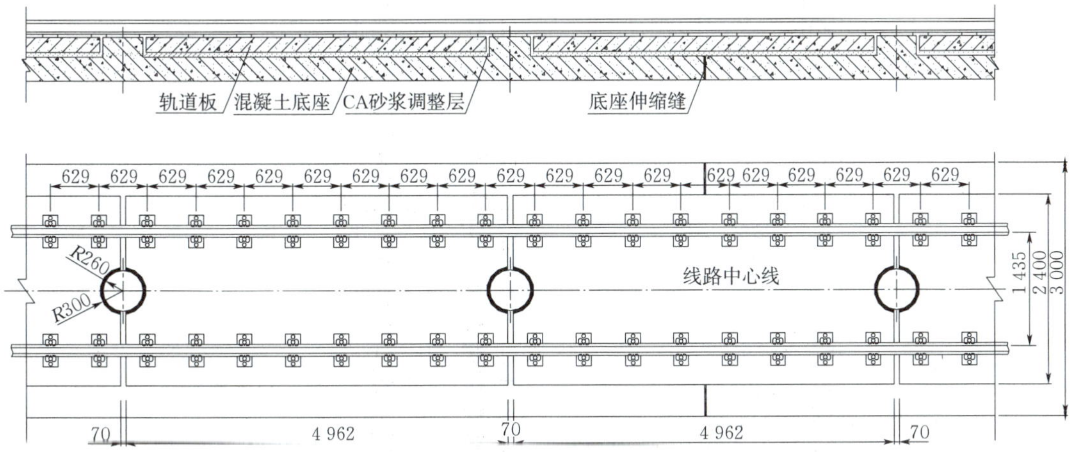

图 6.9 路基地段 CRTSⅠ型板式无砟轨道平剖面布置图（单位：mm）

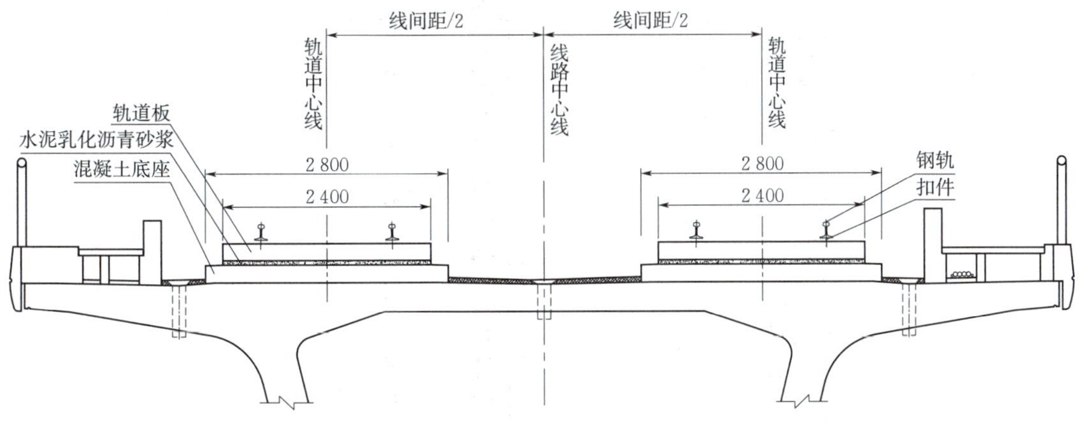

图 6.10 桥梁地段 CRTSⅠ型板式无砟轨道横断面示意图（单位：mm）

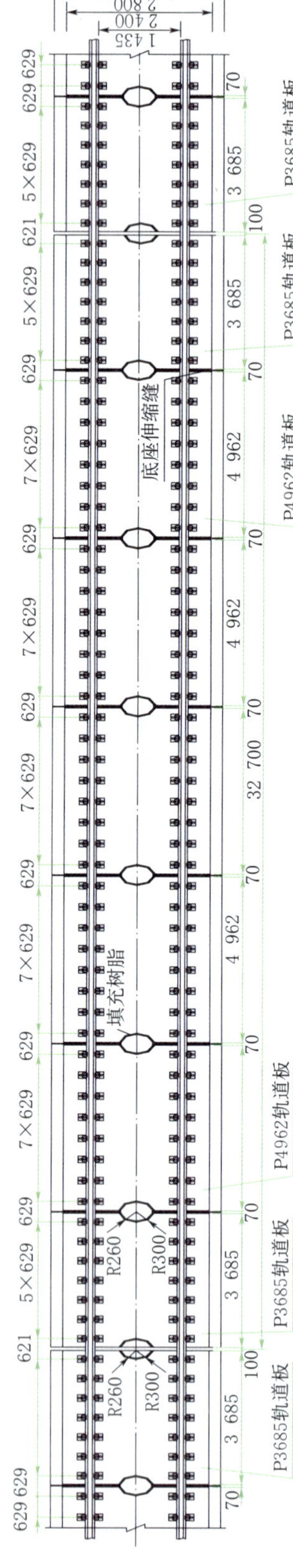

图 6.11 32 m简支梁地段CRTS Ⅰ 型板式无砟轨道平剖面布置图(单位：mm)

c. 隧道地段

隧道地段 CRTSⅠ型板式无砟轨道由钢轨、弹性扣件、轨道板、水泥乳化沥青砂浆、混凝土凸形挡台及混凝土底座等部分组成，结构高度为 687 mm（内轨轨顶面至底座板底面），曲线超高在底座板上设置，如图 6.12 和图 6.13 所示。

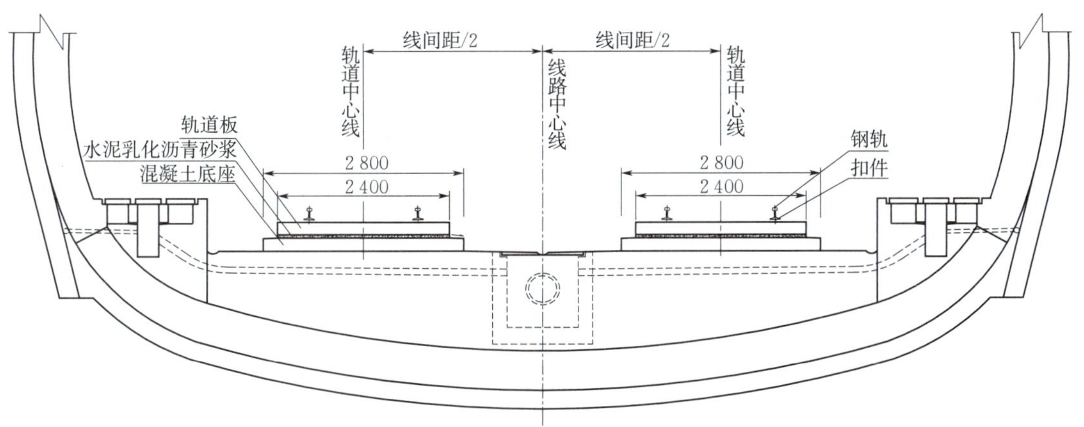

图 6.12 隧道地段 CRTSⅠ型板式无砟轨道横断面示意图（单位：mm）

②结构设计

a. 轨道板

轨道板双向后张、部分预应力混凝土结构，混凝土强度等级为 C60，轨道板宽度 2 400 mm，厚度 200 mm，扣件位置设置 20 mm 厚承轨台，标准轨道板长度分 4 962 mm、4 856 mm 和 3 685 mm三种。

b. 水泥乳化沥青砂浆

水泥乳化沥青砂浆采用袋装，长度和宽度同轨道板，厚 50 mm。

c. 底座及凸形挡台

底座及凸形挡台为钢筋混凝土结构，采用单元结构，混凝土强度等级为 C40。

路基地段底座宽度为 3 000 mm，直线地段底座厚度为 300 mm，曲线地段根据具体超高确定。每 2～3 块轨道板范围对应底座为一个单元，相邻底座单元间设置伸缩缝，伸缩缝处设传力杆并填充嵌缝材料密封。

桥梁地段底座宽度为 2 800 mm，直线地段底座厚度为 200 mm，曲线地段根据具体超高确定。每块轨道板下底座为一个单元，相邻底座单元间设置伸缩缝，伸缩缝处填充嵌缝材料密封。

隧道地段底座宽度为 2 800 mm，直线地段底座厚度为 200 mm，曲线地段根据具体超高确定。每 3～4 块轨道板范围对应底座为一个单元，相邻底座单元间设置伸缩缝，伸缩缝处填充嵌缝材料密封。

凸形挡台分圆形及半圆形两种，其中半圆形设置在梁跨端部或结构断缝处；凸形挡台半径为 260 mm，高度为 260 mm；凸形挡台周围灌注树脂。

③工程实例

我国东北地区的哈大、哈齐高铁均采用 CRTSⅠ型板式无砟轨道，如图 6.14 所示。

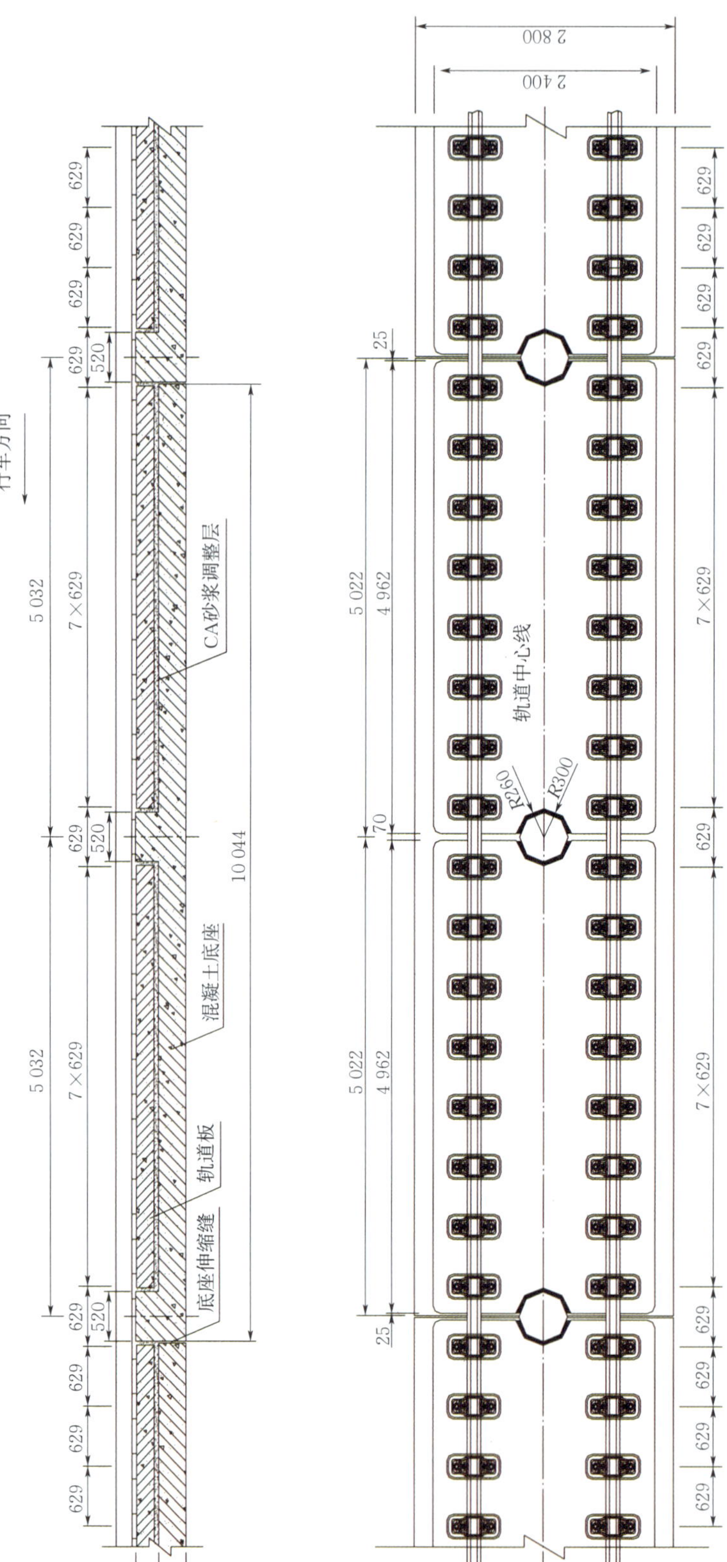

图 6.13 隧道地段CRTS Ⅰ 型板式无砟轨道平剖面布置图(单位：mm)

图 6.14 哈大高铁 CRTS Ⅰ 型板式无砟轨道

(3)单元结构 CRTS 双块式无砟轨道

①结构组成

a. 路基地段

路基地段 CRTS 双块式无砟轨道由钢轨、弹性扣件、双块式轨枕、道床板、隔离层及底座等部分组成,结构高度 815 mm(内轨轨顶面至底座板底面),曲线超高在底座板上设置,如图 6.15 和图 6.16 所示。

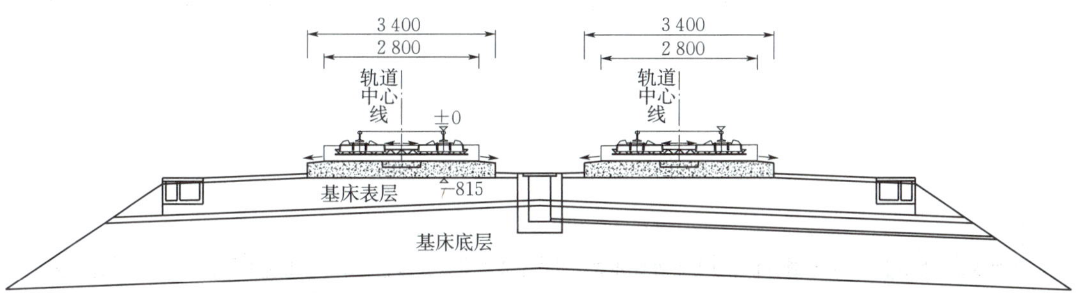

图 6.15 路基地段 CRTS 双块式无砟轨道横断面示意图(单位:mm)

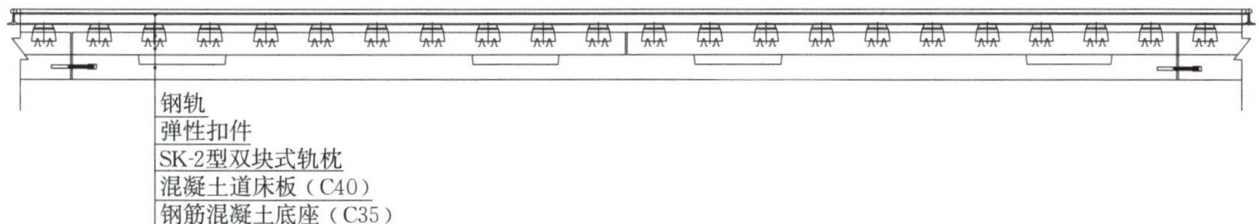

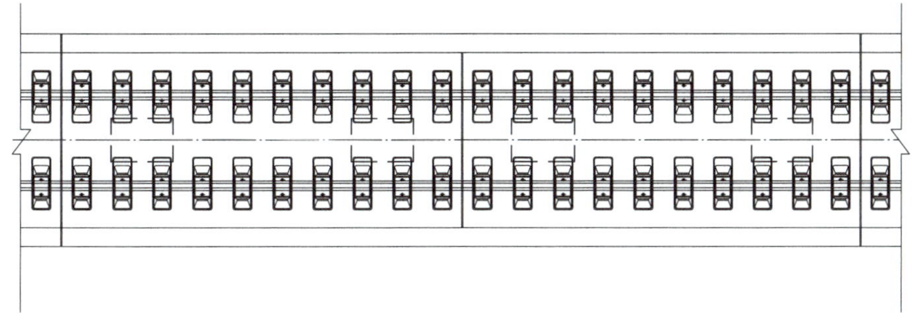

图 6.16 路基地段 CRTS 双块式无砟轨道平剖面布置图

b. 桥梁地段

桥梁地段 CRTS 双块式无砟轨道由钢轨、弹性扣件、双块式轨枕、道床板、隔离层及底座等部分组成,结构高度 725 mm(内轨轨顶面至底座板底面),曲线超高在底座板上设置,如图 6.17 和图 6.18 所示。

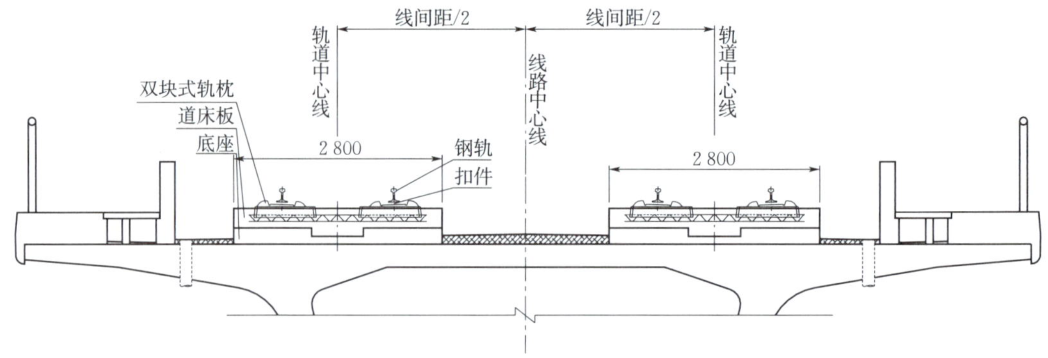

图 6.17 桥梁地段 CRTS 双块式无砟轨道横断示意面(单位:mm)

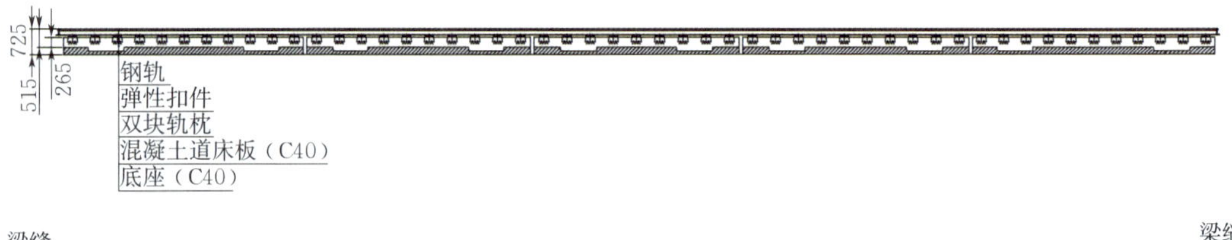

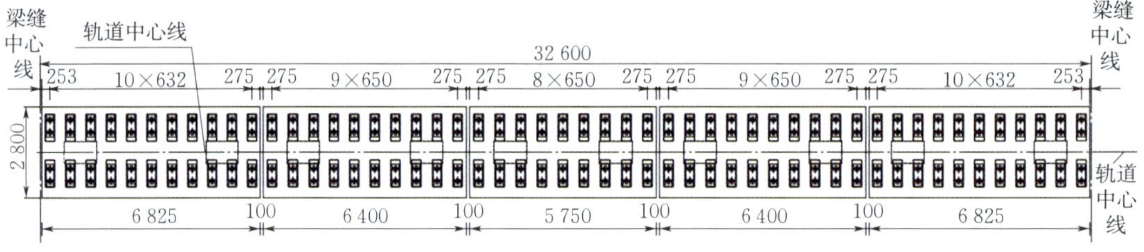

图 6.18 32 m 简支梁地段 CRTS 双块式无砟轨道平剖面布置图(单位:mm)

c. 隧道地段

隧道地段 CRTS 双块式无砟轨道由钢轨、弹性扣件、双块式轨枕及道床板等部分组成,结构高度 515 mm(内轨轨顶面至底座板底面),曲线超高在道床板上设置,如图 6.19 和图 6.20 所示。

②结构设计

路基、桥梁、隧道地段均应采用单元结构。

a. 道床板

道床板采用现浇单元混凝土结构,长度为 6.0~7.0 m,混凝土强度等级为 C40,宽度为 280 mm,厚度为 260 mm。除桥梁地段道床板间板缝为 100 mm 外,路基、隧道地段相邻道床板单元间设置宽 20 mm 伸缩缝,伸缩缝处填充嵌缝材料密封。

路基、桥梁地段每块道床板设置 2 个凸型挡台,与底座板上设置的凹槽相对应。隧道地段道床板通过钢筋直接锚固在隧道底板或仰拱回填层上。

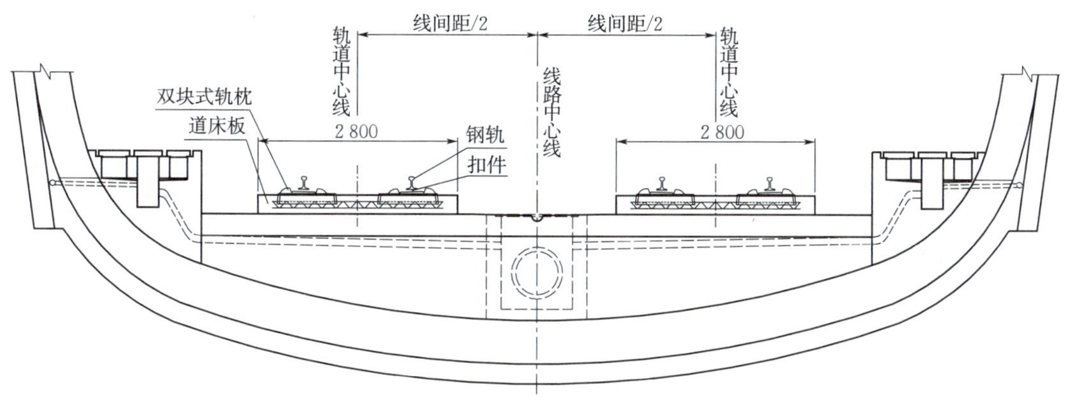

图 6.19 隧道地段 CRTS 双块式无砟轨道横断示意面(单位:mm)

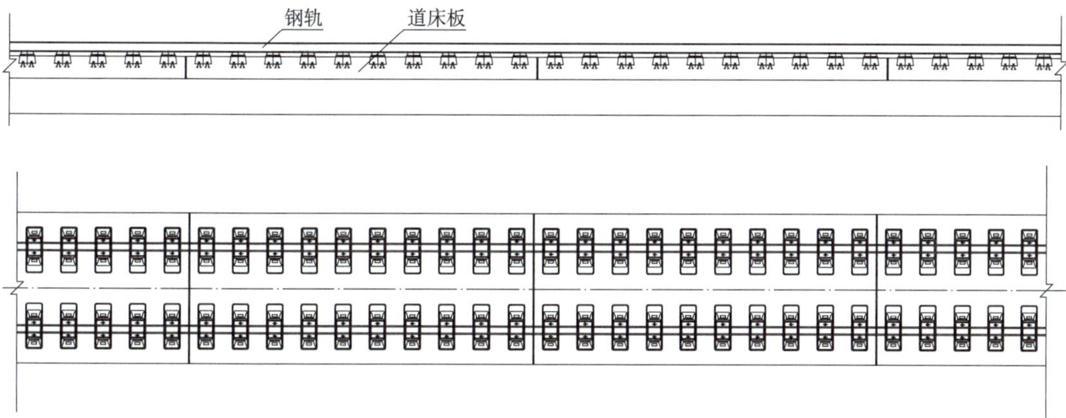

图 6.20 隧道地段 CRTS 双块式无砟轨道平剖面布置图

b. 底座

路基地段底座板为单元结构,每 2～3 块道床板对应 1 块底座板,底座板宽度为 3 400 mm,厚度为 300 mm。相邻底座单元间设置伸缩缝,伸缩缝处设传力杆并填充嵌缝材料密封。

桥梁地段底座板为单元结构,每块道床板对应 1 块底座板,底座板宽度为 2 800 mm,厚度为 210 mm,底座板间板缝为 100 mm。底座板采用 C35 混凝土现场浇筑。每块底座对应道床板限位凸台位置设置两个凹槽,凹槽四周设置弹性缓冲垫层。

c. 隔离层

道床板与底座之间铺设 4.0 mm 厚土工布隔离层。

d. 限位结构

道床板设置限位凸台,底座对应限位凸台位置设置凹槽,通过限位凸台、凹槽对轨道限位。限位凸台周围设弹性垫板及泡沫隔离材料。

③工程实例

我国西北地区的兰新高铁采用 CRTS 双块式无砟轨道,如图 6.21 所示。

图 6.21 兰新高铁 CRTS 双块式无砟轨道

2. 其他注意事项

(1)扣件

寒冷地区应考虑扣件系统橡胶垫板的低温性能。根据相关技术规定要求，WJ-7 型扣件橡胶垫板或复合垫板的压缩耐寒系数不应小于 0.5，WJ-8 型扣件铁垫板下弹性垫板低温刚度变化不应大于 20%。

(2)混凝土材料

无砟轨道结构采用的混凝土材料应考虑冻融破坏环境作用类别及作用等级，满足冻融破坏环境下矿物掺和料、含气量、配合比、抗压强度等级及抗冻性能指标等技术要求。

(3)伸缩缝嵌缝材料

我国无砟轨道工程建设初期，伸缩缝采用沥青软膏灌注，出现夏季温度高时沥青软膏融化流淌、冬季温度低时沥青软膏开裂脱离问题，导致雨雪通过伸缩缝侵入路基基床，无法起到封闭功能。

在总结前期经验教训的基础上，相关单位研究制定了《铁路无砟轨道嵌缝材料》，对嵌缝材料各项性能指标、试验、施工及检验方法做了规定，并对寒冷地区的相关性能指标做了规定。

(4)大跨连续梁扣件节点间距

寒冷地区温差大，降温时大跨连续梁收缩，梁端处梁缝大幅增加，导致相邻梁端第一组扣件间距增大，极端气温条件下引起扣件间距超出限值。

设计上应针对大跨连续梁具体工况进行设计检算，采取无砟轨道结构悬出连续梁梁端以及布置异形轨道板等技术措施，防止扣件节点间距过大。

(5)路基地段排水设计

寒冷地区路基地段无砟轨道排水设计十分重要，一旦排水不良，结构长期浸水且积水下渗，将导致轨道、路基结构发生冻融破坏。因此轨道与路基结构应系统设计，确保排水通畅。

目前我国寒冷地区已实施的几种主要排水方案有无砟轨道底座设置横向排水通道、路基线间设置集水井以及无砟轨道底座内设置横向排水管等。

7 寒冷地区高速铁路设备设施

7.1 接触网

7.1.1 寒冷气候对接触网工程的影响

在寒冷地区，接触网的零部件及设备在一年中承受的温差达 80 ℃～90 ℃，加之导线温升，可达 120～130 K，线索伸缩量长，腕臂偏移范围大，对铁路牵引供电设备造成极大的影响。冬季极端寒冷天气下，降雪、覆冰等会影响接触网的零部件及设备的性能，接触网的钢结构在低温环境下也承受一定影响，在冻融环境下的接触网支柱基础要考虑耐久性的设计，不同材质的零部件连接配合，若膨胀系数差别较大时(如黑色金属与有色金属匹配)，应考虑配合间隙在极限温差下的变化，接触网零部件间装配采用过盈配合时，应考虑极限温差下的过盈配合量。电力机车的动力全靠接触网供给，接触网在寒冷地区遇到的挑战更严峻，电气化铁路速度越快，对接触网的要求就更高，对户外设备要求更专业，对接触网基础等冻胀破坏的威胁更突出。

7.1.2 寒冷地区接触网工程现状

1. 国内外现状及电力系统设计情况

在寒冷地区敷设电缆时，应将电缆敷设于冻土层以下；安装电缆时，应保证环境温度及电力电缆自身的温度都达到 0 ℃以上，保持 24h 后才可以安装，尤其是 PVC 塑料，它会随着环境温度的降低变得越来越硬，越来越脆，如果在 0 ℃以下受到猛烈的冲击，PVC 塑料就会有破裂的危险。

在寒冷环境下的输变电工程的金具多数在露天使用，雨水、露水及冰雪融化的水，可通过微小间隙进入到金具内部，造成金具冻裂，将严重影响输电线路和变电站的安全运行。温差变化较大时，金具冻裂就会比较严重。为了预防金具冻裂，在金具设计和金具压接时，应使金具和导线间的间隙符合要求。安装完毕后在金具上开出水孔，用导电脂填充金具内部的剩余空间，也是电力行业有效预防金具冻裂的措施。

由于自身的工艺特点及外部环境因素，高压线路的灌注桩基础大多选择在冬季施工。寒冷地区冬季灌注桩基础施工的混凝土养护方法主要有蒸气法和蓄热法两种。对地面以上的桩体部分采用综合蓄热法养护，对位于冻土层内混凝土桩身部分均采取蓄热法和桩外通汽法养护。蓄热法的优点是施工简单，不需要外加热源。主要缺点是：混凝土强度增长缓慢，气温越低效果越不好。根据我国多年的施工经验，当最低气温不低于－15 ℃时采用蓄热法较适宜。桩外通汽法的优点是养护温度便于控制，养护过程不需要浇水，缺点是入汽端易过热,需处理冷凝水和埋设通汽管路,但是在实际施工中往往由于工期紧、基础位置比较分散、跳跃施工等原因,通汽法养护很难做到灵活应用。由于灌注桩基础都是在气候相当寒冷的条件下进行,平均温度在−20 ℃以下时间较多,为了能有效控制冻土层内的混凝土强度持续增长,在冬季施工钻孔灌注桩时,冻土层内混凝土一般采用外保温的方法。

电力行业对于输电线路雨凇覆冰的预防,是从设计与运行两方面着手的。设计线路时,除遵循现行线路设计规程外,气象条件组合时应尽量对当地的气候特征、地理环境做详细调查研究,既能反映出一定的自然变化规律,又考虑线路建设和运行的经济合理性。在勘察设计中,要合理选择路径,尽量避开高差变化大、陡峭、温差交汇地区。别无选择时,覆冰地段尽量不要出现大跨越,并在荷载计算中,用平均覆冰厚度做导线覆冰比载计算,加大安全裕度。套用杆塔的设计,一定要根据雨凇覆冰情况做整体及局部的强度与稳定校验,对导线的综合比载、雨凇覆冰后的弛度和应力做出特殊计算。

导线覆冰治理技术在电力系统方面的研究时间较长,从原理上大致可以分为以下四类:热力防冰法、机械除冰法、自然被动法、其他防冰法。

热力除冰法:通过加热导线使得导线的覆冰无法形成,具体可以采用附加发热材料或导线的方式,也有通过对输电线路进行短路,利用短路电流流过导线产生的热量融冰。中低压系统中的线路通常采用交流电流融冰。高压和超高压系统中,由于线路长以及线路截面积较大,通常采用直流电流融冰。

机械除冰法:利用外部机械力或导线振动方法,使导线覆冰脱落。

化学除冰法:在相关设备上涂上防冰冻材料,使得覆冰在设备上的附着力降低,这种措施主要应用在类似于绝缘子等设备上。

其他除冰方法:依靠人力除冰、激光除冰、电晕放电除冰等方法,这些方法正处于研究阶段。

2. 国内铁路接触网技术现状

哈大电气化铁路于2001年开通标志我国第一条寒区准高速铁路开通运营,依托高速铁路建设对接触网防冰融冰技术研究不断持续深入。冬春、秋冬季节变化时段,维修天窗时间接触网易出现覆冰现象,影响列车正常受电。通过建立接触网防覆冰特性理论模型和接触网防融冰状态下牵引供电系统仿真模型,提出了防冰融冰计算理论,研发了接触网防冰融冰技术装备,解决了严寒地区动车组弓网受流稳定性技术难题。创新了严寒地区高速铁路接触网腕臂计算、预配、安装及监测成套技术,研发了接触网腕臂状态在线监测软件及设备,解决了系统极端温度下监测难题。在动车整备库采用移动接触网技术,解决了冬季动车组出入运用所整备库对库内温度影响大的问题。创新了电缆直控式接触网隔离开关集中监控成套技术,解决了严寒地区电子器件不稳定的难题。对室外无人值守机房采取了控制漏热率的技术措施及低温启动技术,确保严寒条件下室外设备的正常运用。目前已经运营的寒冷高纬高速铁路见表7.1,在建寒冷高纬高速铁路见表7.2。

表7.1 国内已开通部分寒冷高纬高速铁路技术标准

序号	主要技术标准	哈大高铁	哈齐高铁	长吉珲高铁	沈丹高铁	盘营高铁
1	正线数目	双线	双线	双线	双线	双线
2	速度目标值/(km·h^{-1})	350	250	250	250	350

续上表

序号	主要技术标准	哈大高铁	哈齐高铁	长吉珲高铁	沈丹高铁	盘营高铁
3	最小曲线半径/m	7 000	5 500	5 500	5 500	7 000
4	牵引供电方式	AT	直供	AT	AT	AT
5	悬挂方式	弹链	弹链	弹链	弹链	弹链
6	导线类型	JTMH－120＋CTMH－150	JTMH－120＋CTSH－150	JTMH－120＋CTSH－150	JTMH－120＋CTSH－150	JTMH－120＋CTMH－150
7	张力/kN	21＋30	20＋25	20＋25	20＋25	21＋30

表 7.2　国内在建部分寒冷高纬高速铁路技术标准

序号	主要技术标准	京沈高铁	哈牡高铁	牡佳高铁	敦白高铁	通新高铁
1	正线数目	双线	双线	双线	双线	双线
2	速度目标值/(km·h^{-1})	350	250	250	250	250
3	最小曲线半径/m	7 000	5 500	5 500	5 500	5 500
4	牵引供电方式	AT	直供	AT	AT	直供
5	悬挂方式	弹链	弹链	弹链	弹链	弹链
6	导线类型	JTMH－120＋CTMH－150	JTMH－120＋CTSH－150	JTMH－120＋CTSH－150	JTMH－120＋CTSH－150	JTMH－120＋CTSH－150
7	张力/kN	21＋30	20＋25	20＋25	20＋25	20＋25

国内各种融冰技术的研究，主要是针对输电线路展开，也取得了很好的覆冰治理效果，但针对电气化铁路接触网覆冰治理，由于系统的特殊性以及系统运行的特点，需要在输电线路覆冰治理技术的基础上深入细致地研究，并根据系统情况开发出安全有效的产品。目前国内还没有成熟的接触网融冰技术方案及融冰装置投入运行。

国内电气化铁路接触网隔离开关的远动监控方式主要采用光纤控制方式。光纤监控方式的接触网隔离开关控制系统分为两部分，一部分为安装在牵引变电所内或线路区间的控制主站，另一部分为安装在网开关附近的监控单元。AC 220 V 电源电缆为监控单元及隔离开关电机及控制回路提供电源；光缆传输控制命令，操作机构旁监控单元接收命令并控制开关动作。隔离开关操作机构箱内设置一套由电磁继电器、交流接触器等元件组成的交流电分合闸控制电路，该电路通过控制电缆与远程监控装置相连；操作机构箱内另外设置一套交流 220 V 电机操作电源电路，处于长期带电压状态，经控制电路的接触器接点与电机连接。其工作原理为：当所内监控装置发出合闸或分闸指令，通过控制电缆向隔离开关操作机构发出一个电平信号，启动机构内的控制电路，使串联在电源电路中的接触器接点闭合，电机接通电源转动，完成隔离开关的合闸或分闸。当合闸或分闸到位后，控制电路使串联在电源电路中的接触器打开，切断电机电源。

采用光纤监控方案的接触网电动隔离开关大量运行在高速铁路、重载铁路及普通电气化铁路上，但随之而来的接触网开关误动、拒动及位置信号误显示等故障时常发生，造成隔离开关无法正常操作，较为严重地影响了电气化铁路的正常运行。造成这些问题的主要原因在于：

(1)隔离开关操作机构箱内的电源由长距离电缆供电，电路处于长期带电状态，易受感应电压干扰，干扰脉冲侵入后触发隔离开关操作机构箱内控制电路，误接通电机电源电路，造成隔离开关误动作；信号及控制回路受干扰脉冲影响也会发生误动或错误显示开关状态的现象。

(2)隔离开关操作机构箱设置的控制电路及其电子元器件，处于室外，工作环境恶劣，容易发生故障，造成无法正常工作，引发隔离开关误动作或拒动作。

(3)目前采取的光纤监控方式的光电转换设备在低温状态下易发生故障。

7.1.3 寒冷地区接触网系统主要技术参数

接触网系统参数主要包括悬挂类型、张力配置、跨距、结构高度、弹性吊索配置、绝缘距离几方面，不考虑锚段关节及风口等特殊区段。

1. 悬挂类型

结合目前国内寒冷地区铁路线路的调研成果，全补偿弹性链形悬挂(以下简称弹链)和全补偿简单链形悬挂(以下简称简链)能满足不同速度等级的设计要求。但对于双弓受流方式，弹性链形悬挂的弹性不均匀度等更能满足弓网受流要求。简单链形悬挂在适应高速铁路运行速度时，由于其较大的弹性差异，需通过增大导线张力，同时适当缩小跨距，或使用弹性吊弦、弹性补偿定位器等弹性差异补偿措施后，方能符合相关标准的弓网接触力要求。否则，需要进一步限制用户使用条件，如采用单弓受电。

2. 张力配置

根据波动传播速度，按《高速铁路设计规范》(TB 10621)，350 km/h 等级接触线张力应不小于 26.5 kN。电气化铁路接触网张力配置主要选取 15 kN＋15 kN、20 kN＋31.5 kN、21 kN＋27 kN、21 kN＋30 kN、23 kN＋28.5 kN 等。

3. 跨距

接触网支柱跨距弹性链形悬挂时一般路基段标准跨距 55～60 m，最大跨距不大于 65 m，相邻跨距之差一般不大于 10 m；桥支柱跨距根据具体情况一般为 45～50 m；隧道内跨距一般不大于 50 m。既有线改建及新建联络线区段接触网跨距一般不大于 60 m。

4. 结构高度

根据《高速铁路设计规范》(TB 10621)，结构高度宜取 1.6 m，对于普速铁路结构高度一般为 1.4 m，最短吊弦长度见表 7.3。

表 7.3 接触网最短吊弦长度

设计速度/($km \cdot h^{-1}$)	最短吊弦长度/mm	设计速度/($km \cdot h^{-1}$)	最短吊弦长度/mm
120	300	250	500
160	400	300	600
200	400	350	600

5. 弹性吊索配置

国内目前弹性吊索张力一般在 250 km/h 等级接触网系统中采用 2.8 kN，在 350 km/h 等级接触网系统中采用 3.5 kN。弹性吊索的长度主要与安装相关，受第一吊弦点布置影响。

目前一般均采用 18 m，当第一吊弦点采用 7 m 时弹性吊索长度采用 22 m。

6. 绝缘距离

25 kV 接触网绝缘泄漏距离不小于 1 400 mm，上、下行接触网带电体间的距离正常情况不小于 2 000 mm，困难不小于 1 600 mm。

根据《高速铁路设计规范》(TB 10621)及《铁路电力牵引供电设计规范》(TB 10009)要求，空气绝缘间隙值见表 7.4，附加导线对地面及相互间距离见表 7.5，附加导线对铁路沿线树木之间的最小水平距离见表 7.6。

表 7.4 空气绝缘间隙值(mm)

序号	有关情况	正常情况下最小值
1	接触网、供电线、正馈线等带电部分至接地体的间隙	300
2	接触网带电部分至机车车辆的间隙	350
3	接触网、供电线、正馈线等带电部分至跨线建筑物的间隙	500
4	受电弓振动至极限位置和导线被抬起的最高位置距接地体的瞬间间隙	200
5	25 kV 带电绝缘子接地侧裙边距接地体间隙	100
6	43.3 kV 绝缘间隙(120°相位电分相间，如分相关节)	400
7	50 kV 绝缘间隙(180°相位电分相间，如 AT 区段正馈线与接触网间)	540

表 7.5 附加导线对地面及相互间距离(mm)

有关情况		供电线、正馈线	回流线、保护线、架空地线
导线在最大驰度情况下距地面的高度	居民区及车站站台处	7 000	6 000
	非居民区	6 000	5 000
	车辆、农业机械不能到达的山坡峭壁、挡土墙和岩石	5 000	4 000
导线距离峭壁、挡土墙和岩石的距离	无风时	1 000	500
	计算最大风偏时	300	75
导线跨越铁路时	跨非电气化股道(对轨面)	7 500	7 500
	跨不同回路电气化股道(对承力索或无承力索时对接触线)	3 000	2 000
不同相或不同分段两导线悬挂点间距离	水平排列	2 400	—
	垂直排列	2 000	—
与建筑物间的最小距离	导线与建筑物间最小垂直距离(计算最大驰度时)	4 000	3 000
	边导线对建筑物最小水平距离(计算最大风偏时)	3 000	1 000
与信号机的最小距离	导线与信号机的净空距离(不设防护时)	2 000	2 000
	导线与信号机的净空距离(设防护时)	1 000	1 000

表 7.6 附加导线对铁路沿线树木之间的最小水平距离(mm)

附加导线类型	供电线、正馈线	回流线、保护线、架空地线
与铁路沿线树木之间的最小水平距离	3 500	3 000

7.1.4 寒冷地区接触网系统腕臂结构

1. 用途与结构

安装在 H 型钢柱、硬横梁及隧道内用吊柱上，起到承载接触悬挂荷重、调整承力索位置、连接固定接触线定位装置等作用。

腕臂支持结构典型安装及组成如图 7.1 所示。

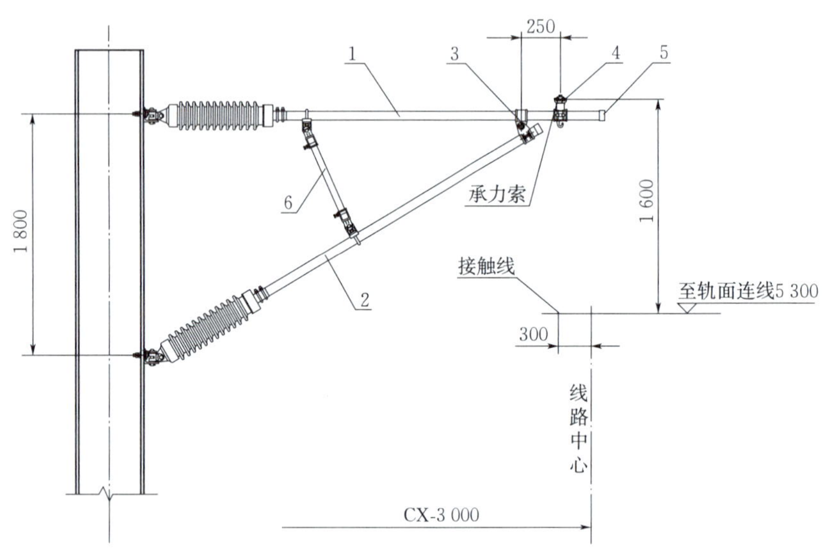

图 7.1 腕臂支持结构典型安装(单位:mm)

1—平腕臂;2—斜腕臂;3—双套管连接器;4—承力索座;5—管帽;6—腕臂支撑

2. 腕臂支持结构总体性能要求

(1)腕臂支持结构工作荷重类型见表 7.7。

表 7.7 腕臂支持结构工作荷重类型

接触悬挂工作类型	最大工作荷重组合		
工作支	接触悬挂最大垂直荷重(4.0 kN)	工作支承力索最大水平工作荷重(2.0 kN)	工作支接触线最大水平工作荷重(2.5 kN)
非工作支	接触悬挂最大垂直荷重(4.0 kN)	非工作支承力索最大水平工作荷重(3.5 kN)	非工作支接触线最大水平工作荷重(5.4 kN)

(2)在图 7.1 中所确定的非工作支最大工作荷重组合受力及腕臂支持结构典型安装条件下，腕臂的挠度不大于 1.0%L(L 为腕臂的长度)。

(3)在图 7.1 中所确定的非工作支最大工作荷重的 1.5 倍组合受力及腕臂支持结构典型安装条件下,腕臂不产生塑性变形。

(4)腕臂支持结构应具有在最大工作荷重组合受力条件下结构稳定、摆动灵活等性能。

3. 平腕臂及斜腕臂

(1)用途及配合如下:

①平腕臂:用于组成腕臂支持结构三角形上部的平腕臂,平腕臂悬臂一端通过承力索座支撑承力索,另一端通过棒式绝缘子与腕臂上底座相连接。

②斜腕臂:用于组成腕臂支持结构三角形斜边的斜腕臂,斜腕臂一端通过双套管连接器与平腕臂相连接,另一端通过棒式绝缘子与腕臂下底座相连接。

(2)平腕臂及斜腕臂的外形结构如图 7.2 所示。

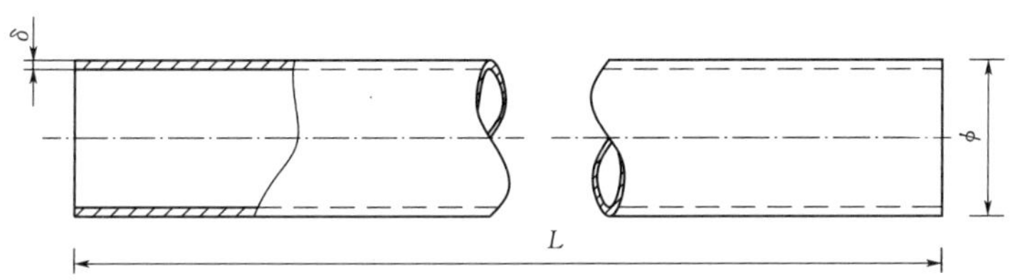

图 7.2 平腕臂及斜腕臂

(3)平腕臂及斜腕臂的材料按《一般工业用铝及铝合金挤压型材》(GB/T 6892—2006)要求,采用牌号为 6082、热处理状态为 T6 的铝合金无缝圆管。规格为:外径 ϕ=70 mm,壁厚 δ=6.0 mm。

(4)平腕臂及斜腕臂的性能要求应满足《一般工业用铝及铝合金挤压型材》(GB/T 6892—2006)第 2.2.2 条腕臂支持结构总体性能要求的规定。

(5)平腕臂端部与棒式绝缘子金具连接处的结构型式在技术合同谈判时确定。

4. 双套管连接器

(1)用途及配合

本零件用于外径 ϕ70 mm 的斜腕臂与外径 ϕ70 mm 的平腕臂的支撑连接。

(2)双套管连接器的外形结构(见图 7.3)

(3)双套管连接器的性能要求

①最大水平工作荷重为 5.8 kN,最大垂直工作荷重为 4.9 kN。

②与腕臂管之间的滑动荷重不应小于 8.7 kN。

③水平破坏荷重不应小于 17.4 kN,垂直破坏荷重不应小于 14.7 kN。

④连接螺栓(M20)的紧固力矩为 100 N·m;顶紧螺栓(M12)的紧固力矩为 75 N·m;顶紧螺栓用螺母的紧固力矩为 50 N·m。

5. 双套管连接器的材料

(1)双套管连接器本体按 EN1706,采用牌号为 AlSi7Mg0.6、热处理状态为 T6 的铸造铝合金。

(2)连接螺栓(M20)、顶紧螺栓(M12)按《不锈钢棒》(GB/T 1220—2007),采用牌号为 06Cr19Ni10 的不锈钢。连接螺栓的性能等级为 A2-70 级;顶紧螺栓的性能等级为 A2-80 级。

(3)螺母、垫圈、弹簧垫圈按《不锈钢棒》(GB/T 1220—2007),采用牌号为 12Cr18Ni9 的不锈钢。连接螺栓用螺母的性能等级为 A2-70 级;顶紧螺栓用螺母的性能等级为 A2-80 级。

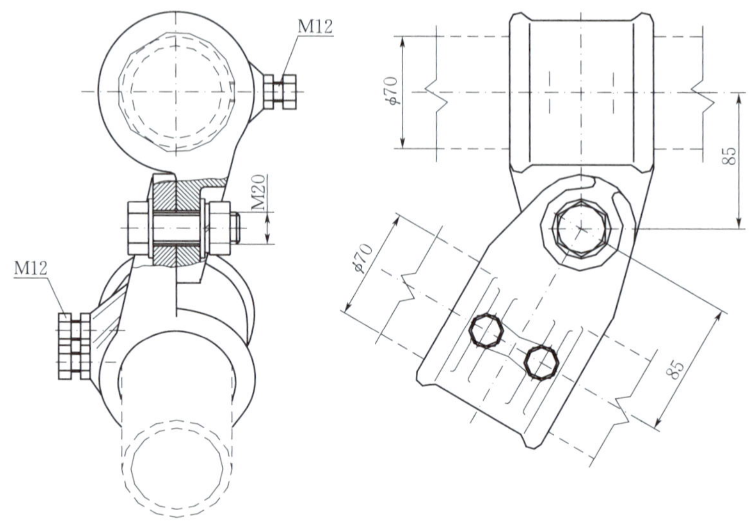

图 7.3 双套管连接器(单位:mm)

6. 双套管连接器的制造工艺

双套管连接器本体采用金属模精密铸造工艺制造。

7. 承力索座

(1)用途及配合

本零件用于固定在外径为 ϕ70 mm 的铝合金平腕臂上,支承并固定截面为 70～120 mm^2 的铜合金承力索。承力索座的支撑托架及压线盖板应能绕其固定轴在承力索座本体上自由转动,安装承力索的线槽应有适应承力索悬挂支撑的悬垂弧角及喇叭口,承力索座的支撑托架及压线盖板之间应带有承力索保护衬垫。承力索座下部的结构应满足悬吊 4 根直径为 ϕ3.0～5.5 mm 的金属吊线。

(2)承力索座的外形结构(见图 7.4)

(3)承力索座的性能要求

①最大水平工作荷重为 3.5 kN,最大垂直工作荷重为 4.0 kN。

②承力索座与腕臂间滑动荷重不小于 5.25 kN。

③承力索座与单根承力索间滑动荷重不小于 2.0 kN。

④垂直(向下)破坏荷重不小于 12.0 kN。

⑤垂直于线路方向的水平拉伸破坏荷重不小于 10.5 kN。

⑥压线螺栓的紧固力矩为 50 N・m;顶紧螺栓的紧固力矩为 75 N・m;顶紧螺栓用螺母的紧固力矩为 50 N・m。

(4)承力索座的材料

①承力索座本体、支撑托架及压线盖板按 EN1706,采用牌号为 AlSi7Mg0.6、热处理状态为 T6 的铸造铝合金。

②承力索保护衬垫采用 L3/T2 的铜铝复合板。

③压线螺栓、顶紧螺栓按 GB/T 1220—2007 要求，采用牌号为 06Cr19Ni10 的不锈钢。压线螺栓的强度等级为 A2-70 级；顶紧螺栓的性能等级为 A2-80 级。

④垫圈、弹簧垫圈、顶紧螺栓用螺母按 GB/T 1220—2007 要求，采用牌号为 12Cr18Ni9 的不锈钢。顶紧螺栓用螺母的性能等级为 A2-80 级。

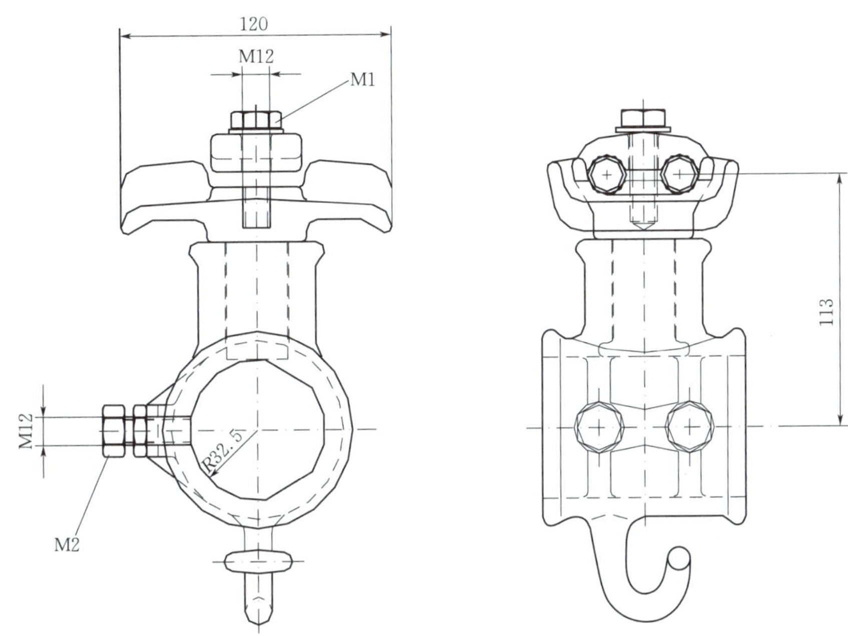

图 7.4 承力索座(单位:mm)

(5)承力索座的制造工艺

承力索座本体、支撑托架及压线盖板均采用金属模精密铸造工艺制造。

8. 腕臂支撑

(1)用途及配合

本零件用于平腕臂与斜腕臂之间的支撑固定。

(2)腕臂支撑的外形结构(见图 7.5)

(3)腕臂支撑的性能要求

①破坏荷重不小于 15.0 kN。

②顶紧螺栓的紧固力矩为 75 N·m，顶紧螺栓用螺母的紧固力矩为 50 N·m。

③U 螺栓的紧固力矩为 70 N·m。

9. 腕臂支撑的材料

①支撑管、销钉的材料按 GB/T 6892—2006 要求，采用牌号为 6082、热处理状态为 T6 的铝合金。支撑管的规格为：外径 $\phi=42$ mm、壁厚 $\delta=4.0$ mm 的铝合金无缝圆管。

②支撑管端部双耳、支撑管卡子本体按 EN1706 要求，采用牌号为 AlSi7Mg0.6、热处理状态为 T6 的铸造铝合金。

③U 螺栓、顶紧螺栓按 GB/T 1220—2007 要求，采用牌号为 06Cr19Ni10 的不锈钢。U 螺栓的性能等级为 A2-70 级，顶紧螺栓的性能等级为 A2-80 级。

④螺母、垫圈、弹簧垫圈、β销按 GB/T 1220 要求，采用牌号为 12Cr18Ni9 的不锈钢。U 螺栓用螺母的性能等级为 A2-70 级，顶紧螺栓用螺母的性能等级为 A2-80 级。

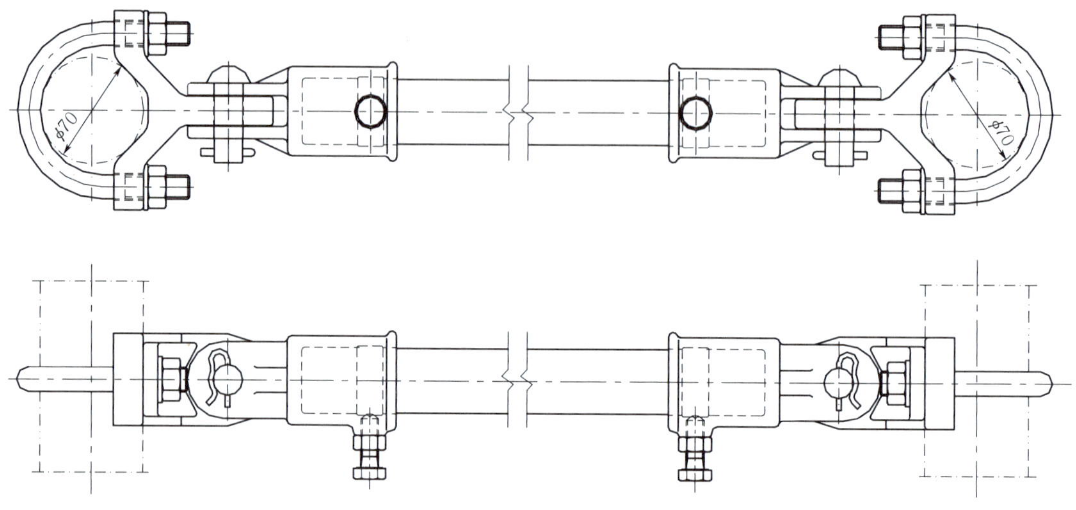

图 7.5 腕臂支撑(单位:mm)

10. 腕臂支撑的制造工艺

支撑管端部双耳、支撑管卡子本体采用金属模精密铸造工艺制造。

11. 管帽

(1)用途及配合

本零件用于平腕臂、斜腕臂及定位管端部的密封。

(2)管帽的外形结构(见图 7.6)

(3)规格品种

管帽分 70 型(用于腕臂)及 55 型(用于定位管)两种。

(4)管帽的材料

管帽的材料为黑色 PVC。

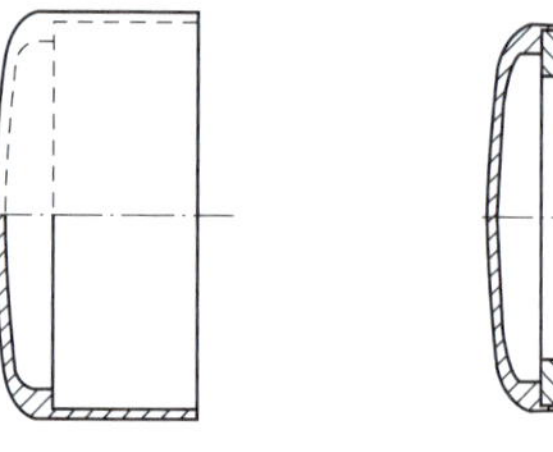

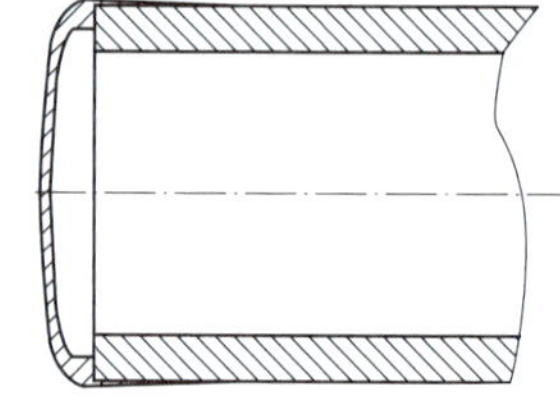

图 7.6 管帽

7.1.5 寒冷地区接触网系统防寒措施

根据《寒温及寒冷地区铁路牵引供电和电力系统若干问题指导意见》(铁总运〔2013〕135 号)，寒冷地区接触网系统有关加强防寒、防腐、防松的设计如下：

(1)接触网双支腕臂底座间距采用 1 800 mm。

(2)正馈线和保护线在不同支柱上下锚。

(3)路基上接触网支柱基础螺栓采用 16 Mn，接触网钢支柱材质采用 Q355B。

(4)接触网支柱基础埋深大于土壤的最大冻结深度。

(5)考虑跨线建筑物等易发生落水结冰等，承力索在进出口处采用预绞丝防护，以降低结冰放电塌网事故的发生率。

(6)混凝土支柱及基础混凝土材料、强度及结构按满足《铁路混凝土结构耐久性设计规范》要求，混凝土强度等级不小于C30，钢筋的混凝土保护层厚度不小于40 mm。

(7)附加导线采用耐腐蚀铝包钢芯铝绞线。

7.2 信号设备

严寒地区的高铁灾害系统面临的最大问题就是要经受严寒天气下的低温考验，例如哈大高速铁路所经地区据记载往年最低温度可以达到－40 ℃。灾害监测系统设置在GSM-R基站、中继站、牵引变电所、AT所、分区所或其他灾害监测机房内的监控单元和监控数据处理设备，均安装了空调设备以保证灾害监测系统的正常运行。但是，室外电子设备在冬季就要时刻接受低温的考验，这些设备包括风速计、雨量计、雪深计以及室外控制箱设备。设备中的电子元器件也会受到低温的影响。

7.2.1 寒冷气候对信号、灾害监测设备设施的影响

半导体器件对温度最敏感。晶体管在低温下工作，hFE将随温度的降低而减小。在低温－55 ℃条件下，一般晶体管的增益平均下降40%左右，有一些器件失去了放大能力，有一些器件功能失效。

其他元器件有一些品种，也不能在过低温度条件下工作。如果超过规定的允许温度范围，将造成功能失效。

高铁灾害监测系统的现场数据采集设备包括风、雨、雪、地震传感器以及异物轨旁控制器等，其内部由很多电子元器件组成。上述设备均安装在室外，而严寒地区的冬季气温极低，很多时候会超出其元器件正常工作的温度范围。

严寒地区温度较低，而且在换季时(由秋季进入冬季)早晚温差较大，风速计的超声波换能器由集成电路控制其工作，在低温状态下集成电路中的各电子元件会处于不稳定状态，将导致无法正常工作。如果风速计的超声波换能器处于不稳定状态，会导致风速计无法提供准确的风速数值，此时风速计处于一种在正常和非正常工作之间频繁转换，即风速仪时而处于正常工作状态，时而处于设备故障状态。

为了保障高铁灾害监测系统的现场数据采集设备在严寒地区能够正常运用，必须采取合适的加热方式，以保证传感器等设备能够在要求的温度范围内正常运行，从而保障严寒地区高铁灾害监测系统的稳定、可靠。

7.2.2 寒冷地区信号信息设备设施

1. 灾害监测系统

灾害监测系统现场设备包括设置在接入网杆上的风速风向现场监测设备、雨量监测设备、雪深监测设备，设置在上跨铁路道路桥梁上的异物侵限监测设备，设置在牵变所亭的地震监测设备及设置在沿线四电房屋通信机械室的监控单元，如图7.7和图7.8所示。另外还包括现场设备至监控单元的信号电缆。现场的风雨监测设备均采用非机械式，无机械传动，其中风速计采用超声波式、雨量计采用多普勒雷达式、雪深计采用相位差分式。以上设

备除监控单元外，均暴露于严寒之中。

图 7.7 风速计(含数传单元)

图 7.8 雨量计、雪深计、异物侵限监测网

2. 技术选型

根据沿线气象资料和高寒地区室外设备技术标准，确定技术选型及安装方案。在严寒地区高铁灾害监测系统的实际工程应用中，根据目前芯片技术的发展水平，结合电子设备对空间、体积及重量的要求，综合考虑加热效率和实现难度，风速计、雨量计、雪深计等系统设备中应选择加热时间快、体积占用小、环境适应性强的电阻加热作为低温加热方式，以满足高铁灾害监测系统在严寒地区的运用要求。

3. 需注意的问题

(1)运营维护单位冬季低温、冻害、冻胀出现后，注意检查现场监测设备、监控单元设备的电源状态、网络状态，防止由于冻害、冻胀等灾害导致光、电缆折断，造成电源终端后数据丢失。

(2)冬季停用雨量监测、夏季停用雪深监测。严寒地区高铁灾害监测系统的雨量传感器在冬季运行时，要经受寒风、冻雨、昼夜极大温差的影响；雪深传感器在夏季运行时，要经受高温考验。建议冬季停用雨量监测、夏季停用雪深监测，不仅避免以上因素对传感器精度的影响，还可缩短雨量传感器和雪深传感器的使用时间，从而延长传感器的使用寿命。

7.3 机车车辆

7.3.1 寒冷气候对高速铁路动车组的影响

1. 严寒气候对高速铁路动车组适应性影响

国内外高速铁路动车组适应环境温度范围：−40 ℃～40 ℃，−40 ℃温度是对动车组上橡胶件、金属材料的限制条件，如温度低于−40 ℃，则需对转向架材料、零部件等研发试验，以适应低温环境的要求。

2. 严寒气候对高速铁路动车组运用整备的影响

(1)结冰对动车组运行影响

寒区高速铁路在冬季经常被冰雪覆盖，动车组列车在高速运行时大量的冰雪吸附到转向架上，转向架被冰雪泥沙包裹覆盖，影响高速动车组转向架整体性能，造成动车组轮对、制动盘异常磨耗等，直接影响动车组列车运行安全。

(2)冰雪对动车组的击打影响

冰雪对动车组的击打造成闸片托架开口销座折断，闸片脱落击打车辆配件及轨边设备，造成扫石器胶皮破损、脱落失效，车下制动软管护套破损，牵引电机接地线打击变形，裙板击打变形等。

(3)对冬季动车组检查、整备、存放的影响

动车组整备存在结霜、冻轮现象；动车组室外上水、卸污作业时易造成管路结冰；夜间动车组供电保温，增加物力及人力成本。

7.3.2 寒冷地区高速铁路动车组运用技术措施

1. 国外动车组冬季运用措施

(1)瑞典冬季运用措施

瑞典位于北欧地区，冬季严寒，斯德哥尔摩冬季地区平均最低气温为−2 ℃左右，哥德堡冬季地区平均最低气温为−1 ℃左右，其列车也面临着冬季结冰问题。

针对列车冬季结冰，瑞典一般采用化学试剂融冰措施，在线站区间设立喷淋融冰库，列车慢速通过时，喷淋装置启动，进行除冰融雪作业，如图 7.9 所示。喷淋液为以丙二醇为主的混合液体，该液体可以回收过滤，多次使用。

图 7.9　瑞典列车除冰喷淋作业瑞典除冰作业场地

(2)日本冬季运用措施

日本位于亚洲东部,太平洋西北,属温带海洋性季风气候,冬季北部北海道地区(札幌)平均最低气温为−8 ℃左右,仙台平均最低气温为−2 ℃左右,日本东北新干线列车在冬季运行时,也面临结冰问题。日本动车组主要采取的是防结冰措施,采用在转向架易结冰位置喷刷防结冰涂料的方式,有一定效果,但也存在结冰现象。日本仙台动车段将日检定检库中一股道作为融雪线,有机械化化雪和人工除雪并用的设备。机械化除雪设在各转向架停车位置,从转向架下部以固定喷嘴喷射温水。

(3)德国冬季运用措施

德国位于欧洲中部,属地中海气候,冬季慕尼黑最低气温为−6 ℃左右,柏林、汉堡平均最低气温为−3 ℃左右,汉堡平均最低气温为−3 ℃左右,法兰克福平均最低气温为−2 ℃左右。其列车也面临着冬季结冰问题,根据目前资料,汉堡动车段、柏林动车段均为动车组室外存放,并无专门的融冰除雪设施。

2. 国内冬季动车组运用措施

根据现有资料,瑞典、日本、德国等国家冬季动车组均存在结冰现象,但其冬季平均气温远远不及我国寒冷地区。结合我国寒冷地区气温的实际情况,研发了动车组融冰除雪设备,创新了动车组运行故障检测系统,完善了防灾安全监控系统,构建了严寒地区高速动车组高效运营和安全保障系统。

(1)建设融冰除雪库

根据《关于动车组融冰除雪设施建设指导意见》运装管验〔2010〕316 号,为确保寒冷地区冬季开行动车组运输秩序及运输效率,消除冰雪对动车组运行品质及运行安全的危害,防止动车组车底及转向架结冰积雪对线上设备造成损坏,提高动车组冬季检查作业及检修质量,减轻现场作业劳动强度,在严寒地区动车组检修基地运用所增设融冰除雪设施。经充分研究动车组融冰除雪方式,综合考虑 CRH 系列动车组转向架、电、风及控制管路复杂,并严禁使用外力机械除冰的实际,确定采用热力融冰方式对动车组融冰除雪。在寒冷地区的动车基地及运用所建设融冰除雪库,在检查库增设采暖设备,对动车组融冰除雪。

(2)动车组融冰除雪技术

通过构建动车组车底附雪结冰分析模型、模拟计算仿真,确定系统的送风温度、速度、出风角度、距车体高度等控制参数,实现了热风智能定向吹雪,解决了动车组底部除雪融冰技术难题,提高了动车组整备运用效率。

(3)动车组积雪结冰在线监测

在枢纽站设置了高速动车组运行故障图像检测系统,通过集成高速摄像、图像自动识别、图像传输及处理加速器技术,构建了动车组在线运行状态检测网络系统,可自动监测在线运行动车组转向架、设备舱、车底积雪结冰及技术状态,实现风险预警,有效控制积雪结冰对动车组行车安全的影响。

(4)应答器等室外设备防击打技术

严寒地区动车组挂冰凌,运行中会出现击打信号设备的情况,通过采取“绕前加装防护垫块”防护技术,解决了应答器等轨旁设备受动车脱落冰块击打损坏的难题,提高了轨旁信号设备对严寒冰雪环境的适应性。

7.3.3 寒冷地区动车组选型

适应我国严寒地区动车组车型主要包括 CRH5(A、G、E)、CRH380(B、BG、C)、CRH2(G、E—NG 高寒)型。

针对高寒动车组运用环境的各系统结构及功能做了适应性优化,满足环境温度—40 ℃～40 ℃范围和高海拔、抗风沙的要求。

7.3.3.1 CRH5

1. CRH5A

CRH5A 型动车组采用动力分散式,每列 8 节编组,共 5 节动车和 3 节拖车(5M3T),设计营运速度为 250 km/h,列车可两组重联运行。在耐寒性方面,CRH5A 优于 CRH1 及 CRH2,其承受温度范围可达±40 ℃,且 CRH5A 型动车组可以停靠在低站台。

2. CRH5G

和谐号 CRH5G 动车组,是为了适应兰新高速铁路等风沙、高寒、高海拔环境,在 CRH5A 型动车组的基础上,借鉴 CRH380B 系列动车组而研制的耐高寒、抗风沙动车组。CRH5G 皆为 250 km/h 级别统型动车组,注重耐高寒、抗风沙性能,如空调采用防风沙和空气过滤设计、车体减少暴露缝隙等,空调系统增大了功率,以应对兰新高铁沿线冬季寒冷、夏季炎热的特点,能确保室外正负 40 ℃时,车内温度始终恒定在 24 ℃。相较于 CRH5A 型动车组,CRH5G 型动车组外观仅有微小差别。

3. CRH5G 技术提升型

CRH5G 型技术提升动车组是专门针对兰新线特点,以更好适应高寒、高温、高湿、高原和强风沙强紫外线运用条件而研制生产的全天候动车组,设计运行时速 250 km。与既有型号的 CRH5G 动车组不同的是,该型号动车在原有的技术平台基础上,对车体结构、车内空间、内装效果以及服务设施等方面做了优化提升,从而使旅客得到更好的乘车体验。

CRH5G 型技术提升动车组搭载了中国第一款具有完全自主知识产权的列车网络控制系统和具有完全自主知识产权的列车牵引系统,是具有完全自主知识产权的耐高寒、抗风沙动车组。CRH5G 型技术提升动车组可在零下 40 ℃高寒条件下正常运营,具有抗风、沙、雨、雪、雾、紫外线等恶劣天气的能力。CRH5G 型提升动车组各个部件具有的自我保护功能之外,全车还设有 2000 多个传感器,对动车组的主要系统或零部件的工作状态实时监控,实现自监测、自诊断、自决策,保证动车组安全可靠运营。

4. CRH5E

和谐号 CRH5E 动车组,是在 CRH5A 型动车组、CJ1 型动车组的基础上研制的长编组卧铺动车组。

CRH5E 能够满足在±40 ℃的温度下运营,列车可靠性、舒适型、安全性都达到业界较高水平。CRH5E 具有抗侧风优势,即使外面狂风呼啸,乘客在车厢内也不会感到明显的晃动。为了确保安全,列车还配置了目前世界上最先进的故障诊断和远程监控系统,通过各种传感器对列车的关键系统和部位的温度、速度、加速度、压力、绝缘性能等实时监控，可实时根据限定数值自动控制列车运行速度，做到安全运营。

7.3.3.2 CRH380

1. CRH380BG

和谐号 CRH380BG 系列（非统型，原 CRH380B）动车组是在 CRH3C 型动车组的基础上研制出的中国第二代 CRH 动车组。

CRH380B 动车组的耐高寒型命名为 CRH380BG，非高寒型命名为 CRH380B。CRH380BG 型动车组是在 CRH380BL 基础上研发的抗高寒型动车组，与 CRH380BL 主要应用于京沪高铁等非高寒地区相比，CRH380BG 特别考虑到哈大高铁等高寒地区动车组运用的要求，对车体材料、结构做出诸多创新改动，大大提高动车组防寒、防冰雪的性能。

2. CRH380BG 统型

和谐号 CRH380BG 统型动车组是在 CRH380BG 型动车组技术平台上，对列车的车型、定员、旅客服务设施、司机操作设施、列车的主要性能统一设计出来的衍生车型。

统型 CRH380BG，总长度由 200.67 m 增加到了 202.95 m，车内空间更大，统型 CRH380BG 设有带商务座的一等座车（ZYS）1 辆、带商务座的二等座车（ZES）1 辆、二等座车（ZE）5 辆和带餐吧的二等座车（ZEC）1 辆。

3. CRH380B

和谐号 CRH380B 系列动车组是在 CRH3C 型动车组的基础上研制出的中国第二代 CRH 动车组。

和谐号 CRH380B 统型动车组是对列车的车型、定员、旅客服务设施、司机操作设施、列车的主要性能统一设计而衍生出统型 CRH380B。CRH380B 系列动力分散动车组，设计速度为 380 km/h，持续运营速度 350 km/h，最大试验速度 457 km/h。

4. CRH380C

和谐号 CRH380CL 动车组是 CRH380BL 系列高速动车组的姊妹车型，列车使用全新设计的头型。

CRH380CL 型动车组在运营时速、牵引功率、可靠性、系统冗余等技术指标以及全寿命周期费用等经济性指标方面达到世界领先水平。通过减少运行阻力和提高牵引传动效率等手段全面降低能耗，动车组牵引功率最高可达 19 200 kW，持续运行时速为 350 km，最高运营时速 380 km。通过对外部噪声、振动传递、电磁辐射等的系统控制，实现人、车与环境之间的和谐。主要创新点：一是优化了转向架悬挂参数，提高了列车的横向稳定性、运行安全性和平稳性，提高了乘坐舒适度。二是优化了列车制动系统，提升了基础制动系统的能力，保证了列车运行安全性。三是优化了列车整体气动外形，其中包括前端流线型车头、车端连接外风挡、车顶与车下导流罩，降低了列车高速运行时的阻力。四是优化了铝合金车体，进一步提高了列车承载可靠性。五是根据京沪高速铁路运用需求，优化了列车的总体布置和旅客界面，融入了中国元素，合理配置了车种，充分利用了车内的乘坐空间，整合列车服务设施与资源。六是采用了新型牵引系统和与之相匹配的列车制动系统，动力更加强劲；按牵引—制动系统的控制信息传输需求，开发了全新的列车网络系统。七是采用了细长比更大的流线型铝合金车头，进一步降低了列车运行阻力；车体材料采用高强度中空大型材断面的铝合金车体；采用 CW400/CW400D 型无摇枕空气弹簧转向架，再生制动＋直通式电空制动，初速 350 km/h 紧急制动距离小于 6 500 m。

7.3.3.3 CRH2

1. CRH2G

和谐号 CRH2G 型动车组，是在 CRH2A 的基础上采用大量的新材料和新技术，重点解决了耐高寒、抗风沙、耐高温、适应高海拔和防紫外线老化五大技术难题，能够适应±40 ℃的温度，也能安全运行在强风沙和高海拔地带，为我国高寒、沙漠和高原地区的高铁线路提供了适应性更强的动车组车型。

CRH2G 型动车组所使用的材料、润滑油脂及电气元件，都通过－40 ℃的耐低温试验。转向架进行高寒适应性设计，创新出“喷涂防冻”和“高压吹风除雪”等技术，有效缓解了高寒冰雪天气转向架积雪结冰的问题，确保动车组安全可靠。车体采用密封设计和导流设计，避免了高寒环境下车体冷凝水回流引发的故障。另外，空调系统也做了高寒高温优化设计。CRH2G 能满足在 11 级大风下安全运行，因为 CRH2G 加装了抗侧滚扭杆等装置，与普通的动车组相比，它在大风下运行的平稳性提升了 1 倍。CRH2G 将车下设备舱设计为密封结构，防止进沙。设备舱采用集中与分散相结合的供风方式，并创新使用“微正压”技术，防沙尘进入。空调机组采用顶置式设计，从车下移到了车顶，做了防风沙和空气过滤设计。在沙尘环境下，CRH2G 不仅能保持车内的空气质量，还延长了检修维护周期。CRH2G 的车体和车窗，均做了高强度防护设计，耐沙石击打。以兰新线为例，普通动车组每跑 3 天就要清理一次沙尘，而 CRH2G 的清理周期为 1～2 个月，大大减少了能耗和检修维护量。高海拔地区雷电频发，影响动车组行车安全，CRH2G 全面升级了电气系统，加装了新型防雷装置，动车组的绝缘和防雷击保护能力大大增强，保证动车组能在 3 600 m 的高海拔地区安全运营。同时，针对高原地区紫外线辐射强，CRH2G 外露的非金属件都通过了抗紫外线老化试验，车窗则做了辐射防护，紫外线通过率小于 1%，与平原地区运行时相当。CRH2G 型高寒动车组的研发前后历时近 3 年，期间做了大量的试验，全面验证了动车组的技术性能，其中耐低温试验 67 项，抗风沙试验 16 项，高海拔试验 6 项，先后在哈大高铁和兰新高铁通过了线路考核。CRH2G 还是我国第一款送到世界最大气候风洞试验室——奥地利 RTA 试验室进行低温试验的动车组，以验证动车组的防寒能力。

2. CRH2E-NG 高寒

新型和谐号 CRH2E-NG 高寒型动车组是在 CRH2E 的基础上改进，采用大量的新材料和新技术，采用全新的外观设计，重点解决了耐高寒、抗风沙、耐高温、适应高海拔和防紫外线老化五大技术难题，能够适应±40 ℃的温度，也能安全运行在强风沙和高海拔地带。

7.4 监控系统

为了防控寒冷地区降雪危害，建立了雪深监测子系统，并与大风、雨量、异物侵限及地震等监测系统有机集成(见图 7.10)，实时监测积雪深度数据，有效降低或减少雪灾对高速铁路影响，确保运营安全。

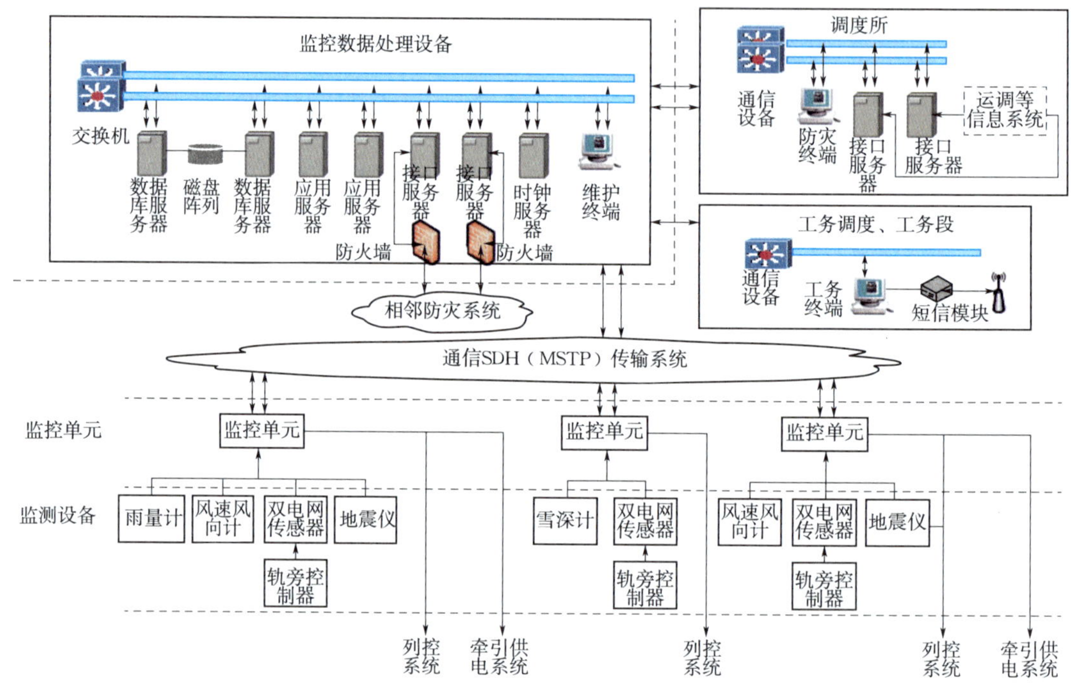

图 7.10 雪深监测系统构成图

8　寒冷地区高速铁路冻胀监测技术

8.1　冻胀监测方法

冻害一直是寒区铁路路基的主要病害，路基反复的冻胀、融沉现象很容易产生不均匀冻胀变形，从而导致路面高低不平，严重时影响行车安全。

铁路部门针对普速铁路路基冻害开展了大量综合监测和研究工作，掌握了路基冻害的整治方法。前章所述寒区高速铁路冻胀防治技术得到了应用，但施工和运营中防冻胀的实际效果还需要高精度、自动化的联合监测方法，以满足寒区高铁安全运营需要，为此开发了路基冻胀监测技术。通过寒区高速铁路建设和运营中的实际监测，逐步加深了对路基冻害的认识，也指导了寒区高铁路基防冻胀措施的优化，主要表现在填料、防排水、路基结构以及防冻深度设计等方面。路基冻胀监测对严寒地区高速铁路防冻胀设计、冻胀病害整治、列车安全运营具有指导和现实意义。

目前高速铁路路基冻胀综合监测技术主要包括水准观测、自动监测和轨道动态检测三种。其中，水准观测是用水准仪和水准尺测定测点不同时间高差的方法，适用于路基表面、道床面和轨面冻胀变形监测，主要是为了总体把控路基冻胀空间分布特征。自动监测是用不同类型传感器感知路基冻胀影响因子，如温度、含水量、水位、变形量等，通过设定采集时间、频次等定时采集，通过无线通信技术将数据实时传回监控中心，适用于路基不同部位、不同深度以及结构物监测，主要是为了综合分析冻胀机理、冻胀原因和冻胀规律。轨道动态检测是采用捷联式惯性基准法与非接触式测量相结合的方法，将惯性传感器和激光摄像系统安装在综合检测列车的不同位置，激光摄像系统测量钢轨相对于检测梁的横向和纵向位移，加速度计、陀螺、位移计等多种传感器测量车体和检测梁的姿态变化，主要是为了识别轨道病害，并监控轨道病害发展规律，指导轨道养护维修。

8.2　冻胀水准观测

在铁路路基表面、道床面或轨面埋设冻胀变形监测点，在路基以外稳定部位埋设基准控制点，采用水准仪和水准尺定期测定基于基准控制点的各测点相对高程，通过计算各期高差确定测点的冻胀变形。

8.2.1　基本要求

高速铁路路基冻胀变形监测应达到三等水准测量精度，并按照国家二等水准测量的技术要求施测。采用的测量仪器应检定，每周期观测前，对所使用的仪器和设备检验校正，并保留检验记录。应在基本相同的环境和观测条件下工作。每周期冻胀变形观测时应固定观测人员，使用同一套测量仪器设备，采用固定的基准点和工作基点，按照固定的观测路线和方法观测。水准高程基点的设置应避免冻胀变形影响，并加强水准高程基点的冬季复测。

8.2.2 仪器要求

水准测量目前主要采用DS1型水准仪、因瓦水准尺量测，应在设备规定的使用条件下工作，否则应采取必要措施，确保仪器设备工作正常。水准测量使用的水准仪及水准尺应满足水准仪视准轴与水准管轴的夹角，DS1型夹角不应超过15″，水准尺上的米间隔平均长与名义长之差，对于因瓦水准尺不应超过0.15 mm。

8.2.3 技术要求

路基冻胀变形监测采用三等水准测量，观测点的高程中误差不超过1.0 mm，相邻观测点间的高程中误差不超过0.5 mm。冻胀变形监测基准网宜采用与铁路高程控制网一致的高程系统和精度等级，应布设成闭合环状或环形网等形式，水准基点应埋设在不受冻胀变形影响的稳固地基上，亦可利用稳固的建筑物、构筑物设立水准点。监测基准网的主要技术要求应符合表8.1的规定。

表8.1 冻胀变形监测基准网的主要技术要求

等级	相邻基准点高差中误差/mm	每站高差中误差/mm	往返较差、附合或环线闭合差/mm	检测已测高差较差/mm	使用仪器、观测方法及要求
三等	1.0	0.3	$0.6\sqrt{n}$	$0.8\sqrt{n}$	DS1型仪器，按国家二等水准测量的技术要求施测

注：n 为测站数。

冻胀变形监测点分为基准点、工作基点和冻胀变形观测点。每个独立的监测网应设置不少于3个稳固可靠的基准点，基准点的间距不宜大于1 km。基准点可使用全线稳固的基岩点、深埋水准点、CPⅠ、CPⅡ和二等水准点，如需增设时应按国家二等水准测量的相关要求执行。工作基点应选在稳定区域，在监测期间稳定不变，测量冻胀变形观测点时作为高程和坐标的传递点。冻胀变形观测桩应与路基面变形同步，具有足够的稳定性。观测标志可采用长度不小于100 mm，直径15～20 mm的不锈钢钎，应露出表面3～5 mm，且标头平滑。

路基表面监测点可设置于路肩或路基中心等位置。轨道变形监测点可设置于凸台、底座板或轨道板边缘，轨面冻胀变形可做好标记后直接测量，不需另设观测点。一般情况下，单个横断面布设监测点应兼顾左右侧路肩、路基中心及轨道，且监测点不宜少于3个（见图8.1）。

路基冻胀变形监测断面布置应根据地质、水文条件以及路基结构形式等具体情况确定，沿线路方向间距一般不大于50 m，对于地质条件良好、路基结构防冻性能较好或地下水不发育、降雨较少的段落可放宽到100 m，对于地形、地质条件复杂、地下水发育、降雨丰富的段落应适当加密。每个路基观测单元应布设不少于 3 个监测断面。路基与横向结构物过渡段应布设不小于 3 个断面，其中涵洞顶埋设 1 个断面，涵洞中心两侧各埋设 1 个断面，一般在其边墙外 5 m 左右(见图 8.2)。路桥过渡段应布设不小于 3 个断面，分别设置于桥台、距离桥台 5～10 m 及 20～30 m(见图 8.3)。路隧过渡段应布设不小于 3 个断面，分别布设于隧道仰拱、距离隧道结构 5～10 m 及 20～30 m(见图 8.4)。

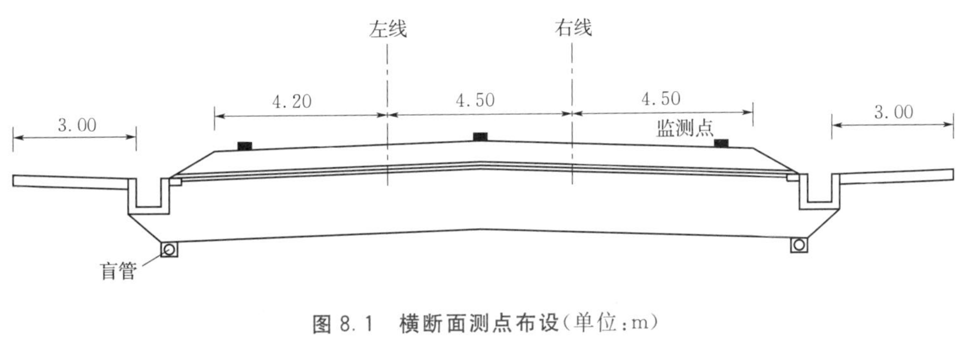

图 8.1 横断面测点布设(单位：m)

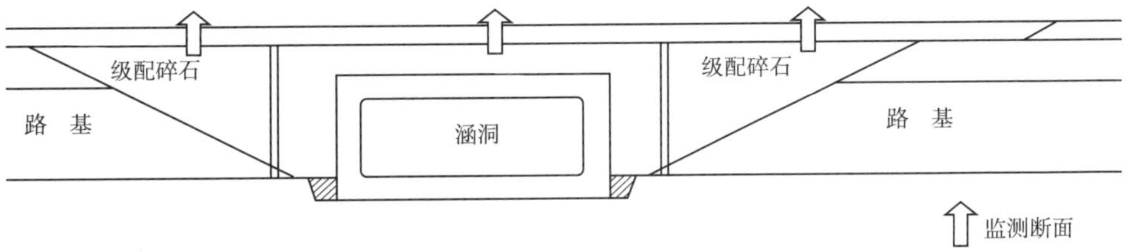

级配碎石
级配碎石
路 基
涵洞
路 基
监测断面

图 8.2 路涵过渡段断面布设

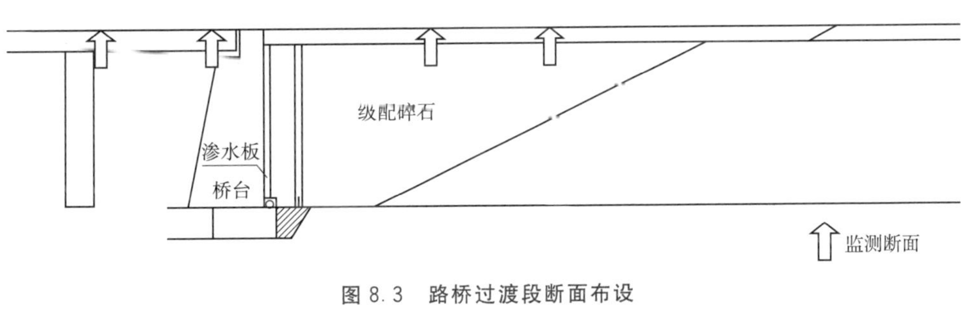

图 8.3 路桥过渡段断面布设

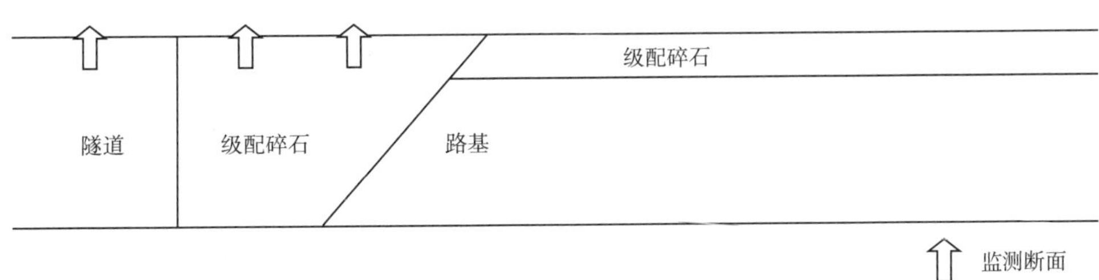

图 8.4 路隧过渡段断面布设

路基表面冻胀变形监测应根据当地气象条件，在临近地层冻结之前开展监测工作，获取首期观测值。每个冻融周期监测次数不应少于 3 次，应包括地层冻结前、后及冻胀峰值。在冻胀监测实施过程中，应结合自动监测结果确定观测时机，当出现冻胀变形值突变、地下水变化及降雨等外部环境变化时应增加观测频次。

观测结果应采用统一的路基冻胀监测记录表格，及时记录和整理监测数据，监测资料应齐全、详细、规范，及时整理、汇总、分析冻胀监测资料，绘制监测标志点的时间—冻胀量曲线，分析路基冻胀发展规律。结合其他监测成果综合分析与评估，编写观测评估报告。

8.3 冻胀自动监测

路基冻胀变形受路基结构、组分、温度、水分、地下水位等因素的综合影响而大小不同，随着传感器技术、无线通信技术的日趋成熟，自动监测在路基冻胀方面的应用得以实现。路基冻胀常见的自动监测内容主要有冻胀变形、地温、水位、含水量等。其中，冻胀变形采用冻胀计监测路基不同深度范围内的垂向变形，采用静力水准仪监测路基面相对于基准点的垂向变形；地温采用温度计监测路基不同深度的地温，根据地温可计算冻结深度；采用孔隙水压力计监测地基以下水位高程；采用含水量计（土壤湿度计）监测路基不同深度填料含水量。自动监测地下元器件如图 8.5 所示。

图 8.5 冻胀自动监测地下元器件示意图

8.3.1 变形监测

变形自动监测适用于铁路路基不同深度的冻胀与融沉变形监测，可采用冻胀计或静力水准仪（物位计）结合自动采集及传输系统监测。冻胀计适用于路基不同深度的分层冻胀监测，静力水准仪（物位计）适用于路基表层不同方向的连续冻胀监测。冻胀计主要由法兰盘、锚固端、电测位移传感器及测杆等部件组成（见图 8.6），将锚固端设置在相对不动点，法兰盘设置在监测高程，利用法兰盘与地基同步变形，使电测位移传感器内部发生相对滑移，实现冻胀变形监测的目的。静力水准仪（物位计）（见图 8.7）是利用连通器原理，将多个储液罐测点通过连通管连接，将其中一个储液罐测点作为基准点固定在不产生冻胀变形的稳固的基岩、建筑物或构筑物上，通过测量不同储液罐测点的液面高度（或液体与气体压力差值），经过计算可得各个测点与基准测点的相对差异变形。

传感器、采集箱、电线及连接件等必须具有足够强度、抗腐蚀性和耐久性，并具有抗振及抗冲击性能。传感器正常工作的环境温度，其高温界限应不低于被监测区近十年内极端最高温度的 1.2 倍，其低温界限应不大于被监测区近十年内极端最低温度的 1.2 倍。静力水准仪（物位计）内液体应采用具有较低冰点与体积膨胀系数的溶液，冰点宜小于 −80 ℃，体积膨胀系数宜小于 10^{-3}/℃。冻胀计测杆应采用具有较低线膨胀系数的材质，宜小于 10^{-5}/℃。静力水准仪（物位计）传感器分辨率不应大于 0.01%(F.S)，精度为±0.1%(F.S)。冻胀计传感器分辨率不应大于 0.01 mm，精度为±0.1 mm。静力水准仪（物位计）沿线路方向布设时，量程选择除考虑监测地层理论冻胀变形量，还应同时考虑线路坡度影响，量程宜选择监测地层理论冻胀变形量及监测段落垂向距离之和的 1.5 倍～2.0 倍。冻胀计量程宜选择监测地层理论冻胀变形量的 1.5 倍～2.0 倍。静力水准仪、冻胀计及采集设备埋设前应由专业质检部门标定并出具检定报告。

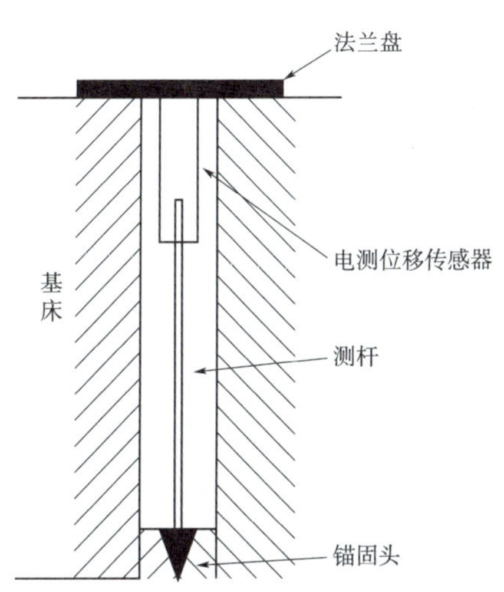

图 8.6 冻胀计示意图

图 8.7 静力水准仪现场安装图

自动监测点可设置于路肩、底座板、路基中心、轨道结构下部等位置。监测仪器应在铁路建设期的非冻胀季节安装埋设及调试。自动监测仪器安装前后均应检验，安装前应检验传感器标定结果，安装后应检验传感器工作状态是否正常。埋设时回填土性状应与周围土体保持一致，分层夯实，每层厚度不大于 20 cm，并保证传感器接触面应与路基土体接触紧密。传感器埋设后 3～5 天内，其上部表层不能碾压，待静置时间后应检验性观测 5～10 次，并保留检验记录，待数据稳定后开始正式监测。自动监测数据传输与采集系统应固定在混凝土基础上，并远离轨道放置，路堤地段宜设置在路基坡脚，路堑地段宜设置在堑顶，尽量避免影响正常的路基结构，保证行车安全。做好安装记录，存档，其内容应包括：埋设里程、位置、埋设深度、传感器编号、埋设安装日期、天气状况及安装人员。有关单位应安装自动监测数据接收系统，便于冻胀变形的分析与评估。观测期间应加强仪器保护。

冻胀变形监测初值应在地表冻结前采集确定。监测时间不应少于一个完整的冻融周期。监测频率宜不低于 4 次/天，冻胀变形发展及融沉阶段应加密观测频次。

冻胀监测资料应及时整理、汇总、分析，绘制冻胀变形时程曲线（见图 8.8），排查异常数据，分析冻胀发展规律。

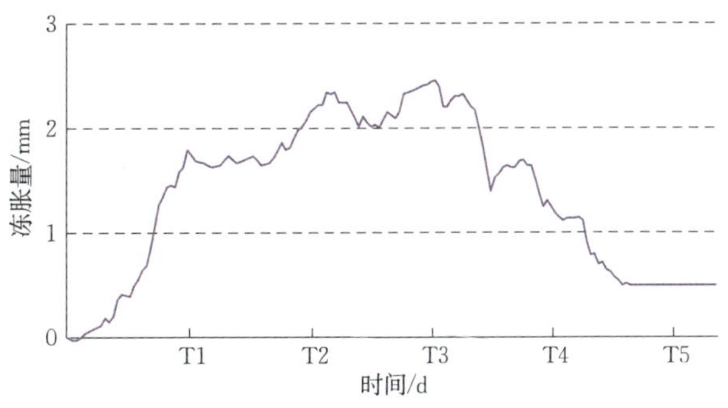

图 8.8 冻胀变形时程曲线图

8.3.2 地温监测

地温监测适用于铁路路基不同深度的地层温度监测，应采用温度传感器结合自动采集传输系统自动监测，可采用热电阻、热电偶等接触式传感器。

传感器、采集箱、电线及连接件等必须具有足够强度、抗腐蚀性和耐久性，并具有抗振及抗冲击性能。温度传感器分辨率应不大于 0.05 ℃，精度为±0.1 ℃。温度传感器正常工作的环境温度，其高温界限应不低于被监测区近十年内极端最高气温的 1.2 倍，其低温界限应不大于被监测区近十年内极端最低气温的 1.2 倍。温度传感器及采集设备应由专业质检部门标定并出具检定报告。

地温监测点可设置于路肩、底座板、路基中心、轨道结构下部等位置。监测仪器应在铁路建设期的非冻胀季节安装埋设及调试。传感器布设深度应为监测地点土壤最大冻结深度的 1.5 倍～2 倍。路基基床冻深影响范围内，布设间距宜设置为 10～15 cm，超出冻深影响范围外，布设间距可设置为 30～50 cm。温度传感器埋设时应保持铅直状态，按照设计深度分层埋设，保证传感器与周围土体充分接触，并记录各温度传感器所处深度。埋设时应对温度传感器导线包裹保护，以免回填夯实过程中损坏。地温监测初值应在地表冻结前采集确定监测时间不应少于一个完整的冻融周期。监测频率宜不低于 4 次/天，气温快速变化时期应加密观测频次。

根据路基不同深度温度监测值，可采用插值法按式 8.1 计算冻结深度。

$$H_f = H_{min} - (H_{min} - H_{max}) \cdot T_{min} / (T_{min} - T_{max}) \tag{8.1}$$

式中 H_f——冻结深度；

T_{max}——地温大于 0 ℃中的最小值；

T_{min}——地温小于 0 ℃中的最大值；

H_{max}——温度为 T_{max} 的传感器埋设深度；

H_{min}——温度为 T_{min} 的传感器埋设深度。

地温监测资料应及时整理、汇总、分析，绘制地层温度与冻结深度时程曲线（见图 8.9 和图 8.10），排查异常数据，分析地温及冻深发展规律。

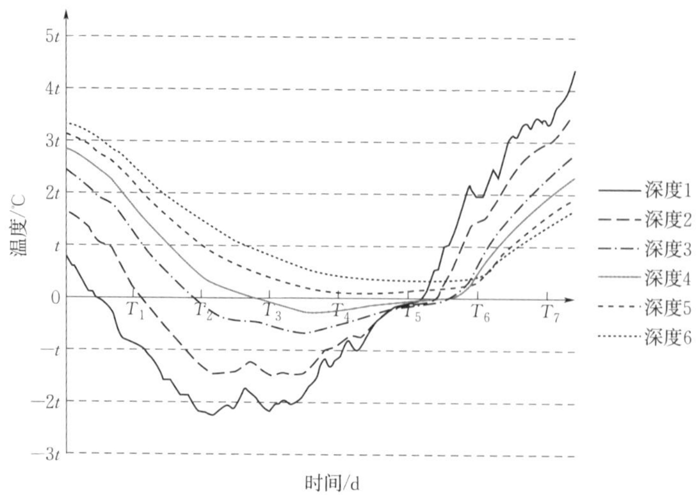

图 8.9 不同深度地温变化时程曲线图

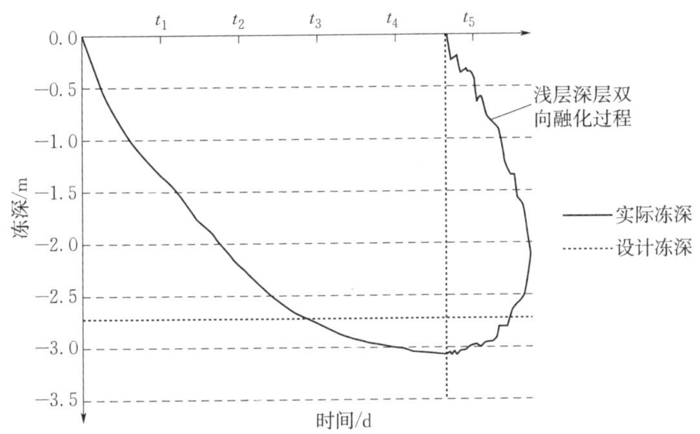

图 8.10 冻结深度变化时程曲线图

8.3.3 水位监测

地下水水位监测适用于铁路路基不同深度的水位监测，应采用水位传感器结合自动采集传输系统自动监测，可采用电压式或电阻式水压敏感集成传感器。

传感器、采集箱、电线及连接件等必须具有足够强度、抗腐蚀性和耐久性，并具有抗振及抗冲击性能，分辨率应不大于 0.01%(F.S)，精度为±0.1%(F.S)，量程宜选择监测地段水位变幅最大值与埋设时水位孔内水深之和的 1.5 倍～2.0 倍。水位传感器及采集设备应由专业质检部门标定并出具检定报告。

地下水储量丰富，水位变幅大或低洼地带等易集水区域应做地下水水位监测，水位监测点可设置于路基坡脚外，布设深度应距稳定水位面以下当地水位变幅的 1.5 倍～2.0 倍。监测仪器应在铁路建设期的非冻胀季节安装埋设及调试，应选择无雨雪天气成孔及埋设套筒，套筒底部及筒壁上需有小孔，外侧包裹渗水土工布，防止泥沙堵塞渗水孔。将水位传感器放置于套筒内设计深度处，导线上端与套筒固定，并连接采集系统。水位计安装完成 48 h 后，待水位稳定后开始记录。监测时间不应少于一个完整的冻融周期。监测频率宜不低于 1 次/周，如降雨或水位变幅较大时，应加密观测频次。

根据水位传感器测得的地下水水位高程可按式(8.2)计算。

$$H_w = H_k - (L - H) \tag{8.2}$$

式中 H_w——水位高程；

H_k——孔口高程；

H——大气压力误差影响修正后水位值；

L——孔口至水位传感器距离。

地下水水位监测资料应及时整理、汇总、分析，绘制地下水水位变化时程曲线(见图 8.11)，排查异常数据，分析地下水水位变化规律。

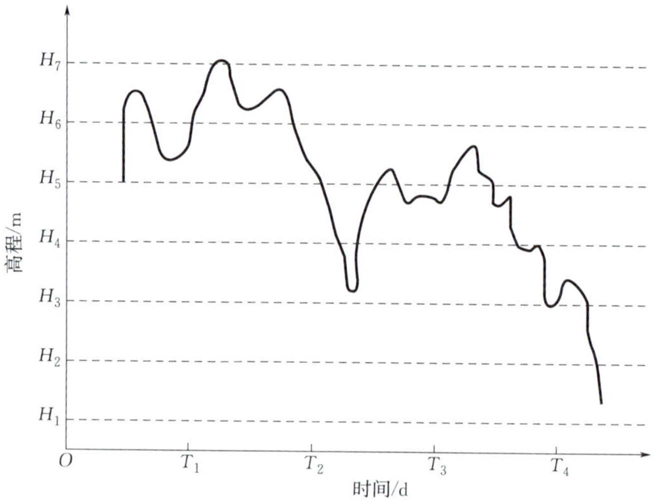

图 8.11 地下水水位变化时程曲线图

8.3.4 含水量监测

含水量监测适用于铁路路基不同深度的填料含水量监测，应采用水分传感器结合自动采集传输系统自动监测。水分传感器是通过测量填料土体的介电常数，直接反应填料土体的水分含量，监测路基填料水分变化情况。

传感器、采集箱、电线及连接件等必须具有足够强度、抗腐蚀性和耐久性，并具有抗振及抗冲击性能，分辨率应不大于 0.1%，精度为±2%，量程应为 0～100%。水分传感器及采集设备应由专业质检部门标定并出具检定报告。

含水量监测点可设置于路肩、底座板、路基中心、轨道结构下部等位置，应根据地层岩性及厚度确定水分传感器垂向布设间距，垂向布设间距一般采用 50 cm，监测范围内地层变化大时应适当加密。监测仪器应在铁路建设期的非冻胀季节安装埋设及调试，应选择无雨雪天气成孔及埋设。应测试埋设水分传感器位置的土层原位含水率。水分传感器安装完成 48 h 后，待读数稳定后开始记录。监测时间不应少于一个完整的冻融周期。监测频率宜不低于 1 次/周，如降雨或水位变幅较大时，应加密观测频次。

含水量监测资料应及时整理、汇总、分析，绘制含水量变化时程曲线(见图 8.12)，排查异常数据，分析含水量变化规律。

除上述几种常见监测类型外，还有降雨量监测、气温监测等。自动监测工点布设传感器类型多、数量多，一般呈三维空间分布，监测方案设计时需要提供平面布设图、横断面布设图、纵断面布设图、三维效果图等多种视图，常见的布设图为平面布设图和横断面布设图，如图 8.13 所示。

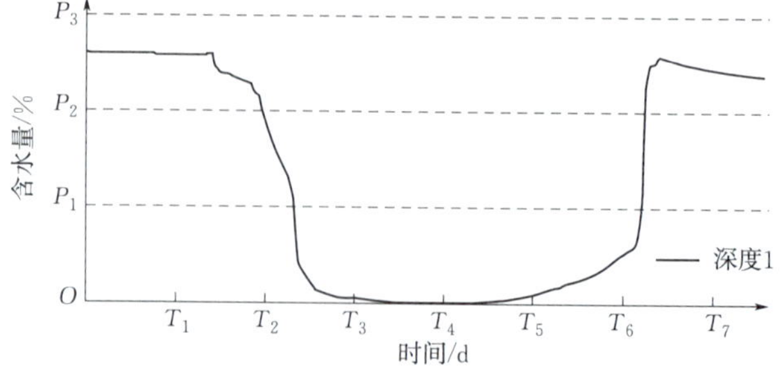

图 8.12 含水量变化时程曲线图

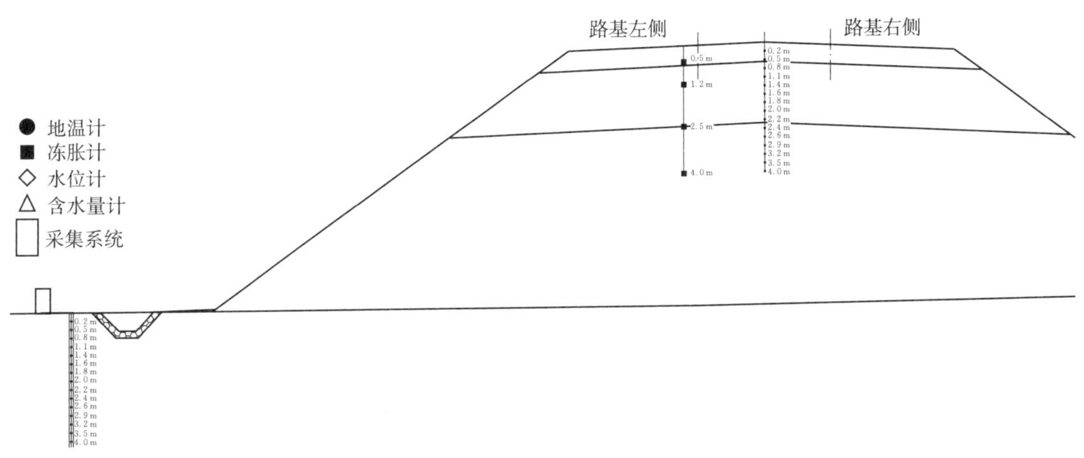

图 8.13 自动监测横断面布设示意图

8.4 轨道动态检测

当路基冻胀影响轨道状态时，应采用轨道动态检测手段。轨道动态检测适用于标准轨距铁路的轨道几何状态动态检测，其他铁路如各种宽轨、米轨等宜参照使用。通过测量轨道几何状态，识别轨道病害，并监控轨道病害发展规律，指导轨道养护维修。其基本原理是采用捷联式惯性基准法与非接触式测量相结合的方法，将惯性传感器和激光摄像系统安装在综合检测列车的不同位置，激光摄像系统测量钢轨相对于检测梁的横向和纵向位移；加速度计、陀螺、位移计等多种传感器测量车体和检测梁的姿态变化。将需要检测的位移、速度、加速度等物理量转换为相应的电模拟信号，通过信号转接及监视单元输入到信号处理单元。信号处理单元将信号放大和模拟滤波处理后再经过信号转接及监视单元输入到数据采集和处理计算机。该计算机对输入模拟信号进行 A/D 模数转换、存储、数字滤波、修正以及补偿处理，经过综合运算，合成得到所需轨道几何参数。测量内容包括高低、轨向、轨距、水平、三角坑(扭曲)、复合不平顺、轨距变化率、车体垂向加速度、车体横向加速度等检测项目。

寒区综合检测列车应满足-40 ℃～$+50$ ℃环境条件下正常工作，轨道检测系统技术指标应符合相关规定。检测速度按线路实际运营速度检测，检测标准按批复的线路运营速度评价。轨道动态检测冻融期相较非冻融期应加密检测。检测过程中，由于天气(阳光、雨雪)以及其他干扰等原因产生的不能真实反映实际轨道几何状态的检测结果，应予以剔除，不应纳入评价结果。

偏差等级由检测波形超过Ⅰ级管理值的极值与管理值间的大小关系决定，例如图 8.14 中 A 点峰值不超管理值；B 点偏差等级为Ⅰ级；C 点偏差等级为Ⅱ级，依此类推。B、C 点偏差峰值为相对于基线的极值大小 V。偏差长度指某偏差处所检测波形从超过Ⅰ级管理值开始到回到Ⅰ级管理值为止间的距离，例如：B、C 点偏差长度为图 8.14 中 L。

数据输出应以波形图的方式显示和存储轨道几何参数。用户操作可浏览任意里程位置的波形图，对比历史波形，通过波形图测量幅值大小，连续实时显示所有检测和统计分析结

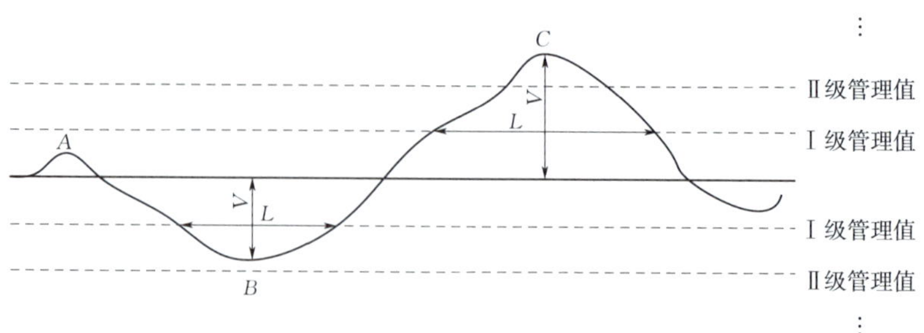

图 8.14 局部峰值偏差等级和长度确定方法示意图

果，包括但不限于检测波形、统计图表等，对轨道几何偏差编辑和统计分析，根据用户输入条件，提供自动查询、统计计算、打印以及显示各种报表。

数据报表应满足如下要点：

(1)轨道几何偏差报告：包括偏差的位置、峰值、长度、轨道类型(圆/缓/直)、当时车速等；

(2)轨道质量指数报告：按指定的区段对轨道几何单项标准差和轨道质量指数统计汇总；

(3)曲线报告：包括曲线特征点位置、曲线长度、平均半径、平均加宽、平均超高等；

(4)公里小结报告：以公里为单元的统计报表(包括偏差类型、等级和长度等)；

(5)区段汇总报告：轨道区段的汇总统计报告表(包括偏差类型、等级的个数统计、扣分统计和轨道质量指数统计)。

轨道几何状态动态验收评价采用局部峰值和区段轨道质量指数两种评价模式。高速铁路轨道几何状态局部峰值、区段轨道质量指数动态验收项目和验收管理值应符合相关规定。

局部峰值以整公里为单位评价，要求检测结果不应出现验收Ⅱ级偏差，同时除轨距外每公里线路出现单项验收Ⅰ级偏差长度不应大于5%；区段轨道质量指数评价要求正线轨道质量指数不应出现验收Ⅱ级偏差，出现验收Ⅰ级偏差个数不应大于5%。

高速铁路按线路允许速度评价，轨道几何状态动态运营评价采用局部峰值和区段轨道质量指数两种评价模式。其中局部峰值动态评价采用四级管理，Ⅰ级为经常保养管理值，Ⅱ级为计划维修管理值，Ⅲ级为临时补修管理值，Ⅳ级为限速管理值。

8.5 冻胀监测布设

铁路路基是在原始地形地貌基础上改造的产物，自身的热力学性质及水理特征与地基及周围岩土体不同，因此采用相同设计标准的路基沿线路里程上具有一些共性。在季节性冻土区，路基的温度场、水分场与周围环境相互作用密切相关，而空间环境差异会导致路基沿线路里程上物化性质的不同。根据路基冻胀监测布设原则，采用多种监测手段获取路基冻胀变形及相关因子数据，分析其发展及变化规律，从而指导路基防冻胀设计和冻胀病害治理。

路基冻胀监测布设对监测数据质量、冻胀规律分析具有重要影响。由于路基冻胀受地形地貌、岩土体物理力学性质及结构、路基工程特性(填挖高度、填料类型、路基结构、施工现状等)、气温、地表水和地下水等诸多因素的影响，具体到项目时，监测点的空间分布应根据项目所处环境以及涉及的主要影响因素量化结果和评价模型分区分级后确定。

8.5.1 不同冻深区监测布设

冻结深度受地表温度和岩土体湿度(含水量)影响。地表温度因大气温度、地形地貌、风力风向等外在因素而不同,岩土体含水率因自身内部结构、组成成分和外部因素如地表降水、地下水迁移等方式补给而存在差异。一般而言,气温越低的区域地表温度越低。岩土体含水量与温度存在一定的线性关系,线性参数因地区和季节存在差异,总体趋势是温度越低,其含水量越高,这是由于水与其他介质热力学性质差异较大,水的比热较大。地表温度的空间分布特征是大气温度和地表含水率等主要因素共同作用的结果,是控制区域冻结深度空间分布的间接因素。路基填料经过改良,其导热系数、内部结构、含水量等特征不同于自然界岩土体,因此路基冻结深度空间分布不同于岩土体冻结深度空间分布。但由于大气温度与地表温度有较强的相关性,路基填料与周围岩土体水分相互迁移、长期作用,在一定程度上路基冻结深度与岩土体冻结深度在空间分布上具有相同的趋势而数值有一定差异。因此地表温度和含水量的空间分布在一定程度上可以由大气温度的空间分布间接反映,具有借鉴意义。

我国季节性冻土地区最大冻结深度大部分(65%)超过 1 m,高纬度地区接近 3 m,为了及时掌握铁路路基冻深变化及分布规律,在布设测点位置和布设深度时应选择具有代表性工点。根据冻深分区,在每个冻深区内均布设测点。一定的冻深是冻胀形成的必要而不充分条件,为了与其他因素(如含水量、路基工点类型等)对比分析,在相同冻深区不同部位也要布设测点,部位的选择主要根据影响冻胀变形的其他因素确定。由于路基填料导热性与天然岩土体不同,根据既有项目监测经验,建议监测深度超过多年最大冻深 1 m。

8.5.2 不同地形、地质及水文条件监测布设

地形条件对地表降水径流模式、排水积水区分布具有控制作用,地势低洼易形成积水区,地势高凸排水通畅,地势平缓排水缓慢,斜坡坡度大则排水较快。路堑在地形上不利于排水,尤其是长大路堑,路基设计时两侧排水沟或渗水盲沟坡度较小而不利于及时排水,入冬以前降雨频繁地区路基填料含水量较大,进入冬季快速降温,表层至一定深度形成冻结层锁住水分,极易产生冻胀变形。地势低洼地区地表水和地下水往往比较丰富,土壤含水率较大,在这种地形修建低矮路堤往往容易产生明显的冻胀变形。

不同岩土体特性及构造的差异形成内部组成和结构差异,包括粒径大小及组合、孔隙发育程度、节理裂隙发育程度等,从而影响岩土体含水量和水分迁移速率。

水文条件在一定程度上反映了岩土体结构发育程度,同时也反映了不同区域不同深度富水条件,当地下水水位较高时,在冬季冻深线附近,地下水为冻结层源源不断提供水分(水分迁移),从而使冻胀变形逐渐增大。

同一时间,在东北小兴安岭地区植被发育的林区比非林区更冷,这是因为林区大多被森林、灌木等覆盖,对太阳热辐射有减弱作用,地表获取的热量相对较少,另外,林区形成的微气候有利于水土保持,土壤含水率比其他地方相对较高,因此林区路基更易发生冻胀。

特殊路基段落(如低矮路基、浸水路基、长大路堑、膨胀土路基、半填半挖路基)受地形地貌、地层岩性、水文地质等因素影响较大,是产生冻胀变形概率较大的段落,在监测布设时应

重点监测、长期监测和加密监测，尤其是冻胀主要因子的监测。因此，监测点布设应选择地势低洼、排水困难、地表水丰富、地下水水位高、岩土体含水量较大、植被覆盖较高等冻胀敏感因子控制的路基段落和关键部位，尤其是多种因子组合的部位，这是铁路路基冻胀产生的外部环境。针对路基本体，在非冻胀期(入冬前)查明路基垂向细颗粒含量分布以及含水量分布状态，根据不同层位岩土分类及含水量状态，参考“季节冻土季节融化层土的冻胀性分类”确定冻胀类别，重点对强冻胀区域监测。

8.5.3　不同路基结构监测布设

在严寒区，不同路基结构冻胀特性和冻胀机理一般不同。无砟路基主要表现为混凝土结构的变形，其物理力学性质相对单一，几何形态简单，监测点布设一般考虑在混凝土基床中心和四周布设温度传感器、应力传感器、位移传感器等。有砟路基冻胀影响因素多，路基填料物理力学性质垂向差异大，受外部环境影响大，尤其是降雨和地下水对路基填料含水量的影响，因此监测点布设一般采用多部位分层布设，多类型综合监测。无论是有砟还是无砟路基，在桥台、涵洞、隧道进出口与路基的过渡段缺口两侧易发生差异冻胀变形，这些结构监测点布设在缺口两侧更合理。

8.5.4　不同路基部位监测布设

不同路基部位受外界环境影响产生冻胀变形大小往往存在差异。路堤阳坡面比阴坡面接受太阳辐射的强度高，获取热量多，因此阳坡一侧路基冻深相对小，阴坡一侧路基冻深相对大；路堑阳坡面一侧获得太阳辐射时间长强度高，其冻深相对小，阴坡面冻深相对大，这种阴阳坡差异导致的冻深差异还与路基填挖高度、填料导热性等因素有关，填挖高度越大，导热性越差，冻深差异越大(见图 8.15)。阳坡面路基表层积雪融化后对表层填料的水分起到

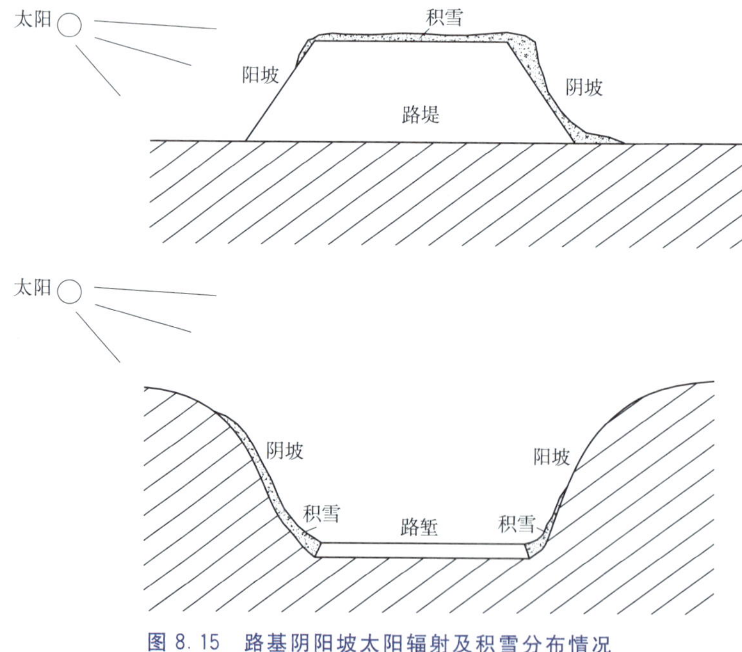

图 8.15　路基阴阳坡太阳辐射及积雪分布情况

一定的补充作用，当到达一定深度由于冻结层的阻断而难以下渗，冻胀期现场清理路基表层积雪下部可见一层薄冰。

路基中心与路基两侧冻胀变形不一致，一方面路基两侧在表面和侧面两个方向热传递，中心仅从表面传递，因此路基中心比两侧冷热变化慢，冻深相对小，另一方面路基两侧填料含水率受环境的影响更明显，尤其是路堑地段，地表降雨由路基中心向两侧排水，斜坡汇水至坡底，部分不能及时排走的水会渗入两侧填料。一般而言，路基两侧比中心含水率大。

路基边坡冻胀对防护结构的破坏不容忽视，影响到边坡稳定性及后期运营安全。边坡含水量较高或地下水出露时，冬季冻胀使岩土体产生很大冻胀力，宏观表现为对支护结构挤压、拉裂、剪切破坏，现场可见两侧侧沟挤压变形、伸缩缝错断，侧沟平台上拱及高差明显的裂缝，挡土墙倾斜、拉裂等破坏现象，同时斜坡岩土体经过冻融循环而变得松散破碎，冰雪融化通过空隙入渗后，物理力学性质发生改变，其稳定性大大降低。

在路基中心和路基两侧布置监测点时可根据这些差异确定布设部位和深度，阴坡面比阳坡面监测深度要大，路基两侧比路基中心监测深度要大，路基两侧比中心含水量监测要加密加深，路基边坡防护结构物连接处、拐点处布设应力应变及压力监测传感器。

8.5.5 监测时间及频次确定

监测时间可根据气温时间变化曲线确定监测开始时间和结束时间，根据每日冻胀变形、气温和地温等监测因子与时间关系曲线确定每天监测时间点。

对于新建铁路，施工期要求冻胀监测指导和控制路基填料施工质量，监测设备的安装和初始数据采集时间的把握是一个重要问题，为了避免或减小监测实施过程中与路基施工的交叉干扰和设备损坏，一般选择在路基施工结束后进场监测，并且在进入冬季前实施监测，才可获取准确的初值，因此需要施工单位与现场监测实施人员密切配合，确定合理的实施方案，抓准时机及时完成监测点的埋设。东北地区10月之后气温下降明显，进入11月开始下雪，大部分地区保持长时间负温，可参考线路经过地区历年气温气象资料，在最早出现负温日期之前完成现场工作。以黑龙江省为例，在11月中旬之前完成现场实施工作即可获得初值。东北地区冬季比较长，一些地区5月份路基开挖仍可见冻土，因此，监测结束时间可根据地温中负温完全消失的一个星期数据作为数据采集节点。

路基冻胀人工水准测量工作量大、周期长、成本高，因此监测频次需要科学把握。为了保证通过较少频次的测量数据获取全线客观真实的冻胀规律，需合理安排现场测量时间，可根据自动监测数据分析冻胀周期内累计变形量发展规律确定关键点，如初始值、冻胀初期变形快速增加后最大值、稳定期最大值、融化期变形快速减小后最小值、冻胀变形回落的残余变形值等。自动监测理论上可实现高频次采集，由于冬季供电能力和蓄电能力、数据采集模块工作性能、数据无线传输及后期数据处理等因素影响，并不是采集频次越高越好，而且过分密集的数据也没有现实意义，建议自动监测每天采集频次不少于4次(昼夜的极值)，不宜多于144次(时间间隔10 min)。人工水准测量考虑成本和冻胀变形规律，一般一个冻胀周期采集频次为4～7次。

8.6 冻胀监测数据分析

监测数据由于在获取过程中受外部环境和传感器自身工作性能影响常出现异常值，在进行数据分析之前需对异常值进行剔除，一般采用莱以特(3σ)准则、格罗布斯(Grubbs)准则、狄克逊(Dixon)准则等方法中的一种或多种组合。

水准观测数据分析主要是为了总体把控沿线路基冻胀空间分布特征，结合路基工点类型、结构形式、填挖高度、里程、侧别、地形地貌、地下水分布等属性信息分析冻胀特性。分析内容较多，主要包括：不同冻胀范围测点占比统计分析，最大冻胀变形随里程的分布，各路基段落冻胀较大测点发生的里程位置和侧别，冻胀较大测点连续出现段落统计分析，结合冻深—时间变化曲线分析各路基段落冻胀较大测点取得最大值的冻结深度，冻胀较大测点不同期次冻胀量分布，不同工点类型冻胀较大测点占比对比分析，不同侧别冻胀较大测点占比对比分析等。

自动监测通过传感器感知路基冻胀变形和影响因子的时间连续数据，主要是为了综合分析路基冻胀机理、冻胀原因和冻胀规律。分析内容包括单因素分析和综合分析两大类。结合监测传感器类型，分析内容主要包括：同一工点同一侧别不同深度冻胀变形随时间变化特征，同一工点不同侧别同一深度冻胀变形随时间变化特征，同一深度同一侧别冻胀变形随时间变化特征，同一工点同一侧别不同里程冻胀变形随时间变化特征(静力水准监测)，不同工点不同测点冻胀最大值统计分析，局部气温随时间变化特征，冻结指数计算与统计分析，不同工点气温和冻结指数特征值统计分析，同一测站不同深度地温随时间变化特征，同一时间地温随深度变化特征，同一工点不同侧别冻深随时间变化特征，不同工点不同侧别冻深最大值统计分析，同一工点同一侧别不同深度含水量随时间变化特征，同一工点不同侧别同一深度含水量随时间变化特征，不同工点不同测点含水量特征值统计分析，不同工点地下水水位随时间变化特征，不同工点地下水水位特征值统计分析等。

冻胀变形是多种影响因素共同作用下的结果，采用多因子叠加分析、因子相关性分析、因子敏感性分析等综合分析方法更能准确全面反映冻胀机理、规律和冻胀原因。由于路基冻胀机理比较复杂，受多种因子在时间和空间维度的组合影响，现有监测手段不能获取所有影响因子在冻胀周期内的变化特征，在分析过程中应当关注主要影响因子对冻胀的作用。

路基冻胀监测评价主要针对全线路基冻胀空间分布、发生位置、发生时间、影响因素进行综合评价，为路基冻害整治、施工质量控制和防冻胀优化设计提供可靠参考。根据线路等级，参考相关技术规范制定合理的评价原则，结合监测数据分析结果进行不同路基段落定量评价，典型段落可根据路基设计参数、岩土及结构参数和监测数据进行数值模拟和参数反演，必要时进行重点段落现场调查和填料核查，结合勘察资料、设计资料和施工资料进行路基冻胀综合评价，编制监测数据分析与评价报告。

轨道动态检测数据主要是为了识别轨道病害，并监控轨道病害发展规律，指导轨道养护维修。测量内容包括高低、轨向、轨距、水平、三角坑(扭曲)、复合不平顺、轨距变化率、车体垂向加速度、车体横向加速度等检测项目。分析内容包括局部峰值偏差等级和长度的确定、轨道质量指数计算。轨道几何状态动态验收评价采用局部峰值和区段轨道质量指数两种评价模式。

高速铁路路基冻胀综合监测是准确评价冻胀的关键技术，水准观测、自动监测和轨道动态检测三种技术方法相辅相成，实践中需结合项目所处的地形地质特点确定冻胀监测方案、布设监测点，确定监测周期与频次，对冻胀监测数据综合分析、综合评价。

9 寒冷地区高速铁路建造工程实例

9.1 哈大高速铁路

哈大高铁是我国在高纬度高寒地区自主设计、建造的第一条无砟轨道高速铁路，项目地处高纬度地区，冬季寒冷且漫长（六个月），季节性冻深大且范围广，土的冻胀敏感性高且沿线均布，地（表）下水丰富且埋深浅。为了攻克哈大高铁路基防冻胀工程难题，开展了很多项重大、重点课题，取得了丰硕成果，并在滨绥线成高子站设立了严寒地区无砟轨道试验段路基冻胀防治试验段，开展了高速铁路防冻胀技术综合研究，为哈大高铁设计奠定了扎实的基础。在建设过程中对冻胀控制的认识不断深入、防治措施不断完善，哈大高铁于 2012 年 12 月 1 日正式开通运营，历经了 10 个冬季严寒气候条件的考验，路基冻胀得到了明显抑制，高铁运营安全平稳。

9.1.1 自然条件及工程概况

东北地区是我国季节冻土分布的主要区域。根据地形地貌及环境条件可将东北地区季节性冻土所处区域划分为：东北东部山地、松嫩平原、辽河平原、东北西部山地和三江平原五个地区，其中哈大高铁大连到大石桥段处于东北东部山地地区，大石桥到公主岭段处于辽河平原地区，公主岭到哈尔滨段处于松嫩平原地区。

哈大高铁南起滨海城市大连，经辽宁省营口、鞍山、辽阳、沈阳、铁岭，吉林省四平、长春、松原，终止黑龙江省会哈尔滨，线路纵贯东北三省，途径三个省会城市和七个地级市及其所辖区县。线路全长 903.939 km，全线共设 23 个车站，桥梁 662.765 km，隧道 9.929 km，路基长 231.245 km，其中无砟轨道路基长 181.97 km，无砟轨道路基中，路堤长 111.95 km，路堑长 70.02 km。

各区地形地貌、地层岩性、气象和地下水位情况见表 9.1。

表 9.1 东北地区地理地质环境

地区	自然特征					
	地形地貌	地层岩性	年平均气温 /℃	年平均降雨量 /mm	标准冻深 /cm	地下水埋深 /m
东北东部山地	低山丘陵为主，其次为冲积平原和沼泽	黏性土、砂性土、粗粒岩	0～10	600～1 200，牡丹江一带 >800	80～250	>0，洼地、谷地 1～1.5
辽河平原	冲积平原或滨海平原	冲积黏性土和滨海软土	5～9	600～800	80～120	1～2，海滨<1

续上表

地区	自然特征					
	地形地貌	地层岩性	年平均气温 /℃	年平均降雨量 /mm	标准冻深 /cm	地下水埋深 /m
松嫩平原	冲积平原、河流阶地或洪积扇	黏性土、内陆软土	0～5	400～600	120～240	>3，谷地 1～3
东北西部山地	低山丘陵、冲积平原、河流阶地及沙地	冲积黏性土、砂砾土，粗粒花岗岩、流纹岩	0～10，一月平均气温 −24～−8	400～600，通辽 200～400	100～240	1～3，山前>3
三江平原	平原为主，局部沼泽	黏性土及内陆软土	0～3，一月平均气温 −20～−18	600～800	150～200	<1

高铁沿线主要经过低山缓丘区、剥蚀平原微丘区、滨海平原区、冲洪积平原区等地貌单元，分布有粉土、粉质黏土、黏质黄土、砂砾石土、泥岩夹砂岩、安山岩、花岗岩等。沿线地下水主要有第四系松散堆积层孔隙水、基岩裂隙水和岩溶水。

沿线极端最低温度−39.9 ℃，最大积雪厚度 30 cm，沿线土壤最大冻结深度在 93～205 cm 之间，每年从 10 月开始冻结，次年 4～5 月全部融化，经历时间长达 5～6 个月。

从整个东北地区地形、气候和地质环境来看，具备了路基冻胀发生的条件：

(1)气候寒冷，持续负温环境利于土中孔隙水冻结成冰体，产生冻胀。

(2)入冬前较大降雨，容易渗透路基，增加路基顶层范围内含水量，为产生冻胀提供了水分。

(3)地下水埋深较浅，为冰冻区水分补给提供了条件。

(4)冻深大，可以产生较大的冻胀量。

9.1.2 冻胀防治技术难点

哈大高铁是我国在高纬度寒冷地区建造的第一条无砟轨道高速铁路。规划设计中面临许多技术难题，这些难点表现在：

1. 寒冷地区修建高速铁路缺乏总体认识和技术储备

对建设者而言，在寒冷地区等特殊气候环境下建设高速铁路，无论是理论基础还是技术经验均显储备不足。

2. 高速铁路无砟轨道路基防冻胀设计技术规范和标准尚不完善

在哈大高铁建设之初，高速铁路相关设计规范没有季节性冻土区域针对性的标准和防冻胀系统措施，相关标准要求与高铁变形控制标准不匹配，主要有以下几方面：

(1)土的冻胀敏感性判定，采用《铁路特殊路基设计规范》(TB 10035—2006)中的标准，冻胀率≤1%的土即定义为不冻胀土，对于铺设无砟轨道的高速铁路路基而言，标准过于宽松，不能满足变形敏感的无砟轨道的要求。

(2)无砟轨道向上容许变形量没有准确的规定。规范中对于无砟轨道沉降量控制有明确规定，但向上容许的变形量却没有标准。

(3)无砟轨道路基变形与轨道变形的相互关系没有相关的理论，即针对无砟轨道冻胀和冻害的界定无确切标准。

3. 寒冷地区修建无砟轨道高速铁路路基缺乏工程实践经验

(1)设计方面：哈大高铁设计是在没有国内外类似工程经验可借鉴的条件下开展的，在大量课题研究和工程建设中不断加深认识、积累经验，逐步完善设计措施。

(2)施工管理方面：施工企业也没有寒冷地区无砟轨道路基填筑的施工经验，对于填料细颗粒含量、路基防排水措施等对寒冷地区路基防冻胀的影响认识不足。

(3)施工技术方面：原有规范没有对路基填筑碾压后的细颗粒含量和渗透性能做出规定，施工控制只能对填筑前填料进行检测。路基压实后填料的细颗粒含量和渗透性能控制不明确。类似问题都是在施工中逐渐认识并总结经验，最终细化完善了施工控制标准。

9.1.3 路基防冻胀原则及优化过程

9.1.3.1 路基防冻设计原则

围绕路基冻胀的三个要素(温度、土质、水)采用封排结合的防冻胀原则。

(1)通过控制细颗粒含量提高基床表层填料防冻性能。基床表层级配碎石要求满足颗粒粒径 $d \leqslant 0.075$ mm 含量不大于 5.0%(重量比)，压实后颗粒粒径 $d \leqslant 0.075$ mm 含量不大于 7.0%(重量比)。

(2)基床底层表面增设一层防止表水下渗的两布一膜土工布。在此基础上，最大冻结深度范围基床底层填筑层填料采用《铁路特殊路基设计规范》(TB 10035—2006)规定的Ⅰ级不冻胀填料即颗粒粒径 $d \leqslant 0.075$ mm 含量不大于 15%的 A、B 组填料。

(3)设置防止地表水下渗的纤维混凝土防水层。轨道板底座外边缘至电缆槽采用现浇 6～10 cm 厚的 C25 纤维混凝土。纤维混凝土伸缩缝及与轨道板底座、电缆槽、路基面的其他预埋设备(如接触网基础)的接缝处设塑料薄膜隔离层，并采用热沥青砂浆浇筑。底座间伸缩缝采用聚乙烯泡沫塑料板填塞，上部用沥青软膏或聚氨酯密封。

(4)涵洞周围最大冻结深度影响范围均填筑掺水泥填料。

(5)全线设置完善的排水系统。同时根据不同情况设置排水侧沟、渗管或渗水暗沟。

9.1.3.2 路基防冻胀设计

1. 路堤

基床表层填筑 0.55 m 厚的级配碎石，以下依次为 0.05 m 厚的中粗砂，2.1 m 厚的 A、B 组土，其中冻深影响范围内填筑非冻胀 A、B 组土，基床以下填筑 A、B、C 组土，于中粗砂底部铺设两布一膜不透水土工布，如图 9.1 所示。

2. 低路堤、路堑

(1)弱风化～未风化硬质岩路堑

采用路堤式路堑型式，如图 9.2 所示，路堤高 0.7 m，基床不换填，基床超挖以 C20 混凝土找平，轨道板外侧设置 4%横向排水坡。路基面防水层做法与路堤地段相同。

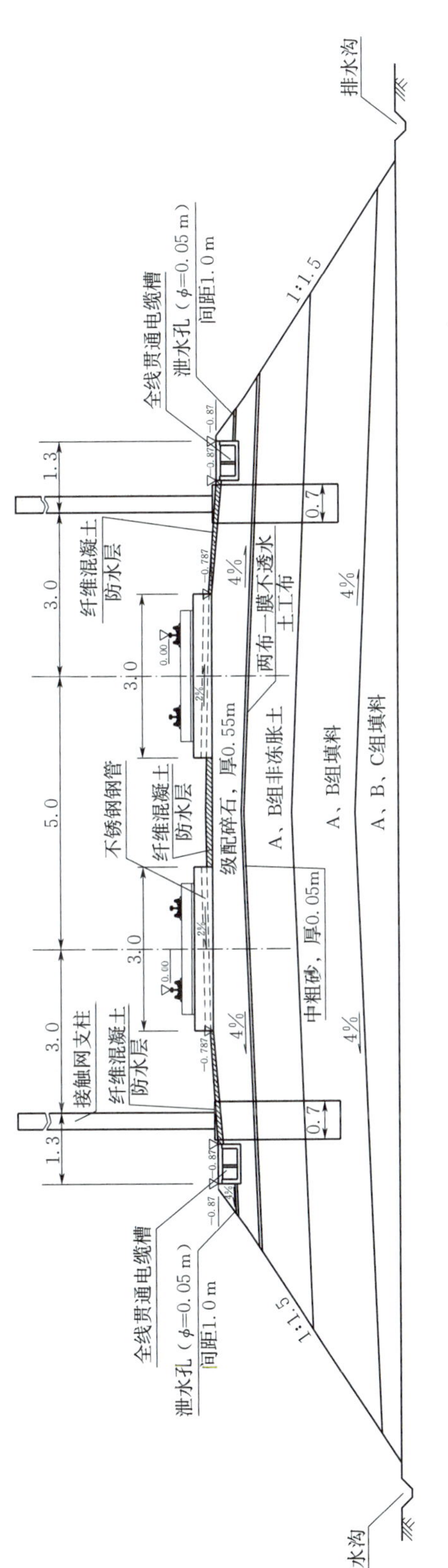

图 9.1 路堤标准横断面(单位：m)

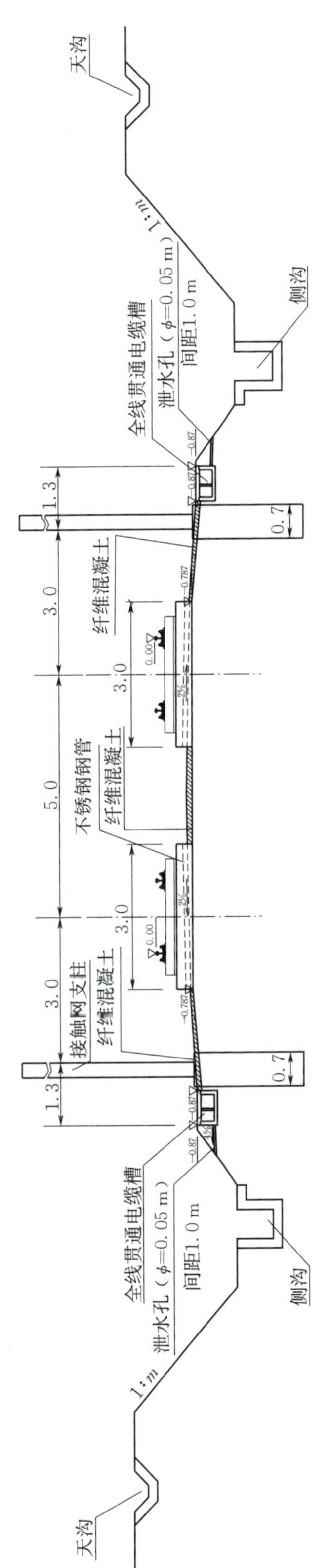

图 9.2 路堑横断面一(单位：m)

(2)弱风化及未风化的泥灰岩和强风化硬质岩路堑

采用路堤式路堑型式(见图 9.3),路堤高 0.7 m,基床表层换填 0.55 m 厚的级配碎石,底部做成 4%的排水坡,以利水排出。

(3)强风化的泥灰岩和弱风化及未风化的泥岩、页岩、泥质砂岩、千枚岩路堑

采用路堤式路堑型式(见图 9.4),路堤高 0.7 m,基床表层换填 0.55 m 厚的级配碎石,以下依次为 0.05 m 厚的中粗砂,1.3 m 厚的 A、B 组土,其中冻深影响范围内填筑非冻胀 A、B 组土。于中粗砂底部铺设两布一膜不透水土工布。换填层底部铺设复合排水网,底部两侧设渗水盲管。

(4)土质、全风化软质岩及全风化的硬质岩路堑

采用路堤式路堑型式(见图 9.5),路堤高 0.7 m,基床表层换填 0.55 m 厚的级配碎石,以下依次为 0.05 m 厚的中粗砂,2.1 m 厚的 A、B 组土,其中冻深影响范围内填筑非冻胀 A、B 组土。于中粗砂底部铺设两布一膜不透水土工布。换填层底部铺设复合排水网,其底部两侧设渗水盲管。

(5)地下水路堑

地下水位较高地段,于两侧侧沟平台下设置渗沟,采取路堤式路堑,土质、全风化软质岩及全风化的硬质岩地段路堤高 1.4 m(见图 9.6),其他地段路堤高 0.7 m(见图 9.7)。基床换填原则与无地下水地段相同。

(6)基床位于岩溶弱发育且岩层为弱风化路堑

基床换填 0.55 m 厚级配碎石;岩溶弱发育且强风化地段基床换填 0.55 m 厚级配碎石,下部换填层总厚度 1.0 m;岩溶中等～强发育地段且岩层为弱风化～强风化地段基床换填 0.55 m 厚级配碎石,下部换填层总厚度 1.0 m,当换填层下部存在溶槽、溶沟、溶孔及溶蚀凹坎等时,应继续向下换填至溶沟、溶槽的底部,最深换填至基床底层底面。

3. 过渡段

(1)路桥过渡段

1)路堤与桥台过渡段

过渡段采用倒梯形(见图 9.8),底宽不小于 5 m,纵向坡度 1∶4,长度不小于 20 m,分层填筑掺加 5%(重量比)水泥的级配碎石。

碎石的级配范围应满足以下要求:颗粒中针状、片状碎石含量不大于 20%;质软、易碎的碎石含量不得超过 10%;黏土团及有机物含量不得超过 2%。

在桥台后填筑 0.1 m 厚无砂混凝土渗水墙,并在基床部位设置混凝土块。混凝土块与过渡段级配碎石间设置由无砂混凝土渗水板、无砂混凝土渗水板基础、渗排水管材(ϕ100 mm)、C20 混凝土基础四部分组成的排水系统,最终由渗排水管材将水引至路基以外。桥台基坑以混凝土回填。

2)路堑与桥台过渡段

当桥台伸入土质、软质岩及强风化硬质岩路堑时(见图 9.9),设置长度不小于 20 m 的刚性过渡段,路基采用级配碎石掺 5%(重量比)水泥填筑,厚度自桥台到路堑由 2.7 m 过渡到 0.4 m。该层级配碎石压实标准同基床表层。施工时基坑开挖边坡应挖成底宽 0.6 m 左右的台阶。桥台基础顶面以下回填混凝土。

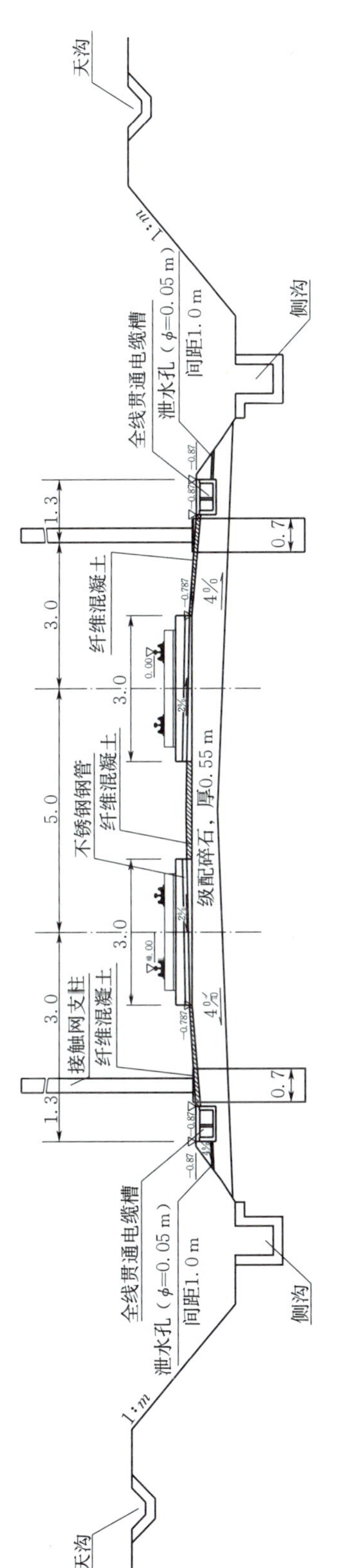

图 9.3 路堑横断面二(单位：m)

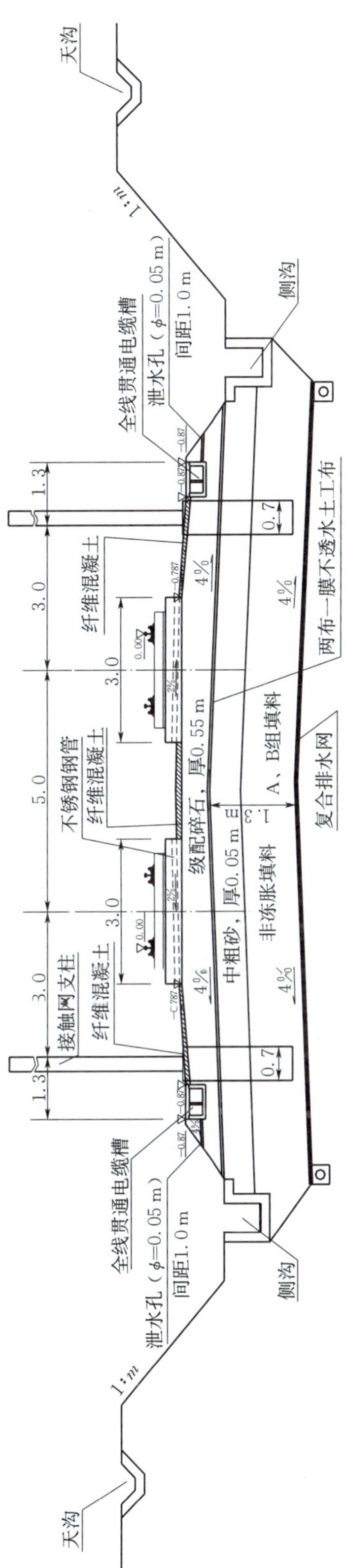

图 9.4 路堑横断面三(单位：m)

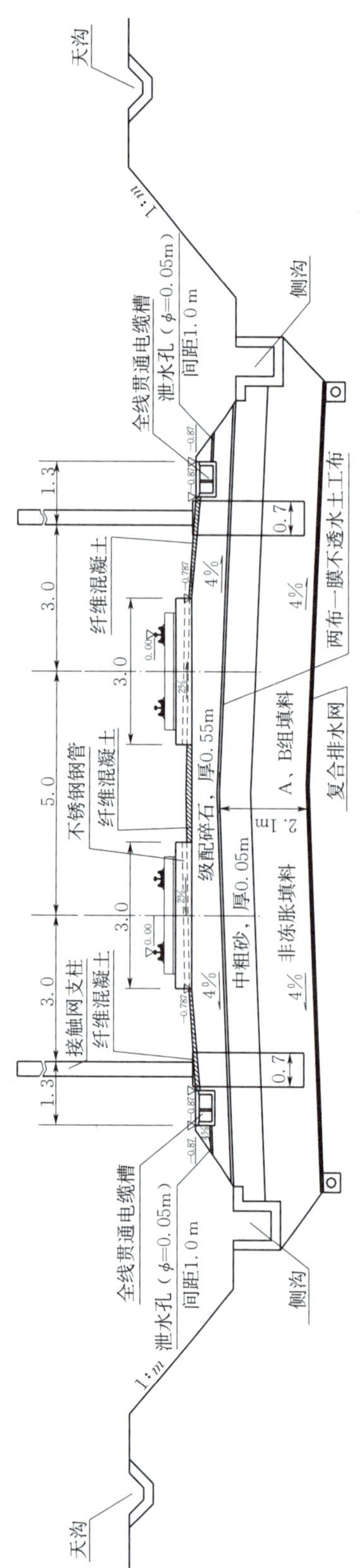

图 9.5 路堑横断面四(单位：m)

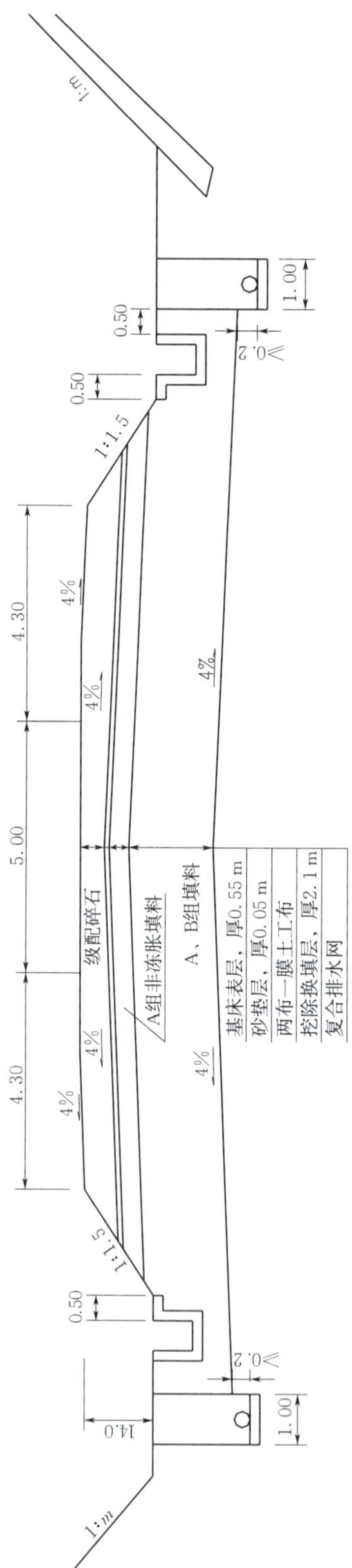

图 9.6 路堑横断面五(单位：m)

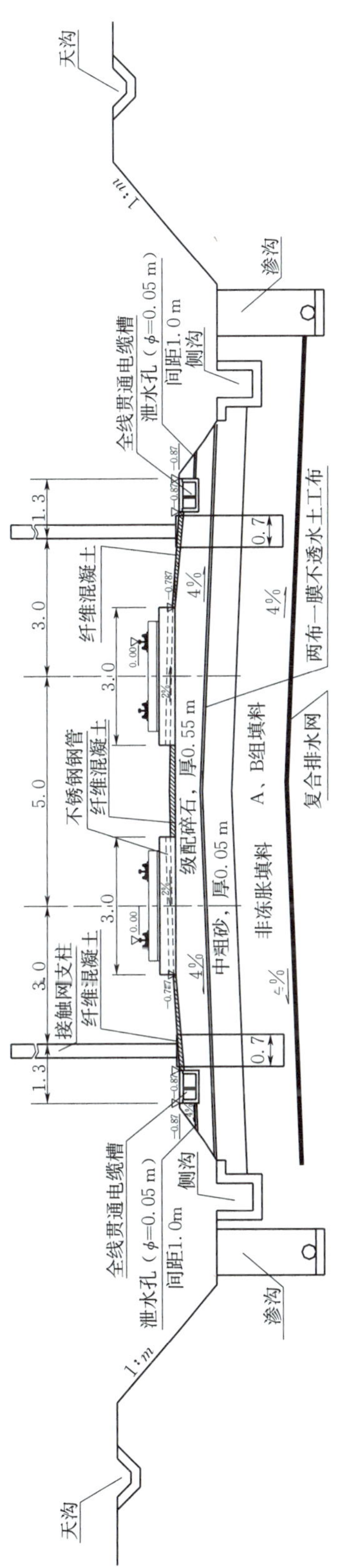

图 9.7 路堑横断面六(单位：m)

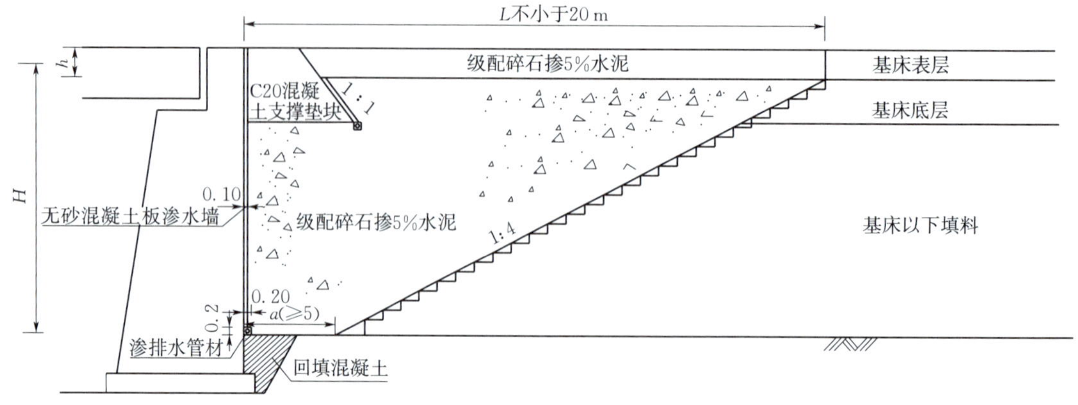

图 9.8 路堤与桥台过渡段(单位:m)

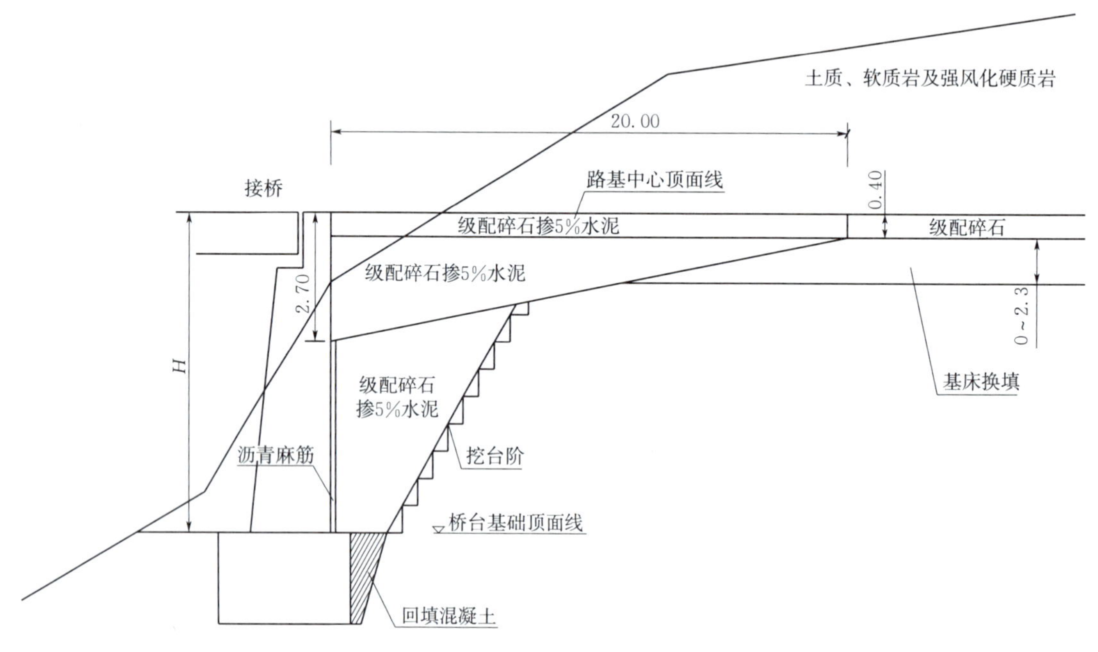

图 9.9 路堑与桥台过渡段一(单位:m)

当桥台伸入弱～微风化硬质岩路堑时(见图 9.10),设置长度不小于 20 m 的刚性过渡段,路基面采用级配碎石掺 5%(重量比)水泥填筑,厚度自桥台到路堑由 2.7 m 过渡到 0.4 m。该层级配碎石压实标准同基床表层,施工时基坑开挖边坡应挖成底宽 0.6 m 左右的台阶。桥台基础顶面以下回填混凝土。

(2)路堤与横向结构物过渡段

过渡段采用倒梯形(见图 9.11),底宽 2 m,纵向坡度 1∶4,长度不小于 20 m。过渡段分层填筑级配碎石掺入 5%(重量比)水泥。结构物顶填土高度大于或等于 2 m 时,于结构物顶部及两侧各 2.0 m 范围填筑 1.5 m 厚的掺 5%(重量比)水泥的级配碎石。

结构物顶填土高度小于 2 m 时(见图 9.12),横向结构物顶面至基床表层范围内填筑级配碎石掺入 5%(重量比)水泥。

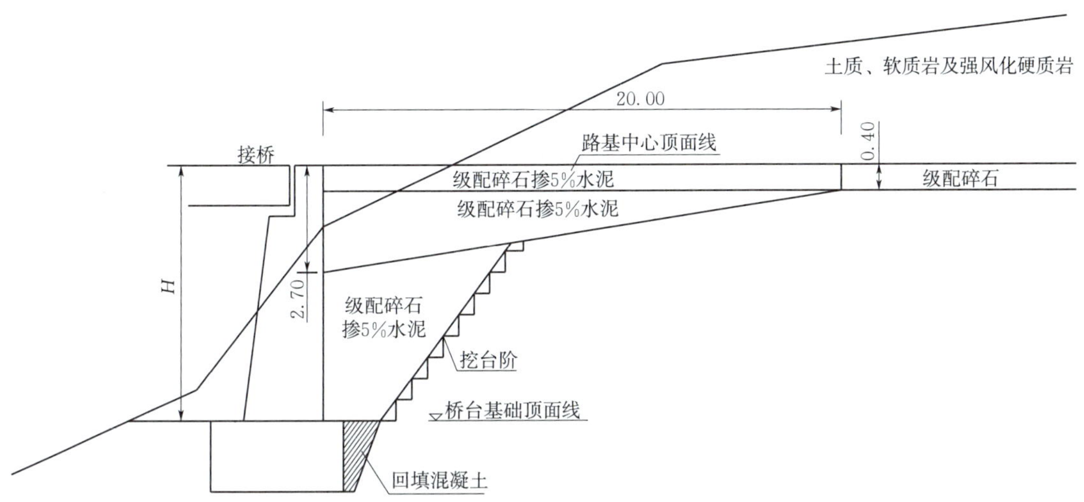

图 9.10　路堑与桥台过渡段二(单位:m)

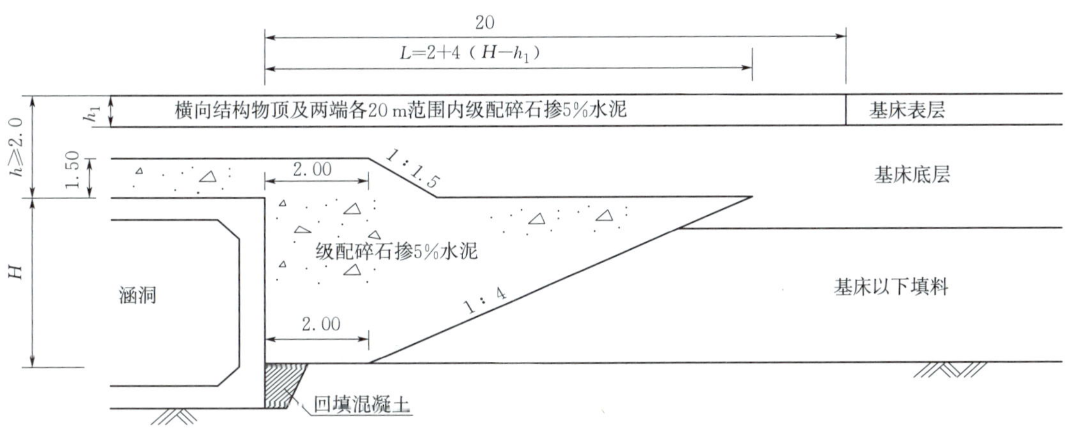

图 9.11　路堤与横向结构物过渡段一(单位:m)

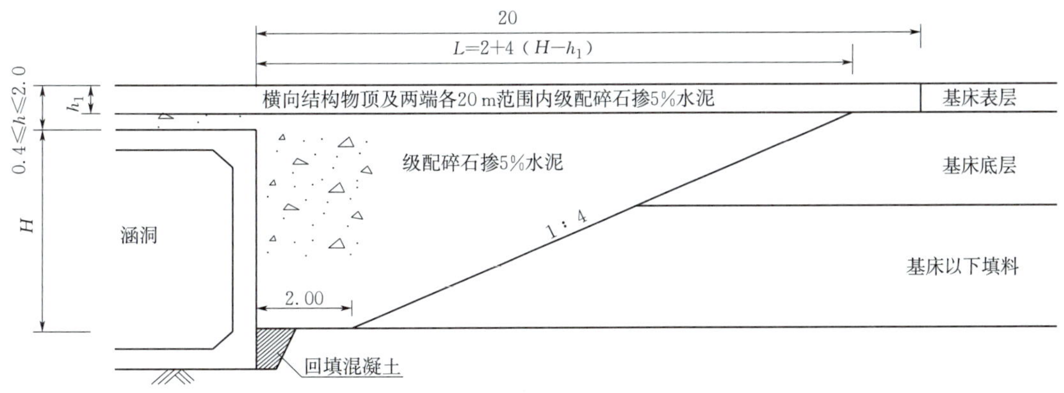

图 9.12　路堤与横向结构物过渡段二(单位:m)

(3)路堤与路堑过渡段

路堤与路堑连接处为弱风化～未风化硬质岩石地段(见图 9.13),在路堑一侧顺原地面纵向开挖台阶,台阶高度 0.6 m 左右,在路堤一侧 20 m 至路堑一侧不小于 5 m 的范围内基床表层的级配碎石内掺入 5%(重量比)水泥。基床表层以下过渡段正梯形范围内采用掺 5%(重量比)水泥的级配碎石分层填筑。

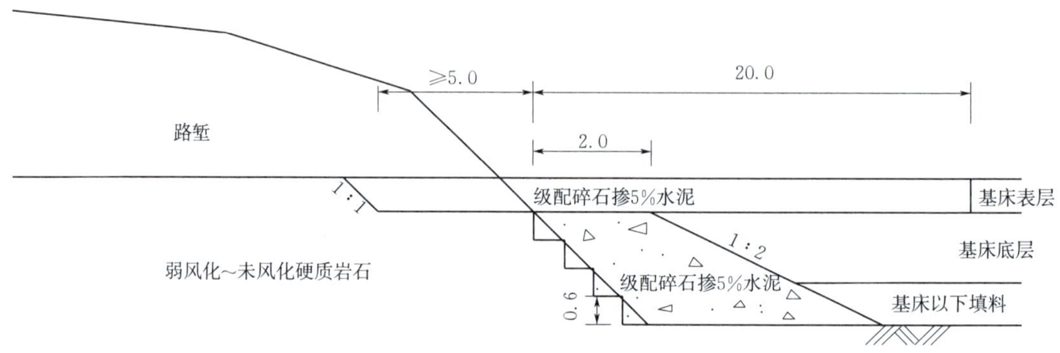

图 9.13 路堤与路堑过渡段一(单位:m)

路堤与路堑连接处为土质、软质岩石及强风化硬质岩石地段(见图 9.14),过渡段应顺原地面坡面纵向挖成 1∶2 的坡面,坡面上开挖高度为 0.6 m 左右的台阶,其开挖部分填筑要求应与相连路堤相同。

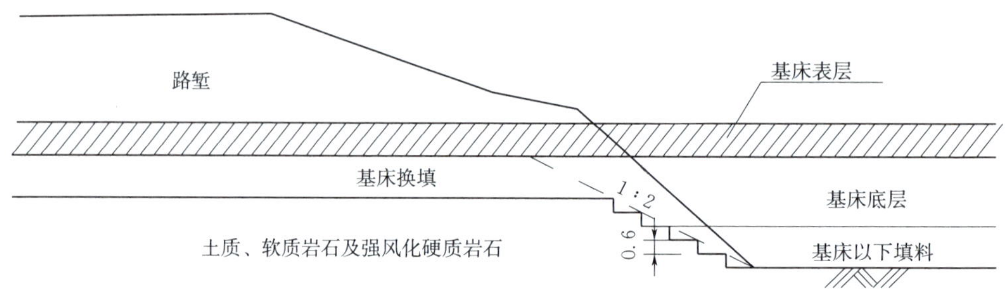

图 9.14 路堤与路堑过渡段二

(4)路基与隧道过渡段

隧道与路堑相连,且路堑基床不换填时,可不设过渡段,路堑基床需换填时,过渡段设置方式如图 9.15 所示。过渡段设置长度不小于 20 m,过渡段范围的基床表层采用级配碎石掺 5%(重量比)P·O32.5 级普通硅酸盐水泥填筑,并满足基床表层的压实标准。过渡段倒梯形范围内采用级配碎石掺 5%(重量比)P·O32.5 级普通硅酸盐水泥填筑。

(5)短路基

对于两过渡段距离小于 30 m 的短路基,路基施工过程中发现因过渡频繁,施工质量不易控制,路基基床范围内全部改为级配碎石掺 5%的水泥。

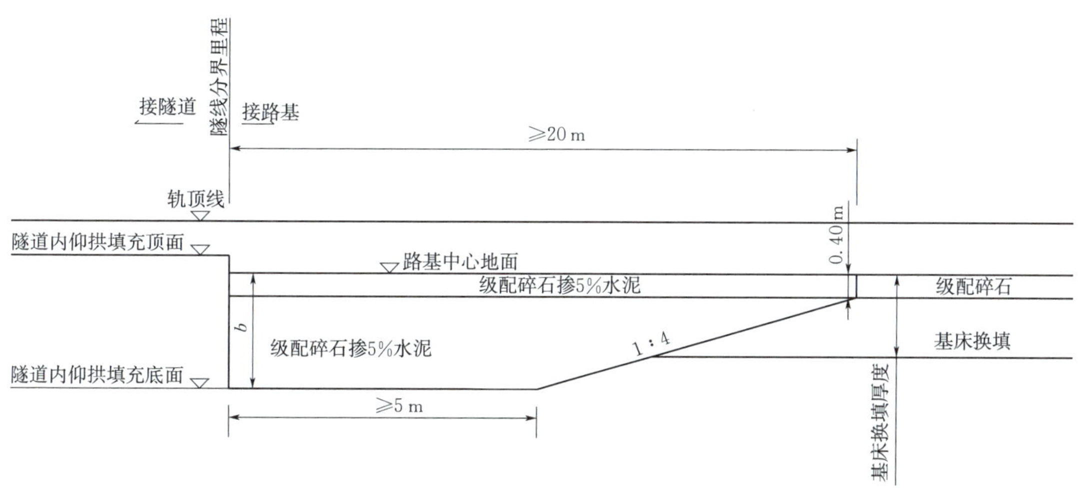

注：b值不小于路堑基床的换填厚度，且不小于路基中心地面至隧道仰拱填充底面的厚度。

图 9.15 路基与隧道过渡段

9.1.4 路基冻胀情况

9.1.4.1 路基冻胀状况

2012 年初在建造过程利用轨检车对沈大段动态检测 337 km，其中Ⅳ级超限 15 处，Ⅲ级超限 26 处，Ⅱ级超限 90 处，Ⅰ级超限 351 处。与 2011 年检测结果比较发现路基段线路几何尺寸变化幅度较大，其中Ⅲ、Ⅳ级超限处所明显增加，见表 9.2。

表 9.2 Ⅲ、Ⅳ级超限数量(沈大段)

序号	检测日期	检测区段	Ⅳ级超限	Ⅲ级超限
1	2011.11.14	沈大段	5	4
2	2012.02.09	沈大段	15	26
变化值		沈大段	10	22

1. Ⅳ级超限类型分析情况

根据轨检数据统计，此次检测高低（含长波）Ⅳ级超限共 11 处，占Ⅳ级超限总数 15 处的 73%，如图 9.16 所示。说明导致轨道几何状态超限的原因主要是轨道高低发生了突变。

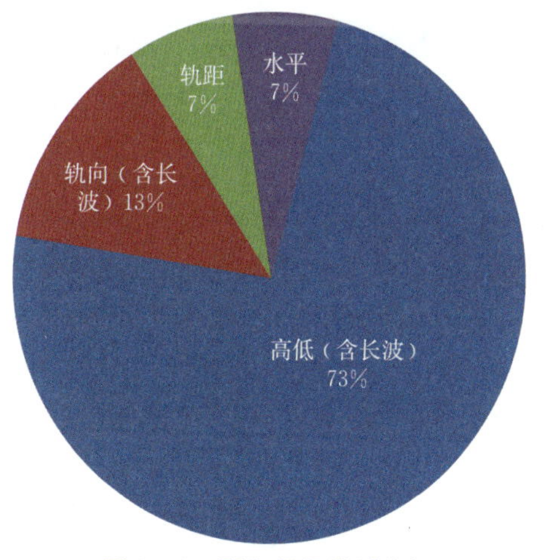

图 9.16 Ⅳ级超限类型分析

2. 波形图对比及现场核查情况

（1）K186＋510～K186＋550（DK179＋819～DK179＋859）。轨检数据显示，该段集中出现了 4 处Ⅳ级超限，超限处所位于涵洞两侧路涵过渡段，涵洞南北为路堑结构。该段两年的检测波形对比及现场核查情况如图 9.17 所示。

序号	位置		超限类型	峰值/mmg	长度/m	超限等级	速度/(km·h^{-1})	检测标准	地面位置
	公里	米							
1	186	544	左高低	−11.44	9	4	124	[300,350]	路堑
2	186	547	长波长-左高低	−17.09	11	4	124	[300,350]	路堑
3	186	549	长波长-右高低	−17.51	11	4	124	[300,350]	路堑
4	186	549	右高低	−11.38	8	4	124	[300,350]	路堑

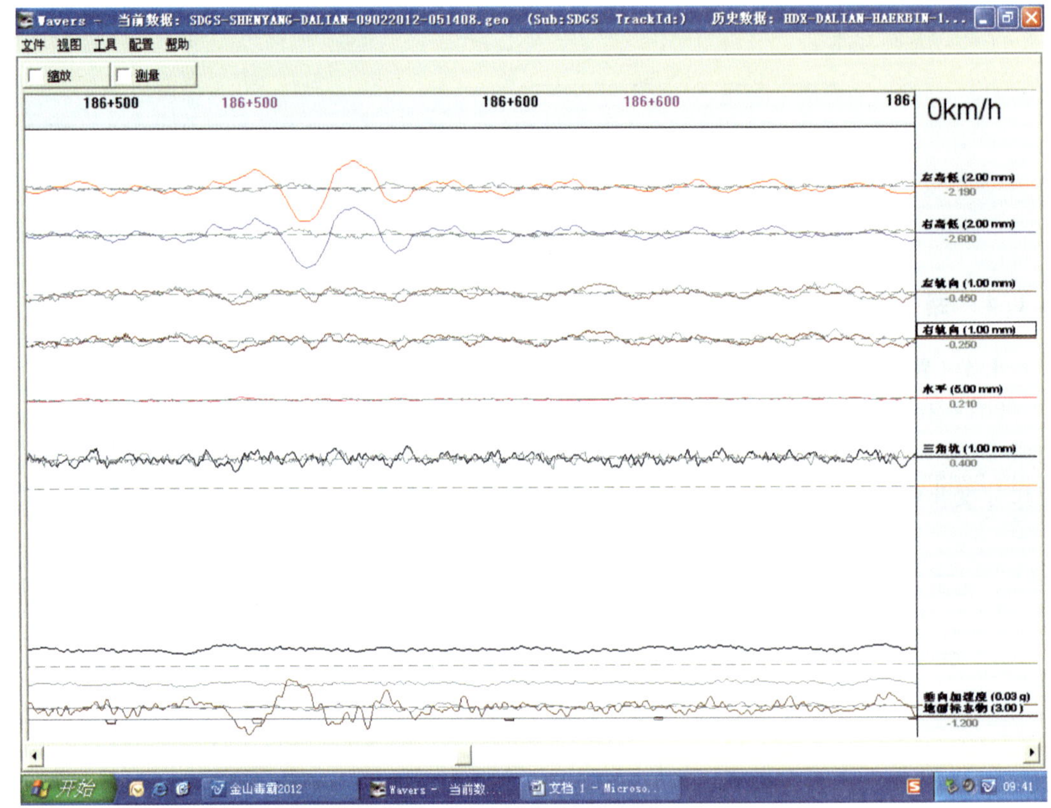

图 9.17　K186＋500 m～K186＋700 m 段两次检测波形对比

现场检查情况显示，下行线：K186＋530～K186＋545 区段，长度 15 m，高低最大值 18 mm(110 号～113 号轨道板间)；K186＋508～K186＋520 区段，长度 12 m，高低最大值 14 mm(107 号～108 号轨道板间)。上行线：K186＋530～K186＋545 区段，长度 15 m，高低最大值 14 mm(110 号～113 号轨道板间)；上行 K186＋508～K186＋520 区段，长度 12 m，高低最大值 11 mm(107 号～108 号轨道板间)。

(2)K130＋120～K130＋170(DK130＋425～DK130＋475)。轨检数据显示，该段集中出现了 3 处Ⅳ级超限，超限处所位于路堑内。该段两年的检测波形对比及现场核查情况如图 9.18 所示。

序号	位置		超限类型	峰值/mmg	长度/m	超限等级	速度/(km·h⁻¹)	检测标准	地面位置
	公里	米							
1	130	110	水平	−8.78	10	4	140	[300,350]	路堑
2	130	116	长波长-右高低	20.29	22	4	139	[300,350]	路堑
3	130	122	长波长-左高低	20.7	22	4	139	[300,350]	路堑

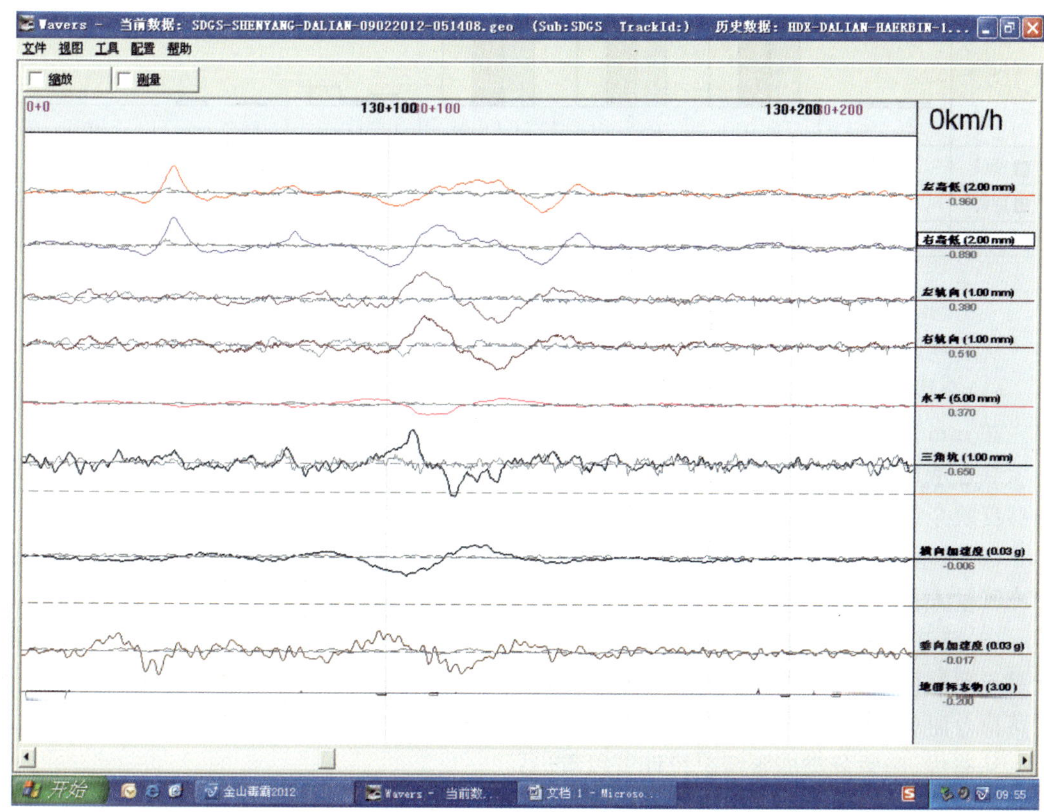

图 9.18 K130＋100 m～K130＋200 m 段两次检测波形对比

现场检查情况显示，下行线：K130＋130 处左股线路有高低 14 mm，长度 10 m；K130＋138 处右股线路有高低 13 mm，长度 10 m。三角坑 17.2 mm。上行线：K130＋148 处左股线路有高低，长度 10 m，高低最大值 16 mm(30 号轨道板)；K130＋156 处右股线路有高低，长度 10 m，高低最大值 16 mm。另外该处高低不对称，下行线最大三角坑 17.8 mm(18 m 基长)，上行线最大三角坑 9.6 mm(18 m 基长)。

9.1.4.2 路基冻胀特点

根据轨检数据统计及现场核查情况分析，认为轨道几何尺寸超限是由于路基冻胀引起。鉴于 2011 年下半年后全线轨道状态基本没有调整，轨面高程变化可以反映路基的变化情况趋势，为掌握全线路基冻胀情况，系统分析冻胀规律和确定整治段落，采用安博格轨检小车和 CPⅢ精测网对全线路基地段左线轨面高程按承轨台逐一复测，同时与 2011 年测量数据对比统计，如图 9.19 所示。

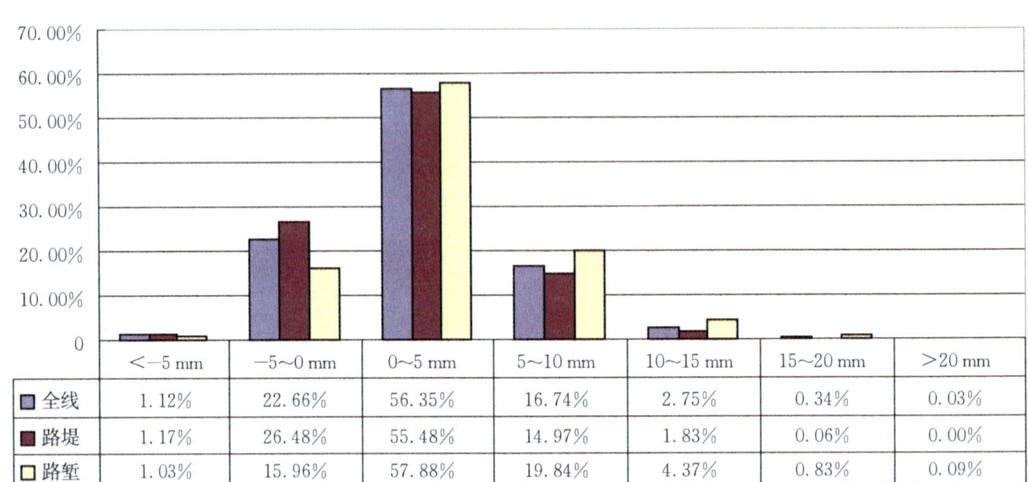

	<−5 mm	−5～0 mm	0～5 mm	5～10 mm	10～15 mm	15～20 mm	>20 mm
全线	1.12%	22.66%	56.35%	16.74%	2.75%	0.34%	0.03%
路堤	1.17%	26.48%	55.48%	14.97%	1.83%	0.06%	0.00%
路堑	1.03%	15.96%	57.88%	19.84%	4.37%	0.83%	0.09%

图 9.19　全线路基高程变化情况统计图

从全线路基冻胀情况统计可以看出：

(1)全线路基冻胀量≤5 mm 占 80.14%，5～10 mm 占 16.74%，10～15 mm 占 2.75%，15～20 mm 占 0.34%，≥20 mm 占 0.03%。

综合考虑基准高程选用和系统误差等因素，实际冻胀量与测量值会存在一些差异，但其能够反映全线路基冻胀的整体趋势。

(2)路基冻胀量主要集中在 0～10 mm 之间，这说明全线路基冻胀具有普遍性，路基绝对冻胀量大部分处于较低水平。

(3)路基冻胀量在 20 mm 以上测点 94 个，占全线的 0.03%，综合轨检数据分析，上述测点易导致轨面高程突变，引发高等级超限点，影响列车舒适度甚至存在安全隐患。上述重点段落应及时整治，确保线路运营安全。

从路堤、路堑分类冻胀情况统计可以看出：

(1)路基冻胀变形小于 5 mm 时，路堤、路堑比率相当。说明非冻胀填料在冻结范围内会不同程度发生一定冻胀变形，与路基结构无关，这也侧面说明路基冻胀具有普遍性。

(2)路基冻胀基大于 10 mm 时，路堑比率明显大于路堤比率，且比值随冻胀量增加而迅速增加；冻胀量在 20 mm 以上的点位主要位于路堑地段。说明尽管路基地段的冻胀现象普遍存在，但路堑地段的冻胀发生比率较路堤地段高，其冻胀量比路堤地段严重。

9.1.5　路基冻胀原因分析

9.1.5.1　地 表 水

哈大高铁无砟轨道路基表面存在各种结构缝，包括混凝土底座板间的沉降缝、纤维混凝土间的伸缩缝、纤维混凝土与底座板间的接缝等，根据设计要求采用沥青软膏或聚氨酯材料填充封闭处理，其封闭效果取决于密封胶与接缝基面粘结紧密程度。封闭材料对寒冷地区环境气候特点适应性不强，导致部分接缝封堵失效，地表水易下渗。

图 9.20 为基床表层中含水量探头的测试结果，对于地表封水措施不佳和部分失效的位置，基床表层中的含水量随着大气降水而波动，当有大气降水的时候，基床中体积含水率也会有所增加，其衰减过程持续数天到十几天不等。2012～2013 年冬季哈大高速铁路全线 42 个断面的自动监测结果表明了冻胀与降雨的相关性。

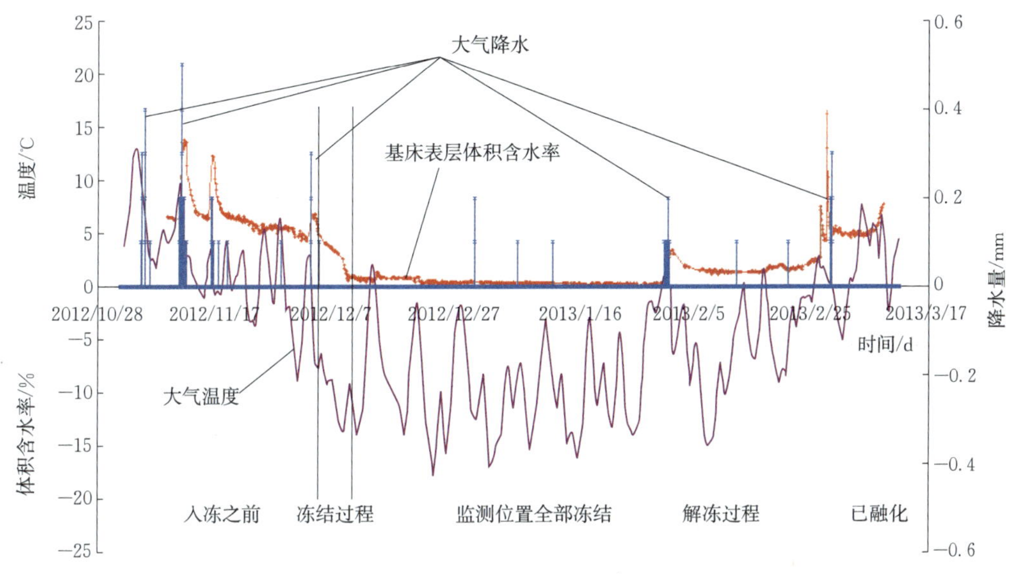

图 9.20 典型基床表层含水率变化过程

9.1.5.2 地 下 水

哈大高铁穿越了大量的路堑地段，而路堑开挖、路基本体工程施工会改变局部地下水的渗流途径，易造成基床水分增加，进而导致路基冻胀较大。

2012 年哈大高铁路基复测数据结果显示，路基冻胀 10 mm 以上时，路堑地段测点比率明显大于路堤，路基冻胀 20 mm 以上时基本上集中在路堑地段，说明了地下水对路基冻胀的影响效果。

9.1.5.3 施工引起路基差异冻胀

通过对路基地段排水系统、路基面混凝土封闭层及无砟轨道伸缩缝、无砟轨道路基面防排水等相关部位的破解检查和调查分析，主要由以下原因引起差异冻胀。

(1)部分路基基床表层排水设施未达到设计要求。如长大段落未施作基床表层排水设施；间距数量不满足要求；电缆槽底部与两布一膜不透水土工布之间的间距不足，甚至电缆槽之间紧压土工布，导致排水能力丧失；半圆形排水沟埋置于两布一膜以下；用圆管代替半圆管，影响排水能力；管径小于设计要求等。

(2)纤维混凝土封闭层存在裂纹，混凝土接缝封堵材料存在离缝、破损、空洞、老化等现象。

(3)部分地段无砟轨道线间存在积水现象，排水管出口堵塞未疏通等。

综合分析，上述问题会加剧地表水下渗，并导致基床表层下渗地表水无法顺畅排除，这些都会加剧路基表层冻胀。

9.1.6 路基冻胀处理措施与效果

9.1.6.1 路基冻胀处理措施

1. 增设渗水盲沟

(1)增设段落确定原则

对全线未设置渗沟的路堑段路基，在原设计路基防冻胀的基础上，综合考虑以下因素，确定是否增设渗水盲沟。

①路堑段所处的地形地貌有利于向路堑内汇水；

②路堑基床基底为粉质黏土、黏质黄土、风化的泥岩夹砂岩、泥灰岩等隔水底板性质地层；

③路基冻胀量较大段落；

④路堑内线路纵坡与天然地形坡度相反；

⑤补充勘探中发现基床内赋水的段落；

⑥路堑内存在路桥、路涵过渡段可能阻挡路堑基床内水纵向流动的段落。

按照上述原则，全线共增设盲沟 90 段 63 579 单侧米。

(2)设置方式

增设的渗水盲沟设置于路堑两侧侧沟下部，宽度 1.2 m，渗沟埋深≥最大季节冻深×1.3+0.5(m)。渗沟顶部铺设一层 10 cm 厚 XPS 保温板，如图 9.21 所示。

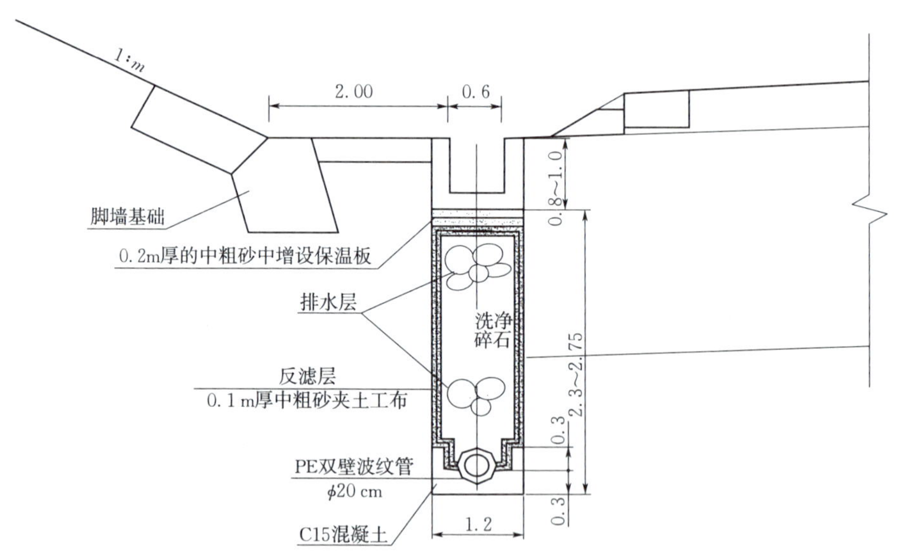

图 9.21 渗沟设置(单位:m)

渗沟沟底纵坡原则上同线路纵坡，一般不小于 5‰，困难地段不小于 2‰。渗沟每隔 30 m 及排水路线起终点、转折处均设置一处检查井。新增设渗沟或与原设计渗沟连接，或设置出水口。渗沟出水口采取防冻设计，同时出水口处检查井加深 2.0 m，如图 9.22 和图 9.23 所示。

2. 路基表面封堵

在 K186+152.17～K186+525.94 段和 K186+910.94～K187+099.14 段试验段对路

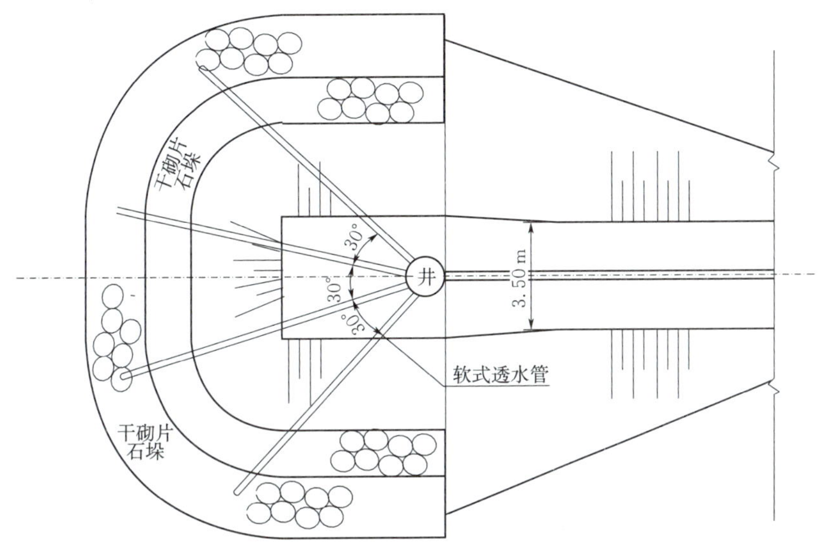

图 9.22　防冻出水口平面图

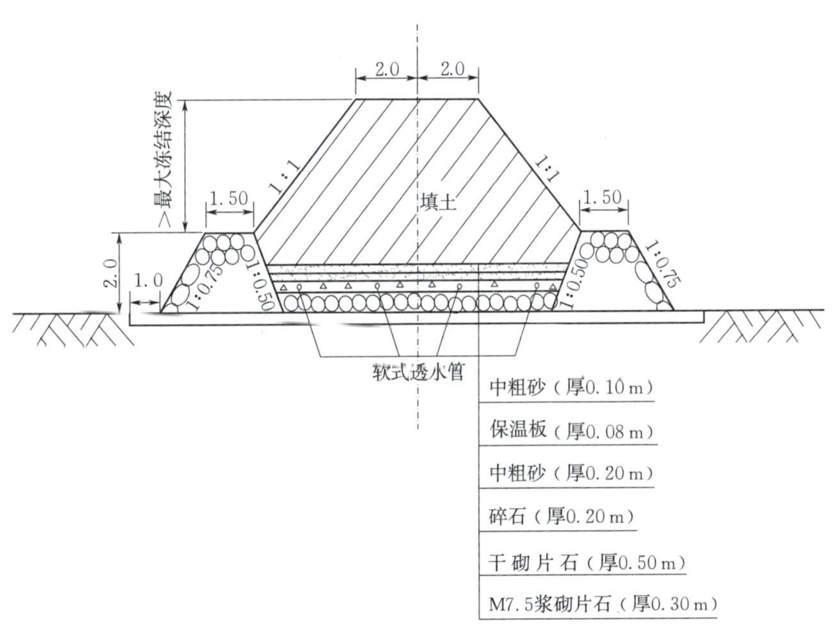

图 9.23　防冻出水口剖面图(单位:m)

基面纤维混凝土防水层横向伸缩缝、防水层与底座间纵向伸缩缝封堵。

纤维混凝土防水层横向伸缩缝宽 20 mm,缝内设置 14 mm 厚密封胶,其下设直径 22 mm 聚乙烯棒作为背衬材料,背衬材料下采用厚 20 mm 的聚乙烯板填缝(见图 9.24)。

防水层与底座间纵向缝,缝宽 20 mm,缝内设置 14 mm 厚密封胶,其下设直径 22 mm 聚乙烯棒作为背衬材料,背衬材料下采用厚 20 mm 的聚乙烯板填缝(见图 9.25)。

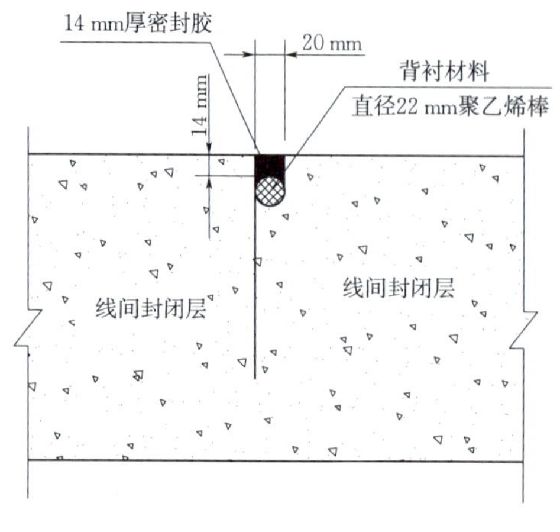

图 9.24 横向缝处理

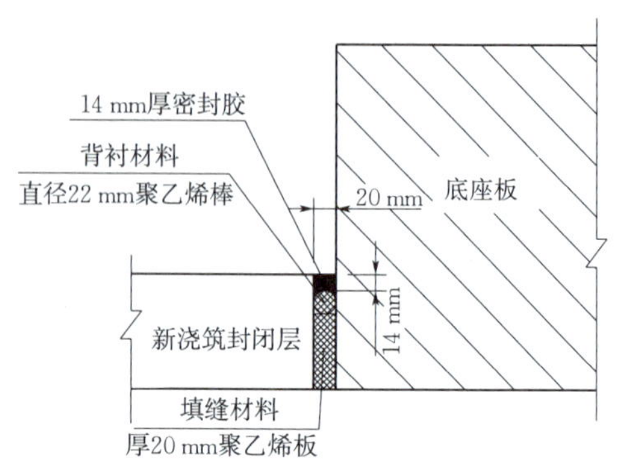

图 9.25 纵向缝处理

3. 加强路基防排水

针对路基基床表层防排水存在问题主要采取的措施有以下几方面：

(1)对路基面各种结构缝堵缝材料由于老化及收缩出现开裂问题的，及时按要求处理，防止和减少表水下渗。

(2)对路基护肩位置电缆槽外侧泄水孔未按标准设置、孔口堵塞的，及时疏通。

(3)对无砟轨道线间排水孔及时清理，确保排水畅通。

(4)对路基表层混凝土防水层裂纹，采用聚氨酯材料及时修复、封闭。

(5)对个别路堑地段渗水盲沟出口堵塞或受征地影响未及时实施，及时实施或疏通处理。

(6)个别路基面纤维混凝土封闭层在四电设备等开挖后未能及时修复的须及时修复。

9.1.6.2 路基冻胀观测

哈大高铁在建设期间和运营期间采取了多种方式相结合的形式，全方位、全过程地对路基变形情况监测，并建立健全了建设单位、施工单位、运营单位及科研单位为一体的数据分析与管理专项工作机制，细化数据采集、整理和分析工作流程，明确各项工作的责任人、时限要求和工作标准，确保数据分析及时、准确、全面、系统。通过上述科学合理的安排对路基变形状态进行了动态监测和预警，对指导线路运营维护工作提供了基础数据，确保了哈大高铁运营安全和运输秩序。

(1)人工水准测量

哈大高铁路基冻胀人工水准测量工作主要有以下方面的内容：一是线上高程监测基准网的建立，以线下精密水准网为基准，采用水准联测或三角高程的方式将水准基点引测至线上，作为路基冻胀变形监测的基准网。二是水准贯通测量，参照国家二等水准测量对路基段所有单号 CPⅢ点(含桥头各一对 CPⅢ)进行二等水准贯通测量，单号 CPⅢ点作为后续路基断面点冻胀监测的监测基准网点。三是监测点测量，参照垂直位移变形监测三等的技术要求对所有路基冻胀监测断面的监测点量测(路基监测断面监测点由左右路肩观测桩和对应线路的左、右线凸型挡台观测标组成，每个断面共有 4 个监测点)。四是在监测过程中，建立变形监测数据库，并对监测数据分析、评估，指导运营维护。

(2)自动监测

哈大高铁沿线共设置了 42 个典型观测断面，分布在全线 13 个区间段，涵盖了哈大高速铁路沿线路基重点冻胀区段，如图 9.26 和图 9.27 所示。监测项目包括基床不同层位冻胀、基床填料含水率和路基温度场等方面。监测部位包括基床路肩、线间和盲沟等位置。

冻胀监测系统主要包括各种传感器和采集供电控制系统。哈大高铁冻胀监测传感器包括位移、温度和水分传感器，如图 9.28 和图 9.29 所示。

采集供电系统包括数据采集模块、无线传输模块和电源管理模块，其中数据采集模块和无线传输模块是核心模块，其合理设计很好地解决了路基温度、冻胀变形、含水状况采集精度，工作温度 -40 ℃～50 ℃，确保了系统长时间超低温环境下稳定、可靠、不间断工作。采集系统采用远程控制模式，可根据实际情况智能设定采样频率，冻胀期间监测频率可达到 1 次/5 min，夏季采样频率为 1 次/2 h。

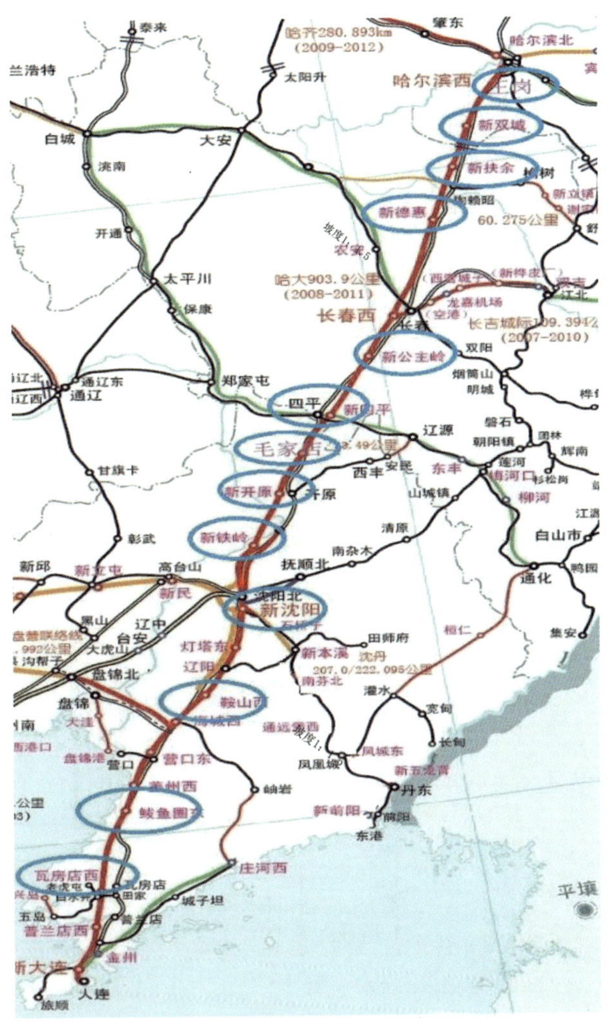

图 9.26 哈大高铁自动监测断面分布

9.1.6.3 监测分析评价

为系统掌握哈大高铁路基冻胀变化规律，为路基冻胀整治、养护维修提供基础依据，对路基冻胀处理效果进行评估，哈大高铁在运营期间还采取了以下三种观测方式对路基变形状态监测：一是用 CRH380B 综合检测列车每两天动态检测，及时对轨道变形监控；二是在路基冻胀典型地段设置典型自动监测断面，对温度、水分及变形自动监测；三是全线设置了观测断面，利用二等水准测量人工高程测量，系统观测全线路基变形。通过 2012～2013 年度、2013～2014 年度两个冻结期间的系统观测数据可知，哈大高铁在采取了一系列“上封下疏”的冻胀处理措施后，路基冻胀现象得到了明显缓减，路基状态稳定，轨道几何状态良好，哈大高铁的安全运营能够得到保证。

从全线总体冻胀统计来看，路基冻胀量分布区间基本稳定，说明哈大高铁在 2012 年采取一系列冻胀整治措施后，其冻胀得到了抑制，路基状态稳定。全线路基冻胀量＞8 mm 的仅占10%,说明全线路基冻胀量大部分处于较低水平,处于可控状态。

(a) 渗沟传感器设置

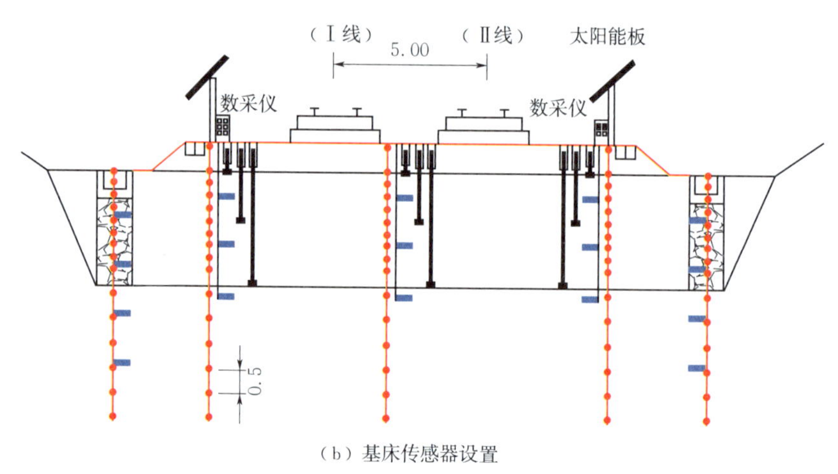

(b) 基床传感器设置

图9.27 自动监测断面传感器布设置(单位:m)

9.1.7 路基冻胀控制经验

哈大高铁2012年12月1日正式开通,至今已安全运营多年。此项工程的成功建成和安全运营,开创了高纬度寒冷地区高标准铁路建设的先河。事实证明,哈大高铁在工程管理、设计、施工、监理以及运营维护都取得了巨大的成功,不仅为后续寒区工程提供了可靠的工程经验,而且推动了我国寒冷地区高铁工程建设水平。尽管建设过程中发生了路基冻胀现象,但通过采取针对性的措施得以圆满解决,并随着认识的不断深入,总结出了寒区路基冻胀规律和工程实践经验和认识。

1. 寒冷地区高速铁路路基冻胀量可控

铁路工程作为线性工程,其沿线气候、水文及地质条件千差万别。结合土体发生冻胀的土、负温和水这三个根本因素,考虑到路基属于全天候暴露于自然环境中的建筑物以及我国东北地区的气候环境,加之路基是土工建筑物而非结构建筑物其自身的劣势,路基工程出现

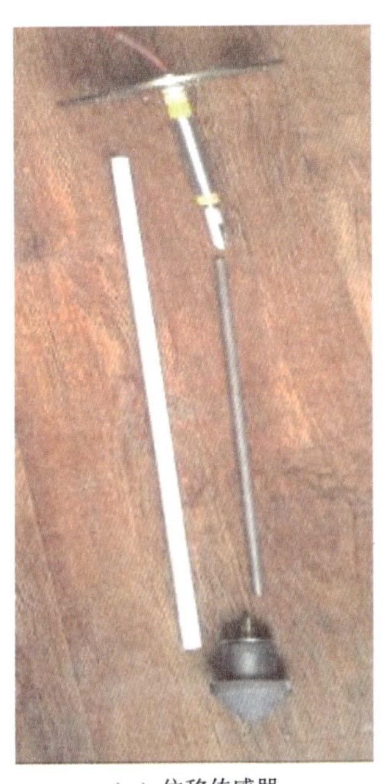

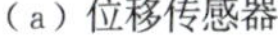

（a）位移传感器

（b）温度传感器

（c）水分传感器

图 9.28 现场采用传感器

图 9.29 自动监测系统

冻胀现象是难以避免的。但是从另外一个角度讲，根据哈大高铁运营近两年来观测到的路基冻胀情况看，全线路基冻胀量≤4mm 的约占 61%，4～10 mm 约占 33%，≥10 mm 约占 6%，而且≥10 mm 冻胀量的路基主要集中在鲅鱼圈、长春西等个别特殊地段，扣除这些特殊地段，全线≥10 mm 冻胀量的路基地段进一步减少。也就是说，哈大高铁路基小冻胀沿线均布，大冻胀个别集中。这就说明在采取了必要的防治措施后，路基冻胀完全可以控制在一个安全的范围之内。

2. 寒冷地区高铁路基冻胀规律

尽管铁路沿线的气候特征在空间上、时间上、地域上的不确定性在一定程度上导致了路基冻胀具有随机性和不确定性，但是根据哈大高铁开通运营两个冻融周期的系统观测和数据分析结果来看，路基冻胀还是具有一定内在规律，其主要表现形式有以下两方面：一是横向对比。针对一个路基横断面来看，哈大高铁路基冻胀发展变化过程可划分为冻胀初始波动、冻胀快速发展、稳定持续发展、波动融沉、融沉稳定五个发展阶段，根据近两年的自动监测和人工观测数据可知，每个冻胀发展阶段的表现和持续时间均有其自有特点。二是纵向对比。对比近两年的自动断面监测数据、结合全线动检数据可知，线路状态在冻胀变形达到阶段峰值后即基本稳定，超限处所不再明显增加，线路状态趋于平稳。哈大高铁由于贯穿东北三省，其纬度跨越大，气候特点分明，沈大段冻结过程要比沈哈段延迟半个月左右（一般沈大段在 12 月 20 号左右、沈哈段在 12 月 1 号左右达到阶段峰值）。

根据哈大高铁路基冻胀纵、横向对比规律以及季节性冻胀发展规律，运营维护部门便能根据有关资料针对性地确定重点维护段落，合理安排线路维修计划。

3. 寒冷地区高速铁路需考虑的问题

(1)寒冷地区铁路规划设计应充分考虑路基防冻胀措施和路桥设置比选。哈大高铁个别地段为了减少桥梁比例，调低了部分线路高程，增加了路基段落，路基防排水工程量增加，部分地段发生冻胀现象，如铁岭地区的防排水、水淹地问题，长春西站的路基冻胀问题等。根据哈大高铁的经验总结，粗颗粒土的冻胀敏感性判定标准在《铁路特殊路基设计规范》(TB 10035—2006)规定的基础上进一步细化，将弱冻胀粗颗粒土规定为："粒径小于 0.075 mm 的细颗粒含量小于 5%、且级配良好的碎(卵、砾)石土及砾、粗、中砂"，同时增加了对渗透系数的规定，这一标准的细化使后续建设的寒区高铁路基最大程度减少了冻胀发生。

(2)高速铁路路基设计冻深，目前一般采用气象部门提供的天然土壤最大冻深，但由于路基填料与天然土壤在热物性能方面存在一定差别，从而出现路基填料冻深大于设计冻深的情况。因此，应基于填料的热物特性，通过理论计算和实测积累，确定适应于高速铁路路基防冻胀设计换填深度。根据哈大高铁的经验总结，设计冻深应采用更为科学的冻结指数或者在现有最大冻结深度的基础上修正，建议设计冻深＝当地最大冻结深度×1.3＋安全值。可以根据线路等级、荷载、运行速度、轨道条件等确定是否采用有害冻深的概念。

(3)我国铁路工务部门一般将冻胀量大于 4 mm 的路基判定为冻害路基，当冻胀量大于 4 mm 时工务部门将采取一定的措施处理。哈大高铁开通后，运营部门根据列车动态检测数据对出现超限点的路基段处理，基本原则为消灭Ⅱ级、控制Ⅰ级。这就从另一个方面说明，高速铁路的轨道系统能够适应一定范围的冻胀量，因此建议可将无砟轨道向上容许变形量轨道为 4 mm。后期出现冻胀问题，建议依据冻胀量的不同，遵循以下原则：①当冻胀量≤4 mm 时，可不采取工程措施处理。②当冻胀量处于 4～10 mm 之间时，可不采取工程措施，由工务部门根据动检数据采用轨道调节处理，但需进行现场冻胀监测，实时掌握冻胀发生和发展状况。③当冻胀量≥10 mm 时，采取相应的工程措施整治，同时加强监测，随时掌握整治效果和冻胀发展情况，判断冻胀发展趋势。同时，对一些反复发生冻胀且冻胀不稳定的、融化后出现下沉的路基段也应引起重视，分析其原因，采取相应的对策。

沈哈两局在哈大高铁运营维护过程中，已形成一些行之有效的冻害防治机制和处理措施，如“冬病夏治”“顺坡为主”等，为寒冷地区高速铁路运营期间路基的维护整治提供借鉴。

9.2 沈丹客运专线

9.2.1 自然条件及工程概况

沈阳至丹东铁路客运专线位于辽宁省中东部沈阳市、本溪市和丹东市境内。线路起自哈大客专沈阳南站，经本溪、南芬、通远堡、凤凰城，止于丹东市，正线全长 205.704 km。其中沈阳市范围 25.999 km，本溪市范围 87.742 km，丹东市范围 91.963 km。沈丹客专线采用Ⅲ型板式无砟轨道型式，设计时速 250 km。路基工程共 104 段，合计 39.928 km，占线路全长的 19.4%，无砟轨道路基 101 段 33.86 km。挖方段落总长 16.36 km，填方段落总长 23.57 km。

沿线气候属暖温带～中温带，湿润～半湿润大陆性气候，冬季漫长寒冷，夏季短促温暖，雨量主要集中在 7～8 月，春秋多风。按铁路工程分区为寒冷地区，沿线主要城市主要气象要素见表 9.3。

表 9.3　沿线主要城市主要气象要素表(1971～2000 年)

地点项目	沈阳	本溪	丹东
历年极端最高气温/℃	36.1	37.5	35.3
历年极端最低气温/℃	−29.4	−33.6	−25.8
累年平均气温/℃	8.4	7.8	8.9
累年最冷月平均气温/℃	−11.0	−11.4	−7.4
累年平均降水量/mm	690.3	776.0	925.6
日最大降水量/mm 及发生日期	215.5 1973−8−21	168.5 1981−7−20	247.5 1972−8−05
累年最大积雪深度/cm	28	60	25
累年平均蒸发量/mm	1 482.2	1 645.1	1 298.3
累年平均相对湿度/%	63	64	69
累年平均雷暴日数/日	25.8	31.2	25.0
累年平均雾日数/日	11.1	13.6	44.7
累年平均风速/(m·s^{-1})	2.8	2.5	2.9
累年最大风速 及其风向/(m·s^{-1})	23.0 西南	23.0 西西北	19.7 北东北
最大风向及出现频率	南西南 13	东 18	季风 14
累年大风日数/日	19.1	10.1	10.5

根据 1955～2012 年各地气象和调查资料，沿线土壤最大冻结深度划分见表 9.4。

表 9.4 沿线土壤最大冻结深度

起止里程	土壤最大冻结深度/m	起止里程	土壤最大冻结深度/m
起点～DK28+500	1.48	DK120+900～DK190+900	1.38
DK28+500～DK120+900	1.49	DK190+900～终点	1.04

沿线低山、丘陵区地形起伏变化较大，丘陵及丘前缓坡覆盖层厚 0～2.0 m，地下水以基岩裂隙水为主，一般埋深 5～20.0 m；丘间洼地及谷地覆盖层厚 2.0～10.0 m，地下水为第四系孔隙潜水及基岩裂隙水，一般埋深大于 5 m。下伏基岩主要岩性为砂岩、页岩、灰岩、泥灰岩、板岩、石英岩、混合岩、安山岩，花岗岩等。

冲洪积平原区地形平坦开阔，主要岩性为黏性土、粉土、砂类土、碎石类土等，浅部透镜体状局部分布有软土及松软土。孔隙潜水主要赋存于河谷阶地、山间盆地、冲沟及冲积平原中，局部地段孔隙水具承压性；基岩裂隙水主要赋存于各类基岩的风化带及构造裂隙中，在盆地区多以蒸发排泄为主；在山区除以蒸发排泄外，还以地下径流方式排泄到盆地区或以泉的形式出露于地表。裂隙岩溶水主要赋存于可溶岩地层中，多数水量不大，大气降水多沿裂隙下渗，为裂隙岩溶水的主要补给源，地下水位随季节变化显著，局部地段具承压性。除此之外，雨季或冰雪融化时，在土、石界面以上，常存在暂时性上层滞水，软化了界面附近土层，直接影响堑坡稳定。

9.2.2 路基冻胀控制难点

沈丹客专沿线属于寒冷地区，冻结深度差异大，工程地质条件变化大。

1. 填料差异大

沈丹客专路基填料来源广，填料成分复杂、性质多样，施工控制难度大，增加了防冻胀难度。

2. 过渡频繁

沿线大部分处于低山、丘陵区，地形起伏变化较大，特别是中部地势陡峻，沟谷纵横，很多路基工点属于高填深挖、长度小于 60 m 的短路基等，刚度上的频繁变化，会产生不均匀的路基冻胀问题，给路基防冻胀措施的制定带来很大困难。

3. 山区富水

沿线地下水类型主要有孔隙潜水、基岩裂隙水、裂隙岩溶水三种类型，且沿线地下水丰富，岩石风化程度不一、强度不一、土石分界面频繁变化，也会产生不均匀的路基冻胀。

4. 地层风化不均

沿线变质岩节理裂隙发育，岩体破碎，岩体风化不均，多呈强风化～弱风化状态，导致路基基底含水率变化大，另外破碎的岩体在冰雪融化时，常存在暂时性上层滞水，容易引起冻胀问题。

综上所述，丰富的地下水、变化较大的地形以及破碎的岩体等工程地质条件，都给沈丹客专路基防冻胀带来了很大难度。

9.2.3 路基防冻胀措施与效果

9.2.3.1 路基防冻胀原则

基床表层填筑级配碎石填筑，基床底层填筑 A、B 组填料，最大冻深范围内填料细颗粒按防冻考虑，特殊地段采用特殊路基结构。

(1)采用全冻结深范围内防冻的原则，设计冻深采用最大冻深＋0.25 m 考虑。

(2)路堑采用路堤式路堑的型式，路堑内的路堤高度用设计冻深控制。

(3)路基以填料防控制为主，防排疏渗综合防冻措施。

(4)建立完善的地表水和地下水的排水系统。

9.2.3.2 路基防冻胀措施

1. 基床设计

基床表层填筑级配碎石，厚 0.4 m，细颗粒(颗粒粒径≤0.075 mm)含量不大于 5.0%(水洗法)，其不均匀系数 C_u 不得小于 15，0.02 mm 以下颗粒质量百分率不得大于 3%；在粒径大于 22.4 mm 的粗颗粒中带有破碎面的颗粒所占的质量百分率不小于 30%；级配碎石粒径大于 1.7 mm 颗粒的洛杉矶磨耗率不大于 30%，硫酸钠溶液浸泡损失率不大于 6%；粒径小于 0.5 mm 的细颗粒的液限不大于 25%，塑性指数小于 6。不得含有黏土及其他杂质。基床表层级配碎石掺 5%水泥，水泥采用 P·O42.5 级普通硅酸盐水泥。

基床底层填筑 A、B 组填料，厚 2.3 m。其中最大冻深范围内填料细颗粒(颗粒粒径≤0.075 mm)含量要求小于 5%；压实后小于 7%(水洗法)，压实后渗透系数不小于5×10^{-5} m/s。

路堑根据岩性和风化程度分别采用换填基床范围、换填冻深范围、换填基床表层、天然基床等型式。

2. 路基面防排水设计

基床表层顶部两底座外边缘至路肩设置向外 4%的排水坡，双线之间做成向内 4%的排水坡，轨道底座间及两侧路肩范围设置 8 cm 厚 C30 纤维混凝土封水层(见图 9.30)。

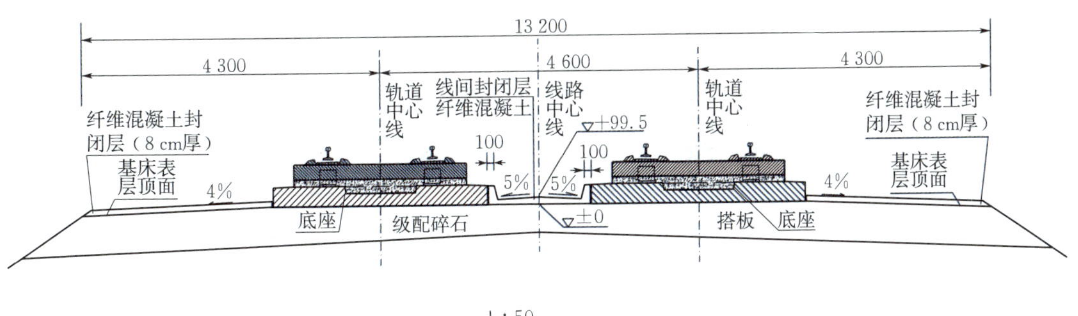

图 9.30 路基面防排水横断面示意图(单位：mm)

基床表层顶部设置排水坡，并设置纤维混凝土封水层，纤维混凝土沿线路长度方向每5 m 设置一道横向伸缩缝，且应与底座伸缩缝错缝布置。缝隙采用宽 20 mm，缝内设置14 mm厚密封胶，其下设直径 22 mm 聚乙烯棒作为背衬材料，背衬材料下采用厚

20 mm 的聚乙烯板填缝(见图 9.31)。纤维混凝土与底座间纵向缝采用同上密封处理(见图 9.32)。

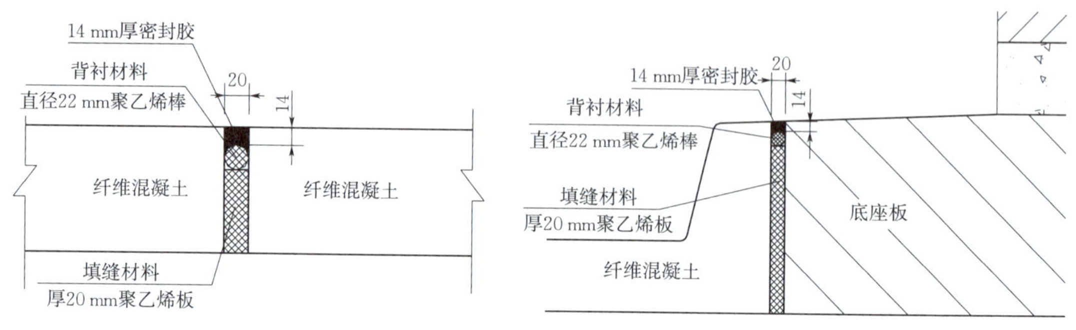

图 9.31 横向缝封堵示意图(单位:mm)　　图 9.32 纵向缝封堵示意图(单位:mm)

线间排水采用横向直排方案:沿线路纵向每隔不大于 4 块轨道板的范围(约 20 m)利用相邻底座间缝隙设置横向排水通道,排水通道处的底座板下设置 C30 钢筋混凝土搭板,搭板表面向线路外侧设置 2%的横向排水坡,如图 9.33~图 9.36 所示。

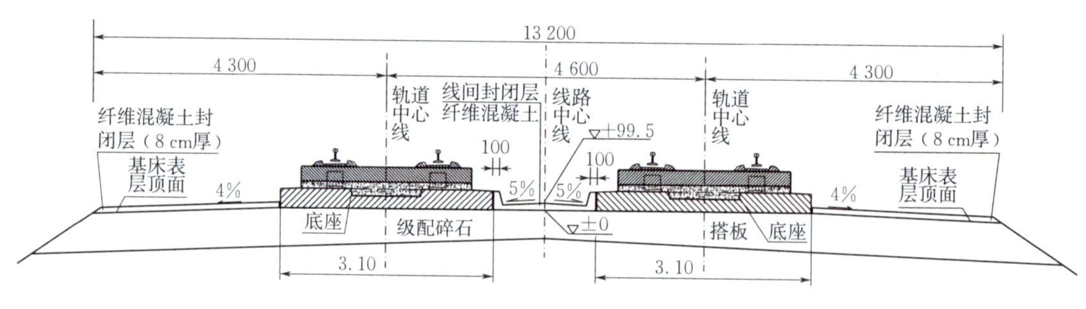

图 9.33 路基面防排水横断面示意图(单位:mm)

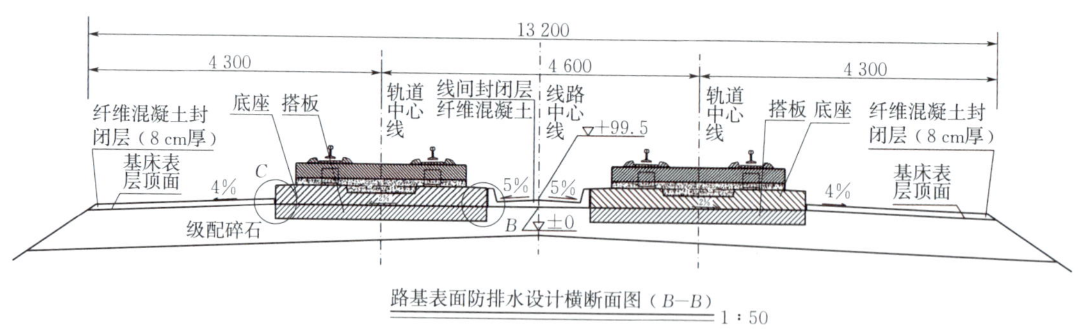

图 9.34 横向排水通道位置横断面示意图(单位:mm)

3. 渗水盲沟

综合考虑地层、地形、赋水条件、勘察资料、施工开挖情况,对于地下水位较高或疏排条件较差的路堑地段单侧或双侧设置渗水盲沟,累计长度 17.3 km,约占挖方段两侧长度的 45%。

(1)渗水盲沟设置于侧沟下部,埋深不小于土壤最大冻结深度的 1.3 倍加 0.5 m,如

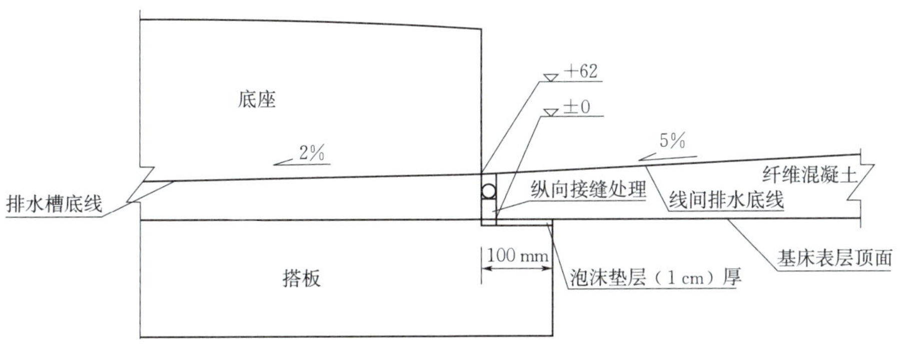

图 9.35 *B* 点详细图

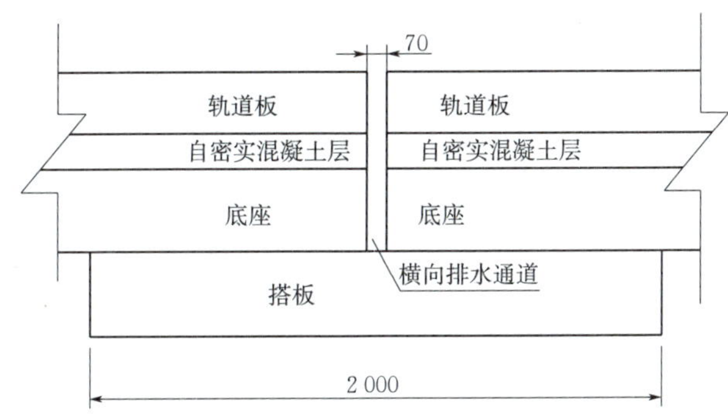

图 9.36 横向排水通道示意图(单位:mm)

图 9.37 所示。

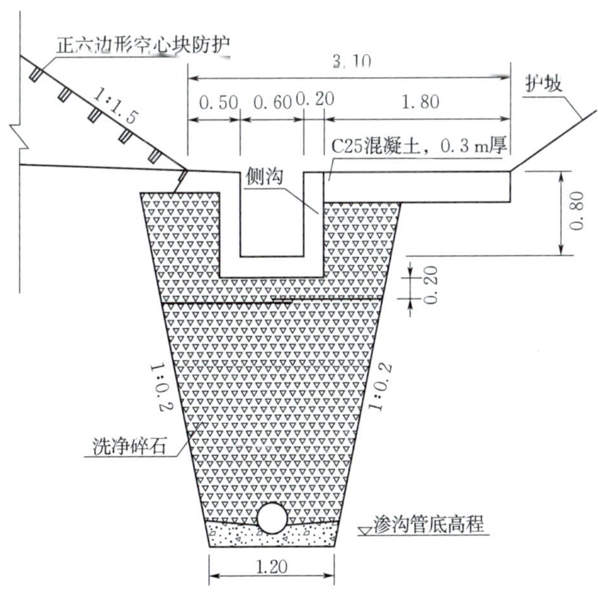

图 9.37 渗水盲沟设置示意图(单位:m)

(2)渗沟每隔 30 m 及平面转折处均设置一处检查井,渗沟出口处设置保温出口,并于出口内设置集水井。

4. 混凝土基床

根据哈大线经验,过渡段容易出现不均匀变形,原则上短路基(一般按 60 m)及设置渗沟排水困难地段设置混凝土基床,共 3 408 m(约占全线路基长度的 10%),采用 C35 混凝土基床浇筑,厚度为不小于土壤最大冻结深度加 0.25 m,基床两侧填筑 A、B 组土,如图 9.38 所示。

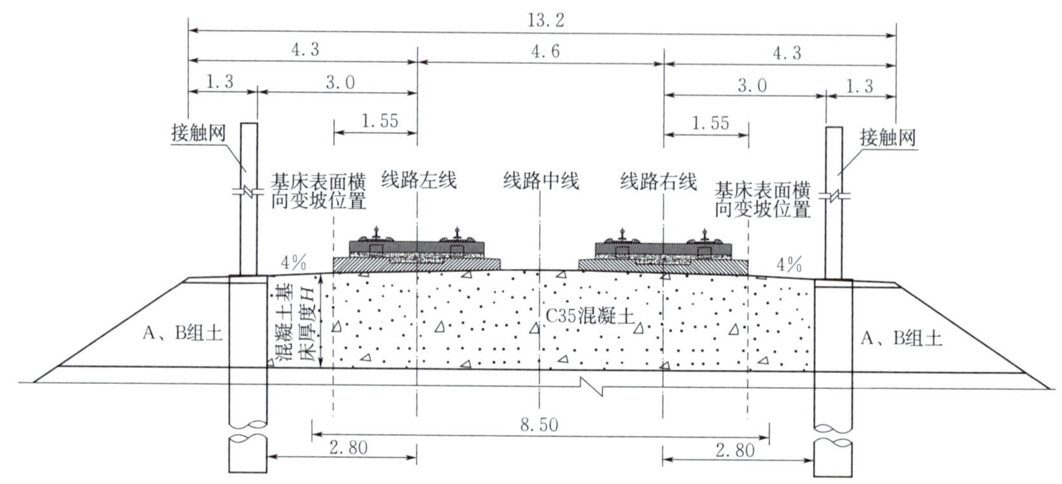

图 9.38 混凝土基床示意图(单位:m)

5. 硬质岩路堑

硬质岩基床地段路基面以下设置 0.2 mC35 素混凝土封层,原地层用高压水冲洗后后浇筑混凝土,混凝土配置 ϕ12@200 面筋,如图 9.39 所示。

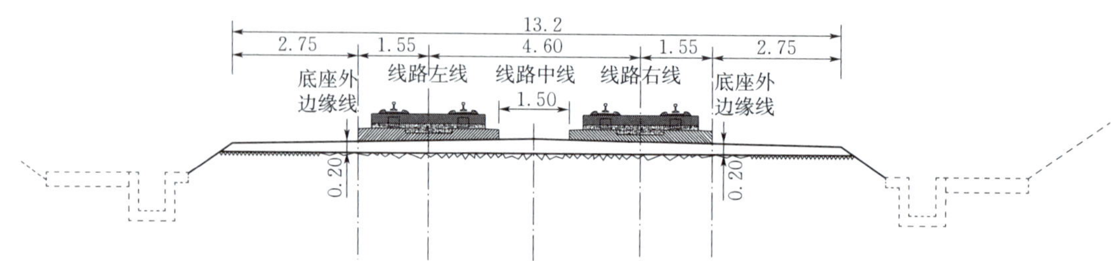

图 9.39 硬质岩路堑设计方案示意图(单位:m)

9.2.3.3 路基防冻胀效果

2013 年度开展了路基冻胀监测工作,重点对渗水盲沟,混凝土基床路基,A、B 组土基床路基防冻胀效果对比分析。

1. 混凝土基床措施

DK33+875~DK34+158.、DK41+330~DK41+380、DK42+430~DK42+490 三段采用混凝土基床,2013 年度对各段路基进行了人工监测,结果统计如图 9.40 所示。

混凝土基床地段最大变形量 5.97 mm,冻胀变形小于 4 mm 的占全部测点的 90.7%;变形量位于 4~8 mm 之间的测点占全部测点的 9.30%。该段落冻胀量控制在 8 mm 以下,冻胀控制情况良好。

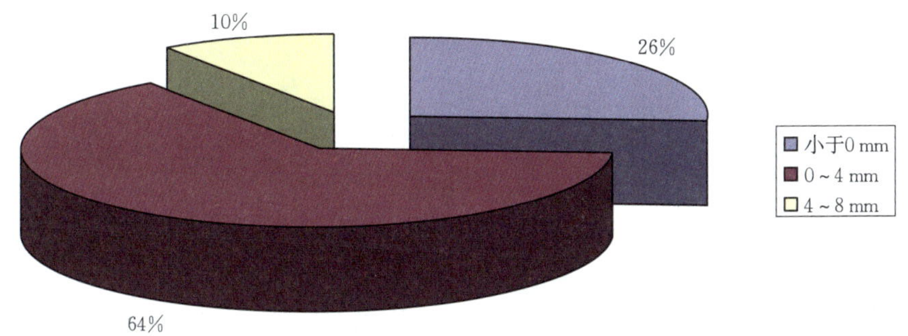

图 9.40 混凝土基床地段路基变形分布

2. 基床表层 A、B 组土路基

DK36＋932～DK37＋294 监测段落路基在 2012 年度基础上填筑了基床表层 A、B 组土，2013 年度对该段路基分别进行了人工监测，冻胀变形结果统计如图 9.41 所示。

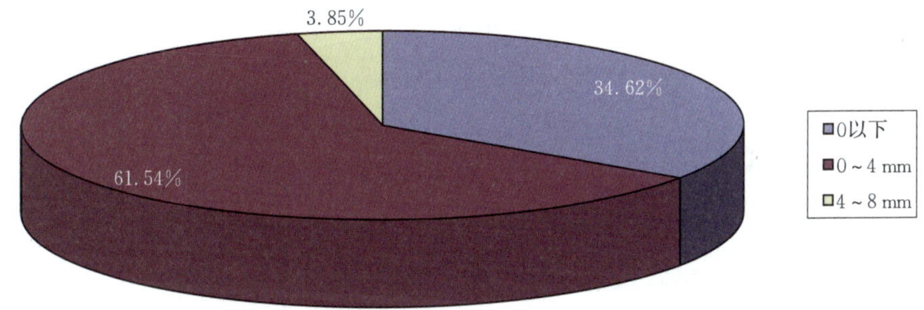

图 9.41 2013～2014 年度冻胀监测前基床表层已填筑地段冻胀变形情况统计

由上图可知，该段最大变形量 4.89 mm(上一年度 12.62 mm)，冻胀变形小于 4mm 的占全部测点的 96.1%；变形量位于 4～8 mm 之间的测点占全部测点的 3.8%。同段落两年度对比情况如图 9.42 所示。

由上图可知，2013 年度上述段落冻胀监测值无大于 8 mm 的测点，2012 年度同期冻胀监测值大于 8 mm 的比例为 29.6%。可见，对于 DK36＋932～DK37＋294 段落，最大冻胀量下降明显，冻胀量控制在 8 mm 以下，填筑基床表层 A、B 组土起到了一定的防冻胀作用。

3. 渗水盲沟措施

2013 年度 DK34＋170～DK34＋247 监测段落路基在 2012 年度基础上设置了渗水盲沟并完成填筑了基床表层 A、B 组土，2013 年度对各段路基分别进行了人工监测，冻胀变形结果统计如图 9.43 所示。

由上图可知，该段最大变形量 4.55 mm(上一年度 37.33 mm)，冻胀变形小于 4 mm 的占全部测点的 66.67%；变形量位于 4～8 mm 之间的测点占全部测点的 33.33%。同段落两年度对比情况如图 9.44 所示。

由上图可知，2013 年度上述段落冻胀监测值无大于 8 mm 的测点，2012 年度同期冻胀监测值大于 8 mm 的比例为 100%。可见，对于 DK34＋170～DK34＋247 段落最大冻胀量

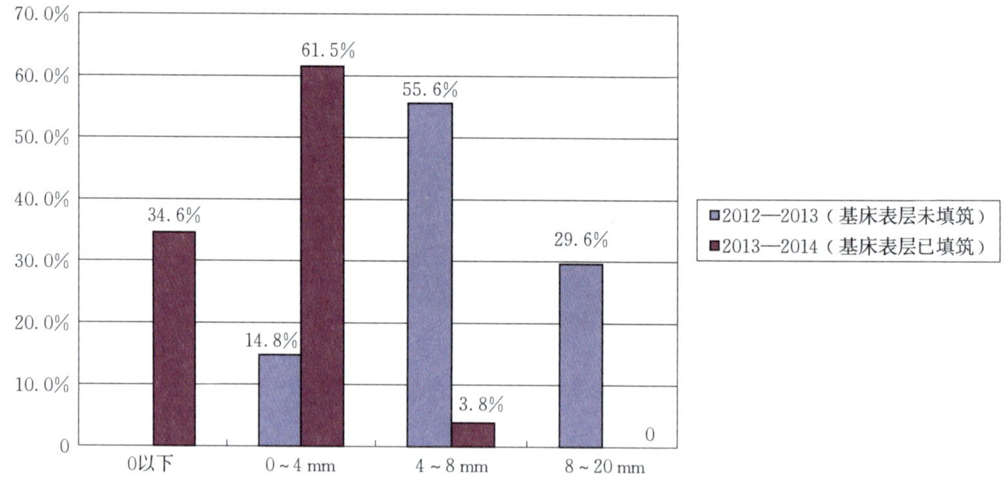

图 9.42 同段落两年度冻胀对比图

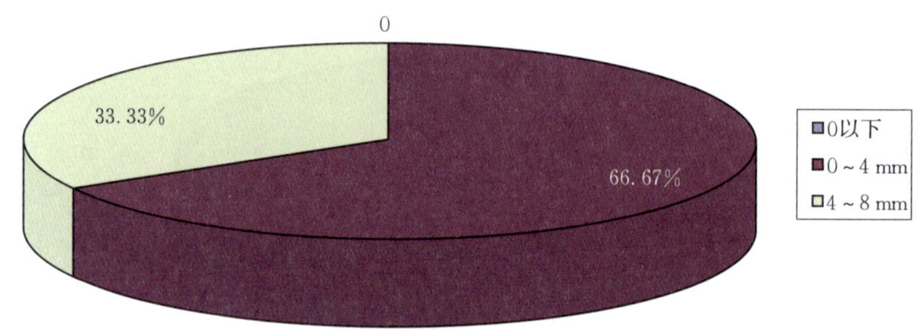

图 9.43 2013～2014 年度冻胀监测前基床表层与渗水盲沟均已施工地段冻胀变形情况统计

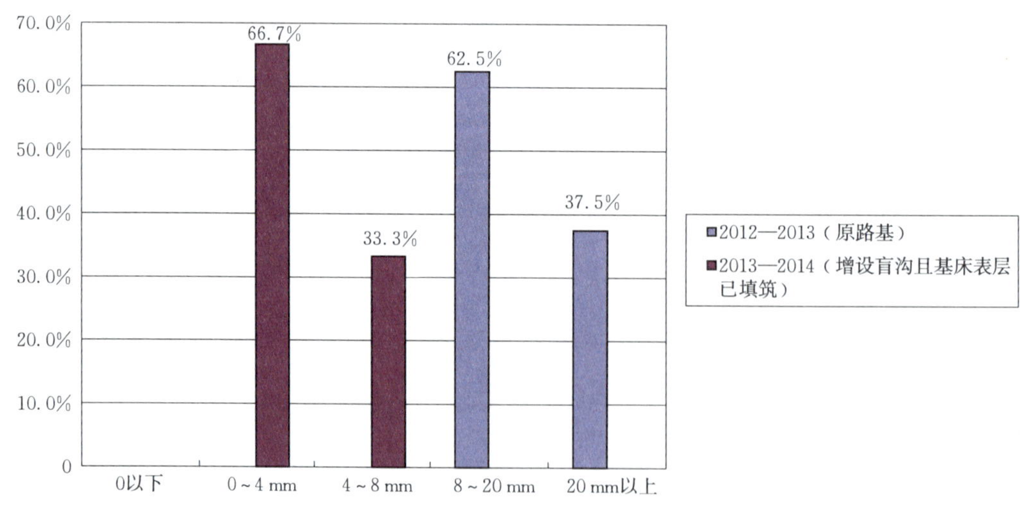

图 9.44 同段落两年度冻胀对比图

下降明显，冻胀量控制在 8 mm 以下，设置渗水盲沟、填筑基床表层 A、B 组土起到了一定的防冻胀作用。

4. 防冻胀效果

(1)虽然混凝土基床所在段落在 2012～2013 年度并未设置观测断面,缺乏对比参照,但与全线总体情况对比可知,混凝土基床段落属冻胀情况良好段落。

(2)路基基床表层是否填筑完成对冻胀量大小有较大影响,本年度基床表层填筑完成的段落冻胀量下降明显。

(3)渗水盲沟与基床表层填筑 A、B 组土共同作用有效地控制了路基冻胀变形量。

5. 总体评价

(1)路基冻胀变形总体可控

根据沈丹线观测到的路基冻胀情况看,全线共统计 1 586 个测点,冻胀变形小于 4 mm 的占全部测点的 78.1%;变形量位于 4～8 mm 之间的测点占全部测点的 17.8%;变形量位于 8～12 mm 之间的测点占全部测点的 4.1%,冻胀变形总体可控。

(2)路基基床表层冻胀量很小

2013 年度观测前基床表层已填筑的段落,监测值无大于 8 mm 的测点,2012 年度同期在基床表层未填筑时监测冻胀值大于 8 mm 的比例为 29.6%,可见 2013 年度冻胀控制明显见效,填筑基床表层 A、B 组土起到了一定的防冻胀作用。

(3)路基冻胀病害可以控制

沈丹客专建设借鉴了哈大高铁的成功经验,并在哈大高铁基础上进一步优化了设计参数和防冻胀措施,路基冻胀控制在了容许范围内,能够保证寒区高速铁路安全、平稳运行。

9.2.4 隧道工程抗冻防冻

沈丹客专全线新建双线隧道 58 座,总长约 89.9 km。全线长度大于 4 km 的隧道共 5 座,最长隧道为南芬隧道,长 7349.43 m。隧道主要采用了防排水保温防冻方法。

(1)防排水设计原则

隧道防排水采取"防、堵、截、排结合,因地制宜,综合治理"的原则。对于隧道穿过持水层、断裂破碎带,预计地下水较大,当采用以排为主而影响生态环境时,根据实际情况采用"以堵为主,限量排放"的原则,达到堵水有效、防水可靠、经济合理的目的。

(2)暗洞内防水设计

①隧道防水等级满足《地下工程防水技术规范》(GB 50108—2008)规定的一级防水标准。

②确立结构自防水为根本,同时加强施工缝、变形缝等细部结构的防水措施。主体结构的抗渗等级不小于 P10。

③隧道二次衬砌和初期支护间拱墙敷设 EVA 防水板和土工布缓冲层,防水板厚度不小于 1.5 mm;无纺布重量不小于 400 g/m^2。

④施工缝采用中埋式橡胶止水带与背贴式止水带两道防水措施,环向施工缝间距按 8～12 m(或与模板台车长度一致)一道设计,全环考虑。纵向施工缝按 2 道考虑;变形缝在地层显著变化处、明暗分界处设置,采用背贴式橡胶止水带加中埋式钢边橡胶止水带及橡胶止水条和嵌缝胶防水,环向施工缝及变形缝加设可维护注浆管,便于后续注浆堵水。

⑤二次衬砌拱顶预留回填注浆孔,间距 6.0 m,隧道衬砌施工完成并达到 100%强度后,

应对衬砌背后回填注浆。

(3)洞内排水系统防冻设计

①全线隧道均全长设置双侧浅排水沟和中心排水管。本线地处寒冷地区,为防止冻害发生,长度大于 2 km 的隧道高洞口端 700 m 洞口段的侧沟设置为双层保温水沟,中心排水管采用 ϕ500 钢筋混凝土管,并采用保温膜包裹;长度小于等于 2 km 的隧道全隧道及长度大于 2 km 的隧道低洞口端 800 m 洞口段增设深埋中心水沟排水,深埋中心水沟应置于仰拱以下,并间隔 30～50 m 设置检查井,纵向盲沟每间隔 8～12 m 与深埋中心水沟连通,设置中心深埋水沟地段取消泄水孔。

②衬砌防水板背后环向设置 ϕ50 透水管盲沟,纵向间距 8 m,在隧道两侧边墙墙脚外侧泄水孔高程处分段设置 ϕ80 的纵向透水管盲沟,环向盲沟与纵向盲沟均直接与隧道侧沟连通。当地下水发育时,应加密布置透水管。

(4)洞外排水设计

①洞口工程设置完备的排水系统。

②洞外水不得通过隧道引排,当隧道为单面坡时,高洞口端洞外侧沟做成不小于 3‰的反坡排水沟,并在洞外 2.0 m 处设置横向盲沟一道,其断面尺寸 30 cm×40 cm(深×宽)。

③洞顶刷坡线 6.0～10 m 外设截水沟一道,以拦截地表水,截水沟与路堑天沟顺接,天沟纵坡不小于 3‰。

④隧道低洞口端洞内外水沟(管)妥善衔接,并引至合适的位置末端设置保温出水口引排。保温出水口位于背风、向阳处。

(5)堵水措施

针对隧道开挖后初期支护出现大面积渗漏水或支护结构变形较大地段,隧道穿越富水的断层破碎带地段和下穿地表村庄段落,应采用开挖后径向注浆或超前周边注浆封堵地下水并加固围岩。

(6)实施效果

沈丹客专于 2015 年 9 月开通运营至今,隧道防排水系统除局部渗漏水外未发现明显的冻害现象,隧道运营良好,表明隧道保温防排水系统防冻设计及施工可满足要求。

9.3 哈齐客运专线

9.3.1 自然条件及工程概况

哈尔滨至齐齐哈尔客运专线铁路处于松嫩平原,地势平坦,东起黑龙江省省会哈尔滨市,向西经肇东市、安达市、大庆市、杜尔伯特蒙古自治县到齐齐哈尔市,如图 9.45 所示。线路全长 280.879 km,其中桥梁工程 30 座长度 173.579 km,占线路全长的 61.8%,路基工程 31 段长度 103.5 km,占线路全长的 38.2%。正线采用无砟轨道(Ⅰ型板)。路基工程填高小于 2.7 m 的低路基 40.86 km,占全线路基长 38.1%,在低路基中设置素混凝土基床的段落 23.2 km,占低路基长度的 56.8%。

沿线经过两大国家湿地自然保护区,其中 DK139＋264～DK144＋380 为龙凤湿地,

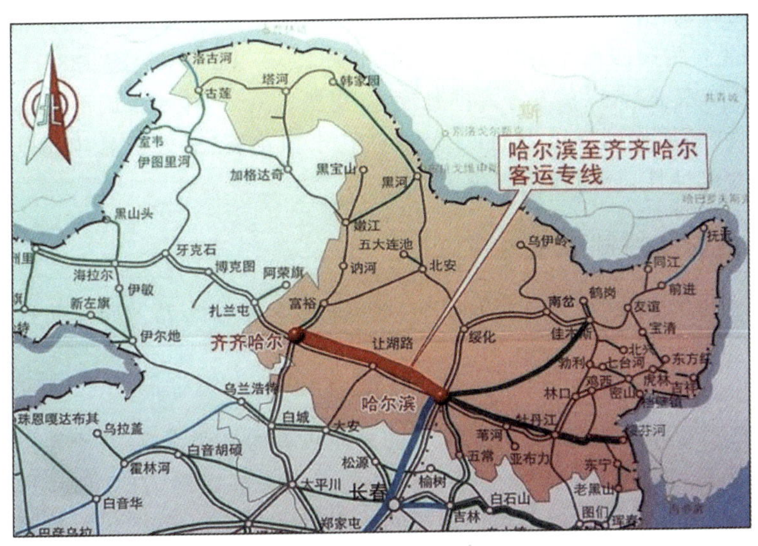

图 9.45 哈齐线地理位置示意图

DK221＋940～DK253＋420 为扎龙湿地。

沿线大部属于中温带亚湿润～亚干旱大陆性季风气候区。冬季严寒干燥漫长，夏季多雨凉爽，春、秋季干旱多风，蒸发强烈且持续时间长，蒸发量大于降水量 3 倍左右。沿线最冷月平均气温均低于－15 ℃，属严寒地区。年平均气温 4.1 ℃～4.7 ℃，极端最高温度 38.7 ℃～40.8 ℃，极端最低温度－36.8 ℃～－39.3 ℃。年平均降雨量 418.1～537.5 mm，年平均蒸发量 1 411.2～1 826.3 mm，平均相对湿度 59%～64%；年平均风速 2.9～4.0 m/s，最大定时风速 21.7～24.7 m/s。最大积雪厚度 13.0～24.0 cm，最大季节冻土深度 2.72 m。土壤最大设计冻结深度见表 9.5。

表 9.5 主要气象要素

城市	最低月平均气温/℃	最大冻结深度/m	气候分区
哈尔滨	－24	2.05	严寒地区
肇东	－27	1.89	
大庆	－26	2.14	
泰康	－27.3	2.72	
齐齐哈尔	－23.8	2.09	

沿线经过地区的大地构造属新华夏系第二沉降带，构造单元依次为：松嫩平原沉降带、松辽盆地的中央拗陷区、西部斜坡区，主要构造线呈北东和北北东向。自白垩系以来，沉积了巨厚的碎屑岩和松散沉积物，表现为地势平坦，仅局部稍有起伏。地层岩性主要地层为第四系及第三系地层，第四系地层可分为全新统人工堆积层（Q_4^{ml}）、全新统新近沉积层（湖沼沉积层 Q_4^{2l+h}、风积层 Q_4^{2eol}）、上更新统的冰水冲积层（Q_3^{fgl+al}），中更新统湖积层（Q_2^{l}），下更新统冰水冰川层（Q_1^{fgl+gl}）；第三系主要为上新统的泰康组（N_2t）。特殊岩土是龙凤湿地自然保护区分布的湖沼沉积淤泥质土、软黏性土。

沿线河流均属松花江水系，主要河流有松花江、嫩江以及一些小的支流。沿线地下水较丰富，地下水类型主要为第四系孔隙潜水，地下水埋深 1.0～4.80 m(高程 138.1～143.08 m)，地下水主要由大气降水补给，以蒸发方式排泄，水位变幅 1.0～3.0 m。局部地下水对混凝土具有硫酸盐侵蚀性，环境作用等级为 H1。经取钻孔水样化验：对处于氯盐环境中的铁路混凝土结构具有氯盐腐蚀性，环境作用等级为 L1。

9.3.2 路基防冻胀控制难点

哈齐客专地处严寒地区，穿过两大湿地，地表水和地下水丰富及路基防冻胀是本工程的重点和难点。

1. 路基变形要求严格

哈齐客专为严寒地区最高时速 300 km 的无砟轨道的高速铁路，对于轨下系统的变形有着极为严格的要求。路基工后沉降应符合扣件调整能力和线路竖曲线圆顺的要求，工后沉降不宜超过 15 mm，路基与桥梁或横向结构物交界处的工后沉降差不应大于 5 mm，不均匀沉降造成的折角不应大于 1/1 000。如何将冻胀变形控制在无砟轨道允许的范围之内是哈齐客专面临的重中之重。

2. 气候条件极端恶劣

沿线冬季气候异常寒冷，年平均气温在 1 ℃～5 ℃，极端最低气温可达－39.3 ℃，且冻结深度较大，土壤最大冻结深度达 1.89～2.72 m，实测局部段落最大冻结深度达 3.05 m。每年 11 月份地层开始冻结，次年 5～6 月份全部融化，属于深季节性冻土地区。在入冬后气温下降得快，土体冻结迅速，冻结峰面下移较快，土中水分迁移量较少，冻胀量相对较小；如果气温下降较慢或有反复，即所谓的暖冬现象，土体冻结深度发生了停滞，就会引发未冻土中的水分不断向冻结锋面迁移并冻结，从而使得冻胀量增大。

3. 地势低洼排水不畅

沿线处于冲积平原区，地势平坦低洼，经过两大国家湿地自然保护区，沿线地下水丰富，地表水排水不畅，路基冻胀控制异常复杂。

9.3.3 路基防冻胀原则

针对沿线自然条件，在路基防冻设计中主要采取限制路堤最小高度、改善路基填料或基床结构、设置隔水层及防冻胀护道、加强地表水及地下水排除等措施。

1. 基床设计

(1)限制路堤最小高度

路堤高度原则上大于冻结深度＋0.5 m，常年积水地段路基面位于常水位以上不小于冻结深度＋0.5 m。

(2)防冻胀填料设计

基床表层填筑级配碎石，厚 0.4 m，细颗粒(颗粒粒径≤0.075 mm)含量不大于 5.0%，0.02 mm 以下颗粒质量百分率不得大于 3%，基床表层级配碎石掺 5%水泥，水泥采用 P·O42.5 级普通硅酸盐水泥。

基床底层填筑 A、B 组填料，厚 2.3 m。冻深＋0.25 m 范围内满足细颗粒含量小于 5%、压实后小于 7%，压实后渗透系数不小于 5×10^{-5} m/s。粒径小于 0.5 mm 的细颗粒的液限不大于 25%，塑性指数小于 6。不得含有黏土及其他杂质。加强基床填料的细颗粒控制，细颗粒测定采用水洗法。

基床以下路堤填筑 A、B 组或 C 组碎石、砾石类填料。

(3)混凝土基床设计

对于路基面以下冻结深度范围内无自然排水条件的地段均设置了混凝土基床，混凝土基床厚度采用最大冻结深度+0.25 m。

混凝土基床每隔 20 m 设置 1 道伸缩缝，缝内填塞木丝板并设置传力杆钢筋。混凝土基床与相邻的填料基床间设置过渡段，过渡段长 20 m，填筑级配碎石掺 3%水泥。横断面方向混凝土基床表面自路基中心至轨道底座外边缘设 2%排水坡，自轨道底座外边缘往线路外侧设 4%排水坡(见图 9.46)。基床两侧采用纤维混凝土封层，厚度不小于 8 cm，每 20 m 设置 1 道伸缩缝，与混凝土基床伸缩缝错缝布置。

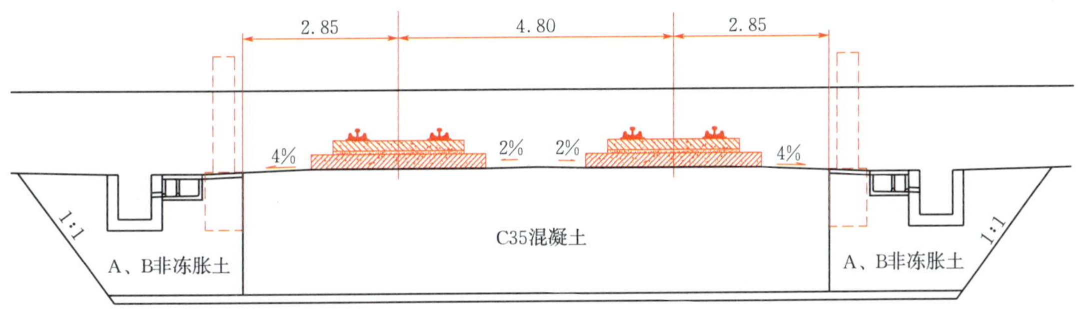

图 9.46　混凝土基床方案标准断面示意图(单位:m)

(4)保温护道设计

在路基坡脚两侧设置保温护道，护道宽度不小于 2.5 m，护道顶面位于基床表层底面，护道内设置 0.3 m 厚渗水土排水层。

2. 路基面防排水

(1)基床表层顶部设置 0.08 m 厚沥青混凝土封水层，两侧支承层边缘至路肩为向外 4%的排水坡，双线之间做成向内 4%的排水坡；无砟路基地段线间排水采用在底座间设置横向排水通道的方式。

根据汇水面积计算，底座板每隔不大于 4 块轨道板距离将伸缩缝加宽至 100 mm，作为横向排水通道，排水通道处的底座板下设置 C30 钢筋混凝土搭板，搭板沿线路纵向长 2 m，横向与底座板等宽，搭板表面向线路外侧设置 2%的横向排水坡。搭板与底座板间设置连接钢筋，两者紧密连接成为一体，如图 9.47 和图 9.48 所示。

底座板分段设置，除排水通道外，其他的底座伸缩缝宽 20 mm，设置传力杆结构，缝内填充聚乙烯泡沫塑料板，并用聚氨酯密封。

(2)岔区无砟轨道利用轨道结构表面排水，线间填筑矿物混合物，其顶面采取 C25 纤维混凝土封闭，厚度不小于 150 mm。线间封闭层顶面设置 2.5%的人字形横向排水坡。道床板顶面设置向线路外侧的单向排水坡。封闭层上每间隔 5 m 设置一横向伸缩缝，其中顶部缝宽度 12 mm、深度 8 mm 范围采用聚氨酯密封处理，其下采用聚乙烯板填缝。封闭层与道

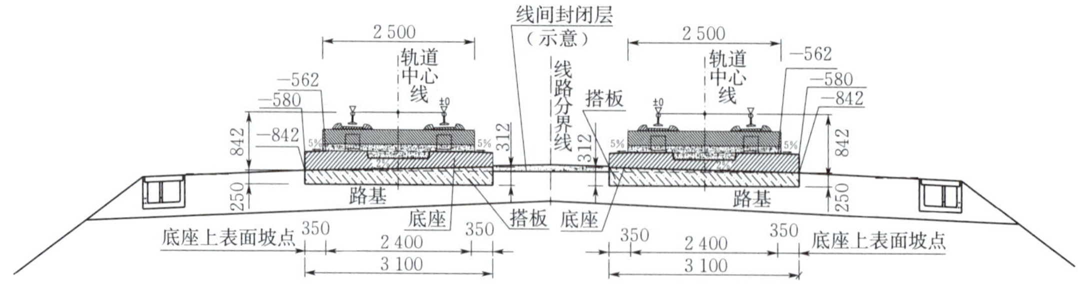

图 9.47 横向排水通道设置位置横断面示意图(单位:mm)

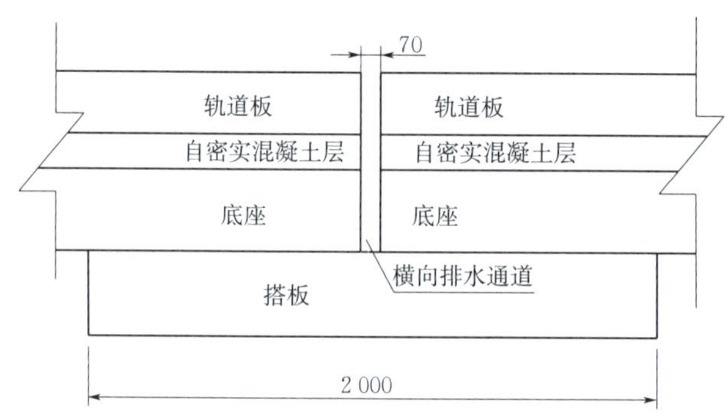

图 9.48 横向排水通道示意图(单位:mm)

床板间设置纵向缝,纵向缝顶部宽度 20 mm、深度 12 mm 范围采用聚氨酯密封处理。纵缝处除聚氨酯密封范围外,其余区域采用塑料薄膜隔离层对封闭层与道床板隔离。线间封闭层与岔区无砟轨道横向相接处采用同纵缝相同的处理方式,如图 9.49 所示。

(3)基床表层顶部两底座外边缘至路肩设置向外 4%的排水坡,双线之间做成向内 2%的排水坡,并设置 0.08 m 厚的 C30 纤维混凝土封水层,纤维混凝土沿线路长度方向每 5 m 设置 1 道横向伸缩缝,且应与底座伸缩缝错缝布置。缝宽 20 mm,缝内设置 14 mm 厚密封胶,其下设直径 22 mm 聚乙烯棒作为背衬材料,背衬材料下采用厚 20 mm 的聚乙烯板填缝(见图 9.50)。

纤维混凝土与底座间纵向缝,缝宽 20 mm,缝内设置 14 mm 厚密封胶,其下设直径 22 mm聚乙烯棒作为背衬材料,背衬材料下采用厚 20 mm 的聚乙烯板填缝(见图 9.51)。

3. 地下水排水

哈齐客专与既有滨洲线近距离并行且地下水位埋深相对较低,因路基排水方案改变,不具备自然排水条件的填料低路堤段落,为保证排水通道畅通,在哈齐与既有滨洲线间设置渗水盲沟,将路基本体中的水引入盲沟中,通过盲沟将水排到检查井中,最后将水通过渗水管井导入地下。

渗水盲沟设置于左侧护道下部,盲沟右侧 1m 翼缘搭在筏板或桩帽边上,埋深不满足最大冻深+0.25 m 时,在其左侧及上侧铺设一层 XPS 保温板,厚 0.1 m。

渗沟沟底纵坡原则上同线路纵坡,困难地段不小于 2‰。

渗沟底宽 1.2 m,垂直开挖,渗沟内充填洗净碎石,下设 C25 混凝土基础,厚0.2 m,基础底部设置 4%排水坡,其上设 ϕ315 mmPVC 带孔双壁波纹渗水管,在渗沟左侧及上侧设置一层不透水土工布,右侧及下侧采用一层透水土工布反滤层包裹,如图 9.52 所示。

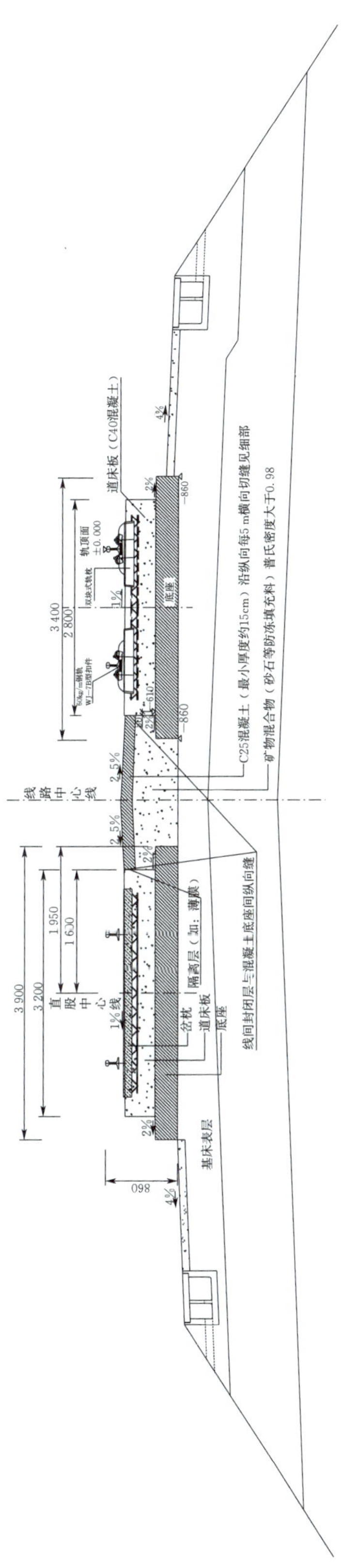

图 9.49 岔区路基面排水示意图(单位：mm)

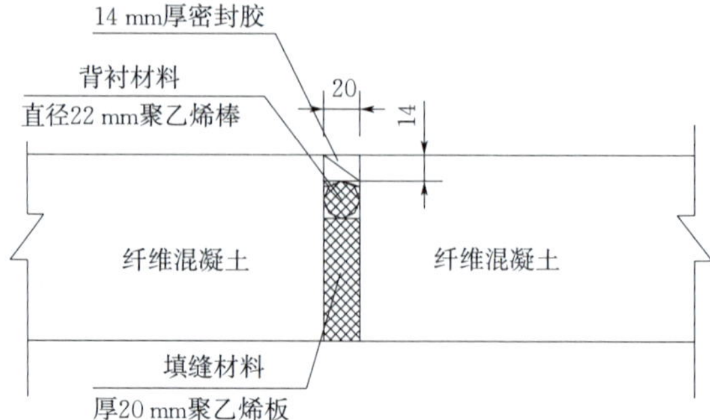

图 9.50　横向缝封堵示意图(单位:mm)

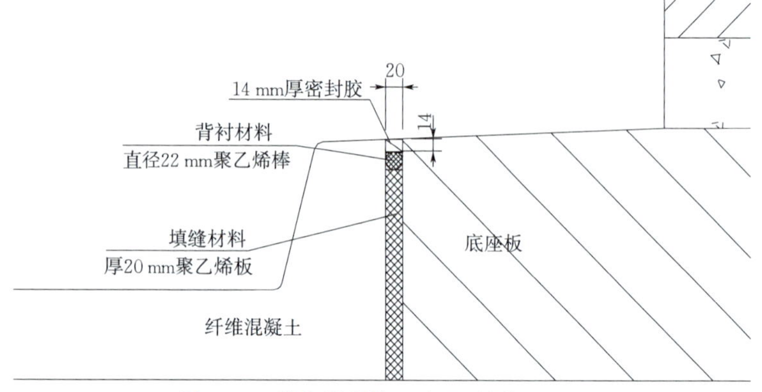

图 9.51　纵向缝封堵示意图(单位:mm)

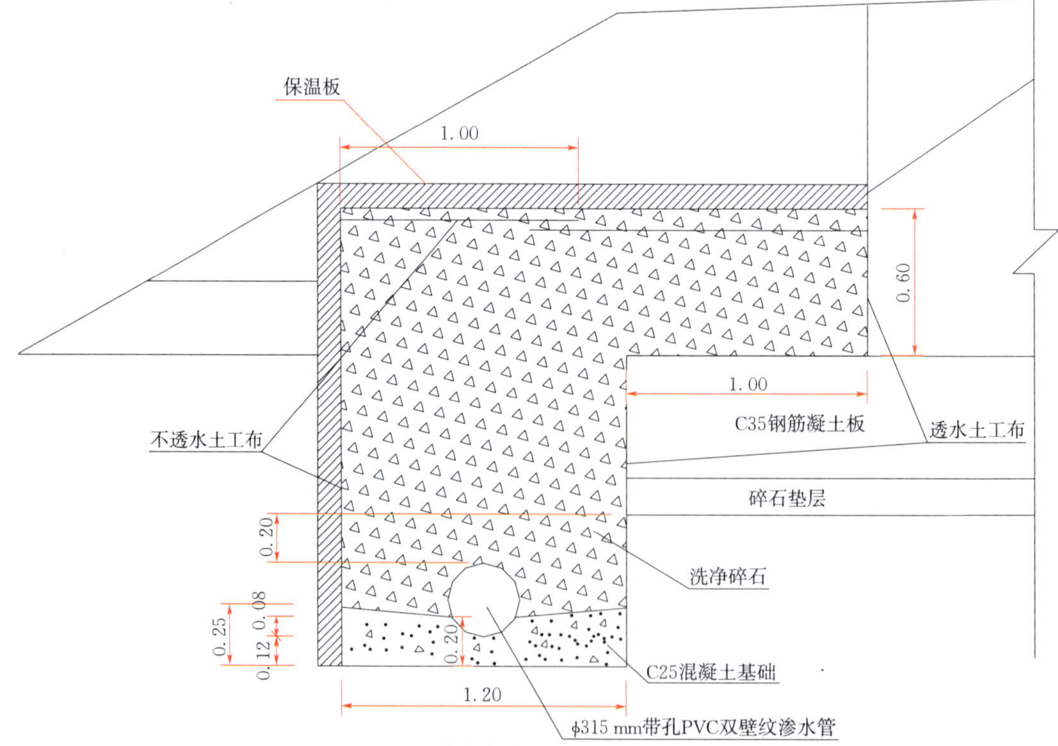

图 9.52　渗水盲沟设置示意图(单位:m)

渗沟每隔 30 m 及平面转折处均设置一处检查井，圆形检查井采用预制拼装式，并在井内设置防寒木盖。

沿渗沟每隔 120 m，于检查井中设管井。管井采用 DN300 铸铁管，直径 300 mm，管井长 10 m。管井上部 2 m 的井孔采用黏土回填，其余井孔采用碎石回填。管井底采用 10 mm 厚钢板焊接封堵。管井周边采用玻璃纤维增强塑料丝缠裹，缠丝间隙 2 mm。铸铁管周边打孔，孔径 5 mm，间距 20 mm，如图 9.53 所示。

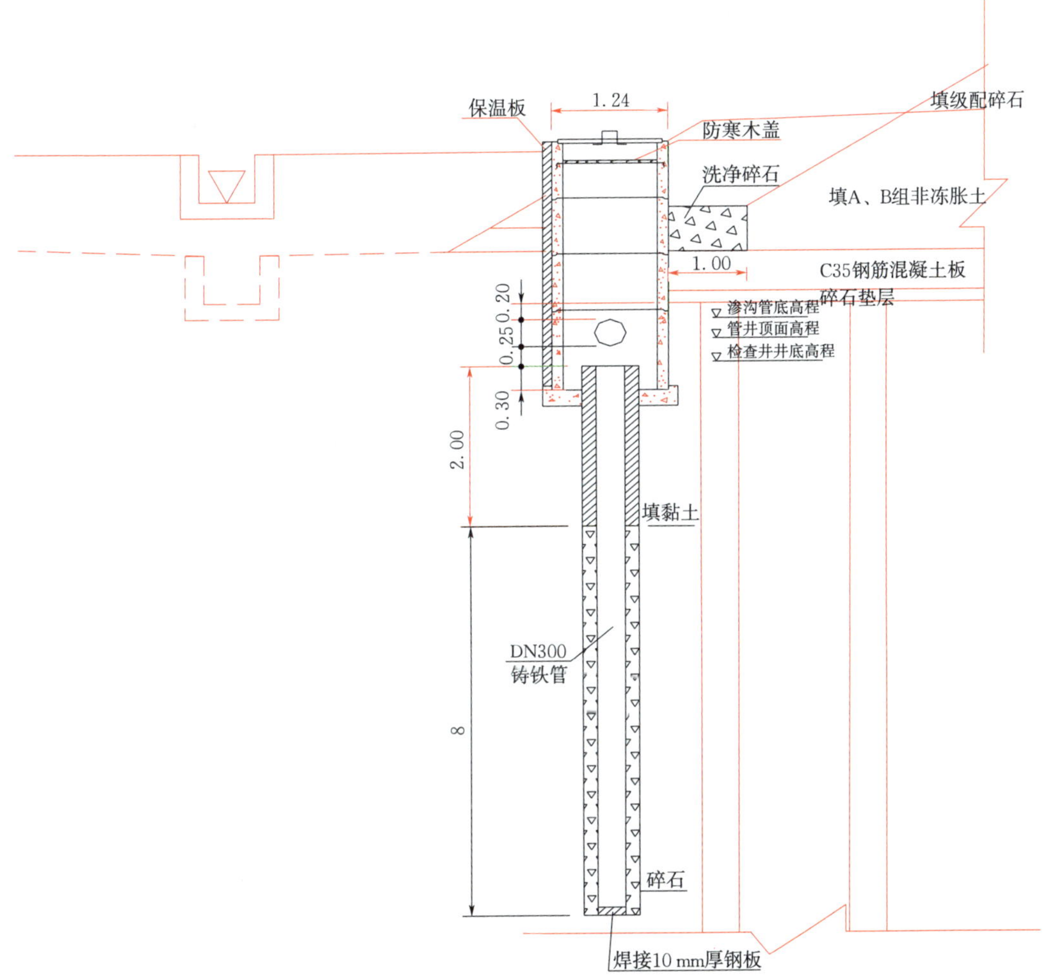

图 9.53　管井示意图(单位:m)

4. 电缆槽设置

电缆槽设置在路肩上影响路基表面防排水层效果，本工程采用将电缆槽移出路肩的方案:在有保温护道的地段，将电缆槽放在保温护道上;没有保温护道的地段仍将电缆槽放在路肩上，采用整体式电缆槽。

整体式电缆槽一般每隔 20 m 左右整体式电缆槽安装两节盖板式电缆槽，如图 9.54～图 9.56 所示。

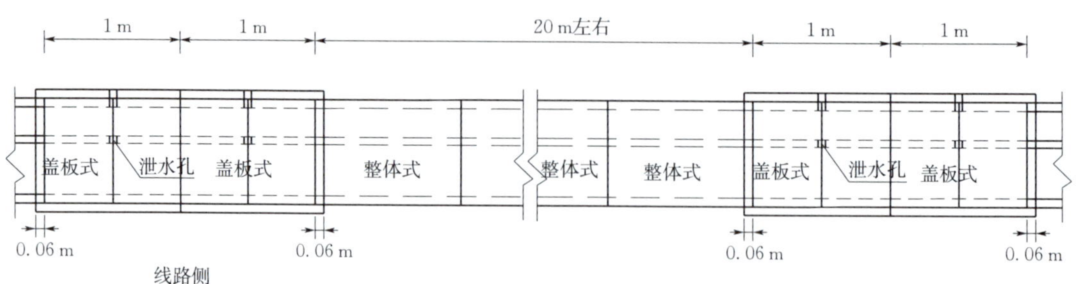

图 9.54 电缆槽采用型式和平面布置示意图

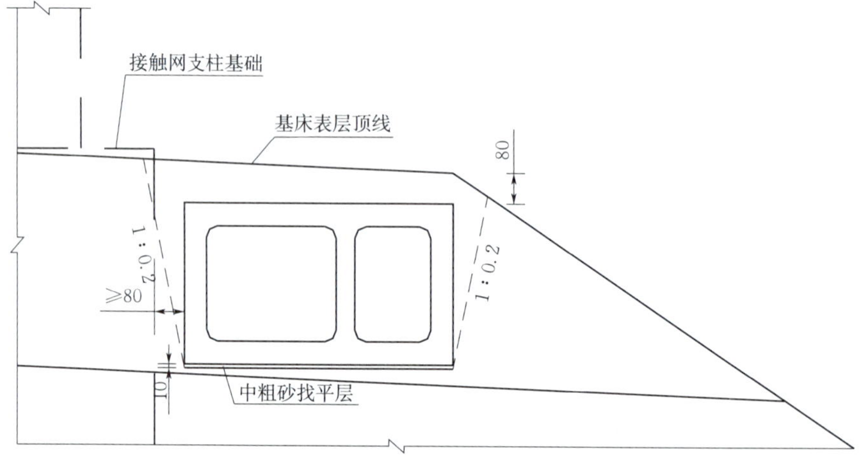

图 9.55 整体式电缆槽示意图(单位:mm)

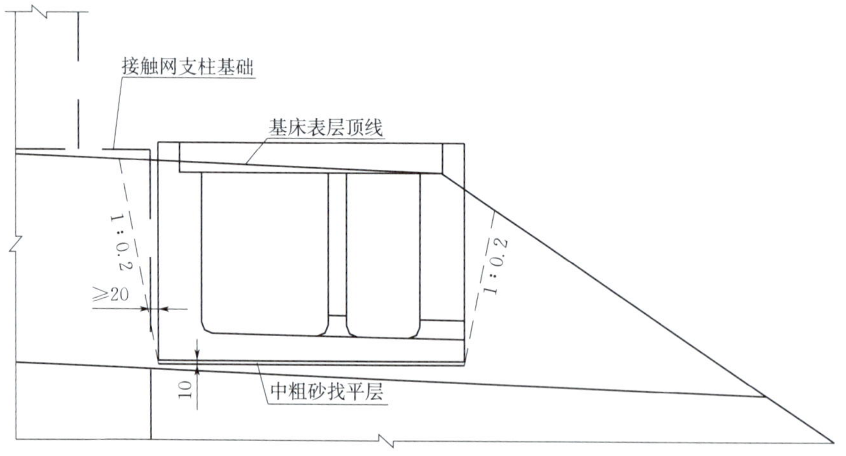

图 9.56 盖板式电缆槽示意图(单位:mm)

电缆槽在路肩和护道上需要上下过渡,在过渡的地方于路肩和护道上各设一个电缆井,通过电缆井实现电缆槽的上下过渡,如图 9.57 和图 9.58 所示。

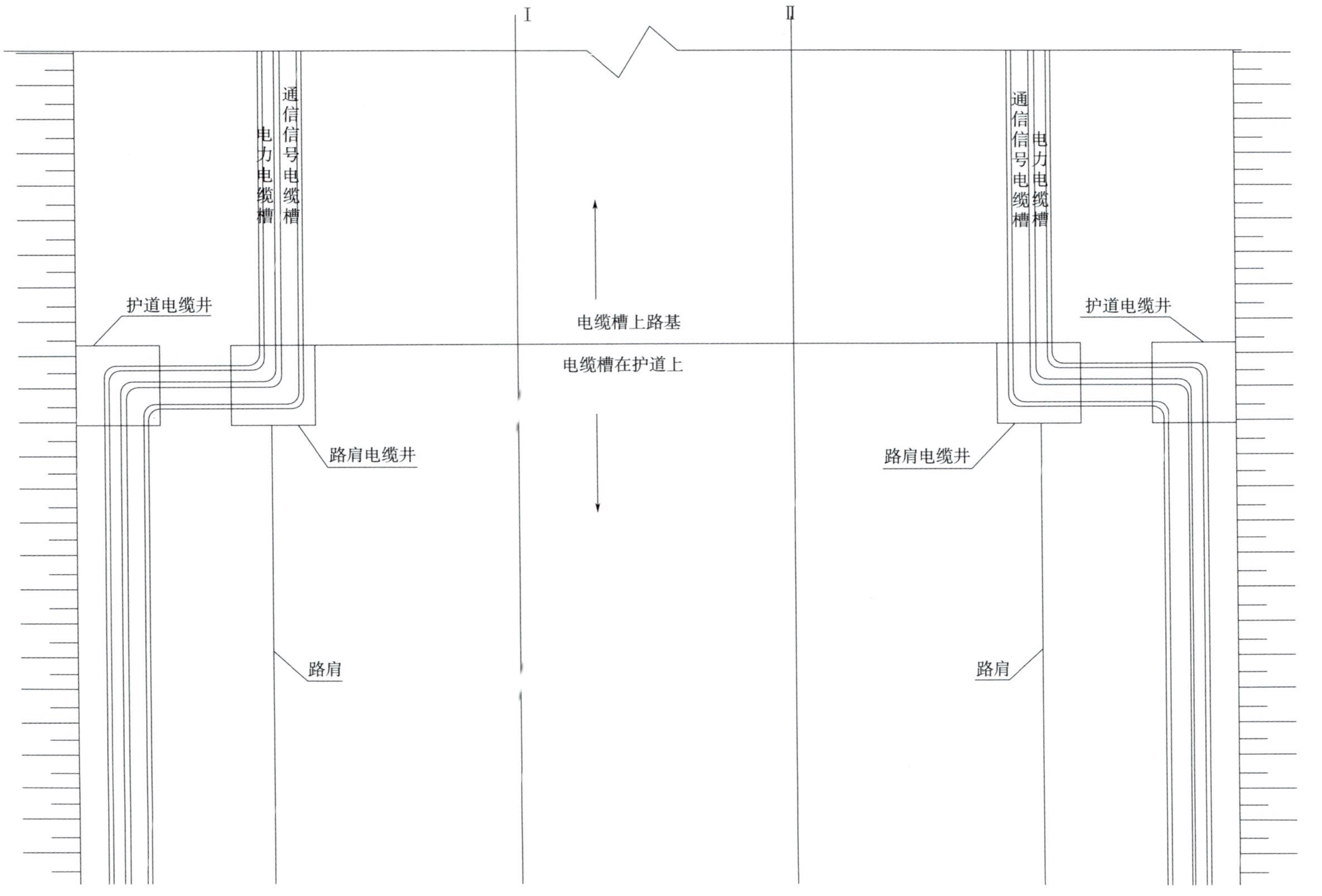

图9.57 护道上与路肩上电缆槽顺接过渡示意图

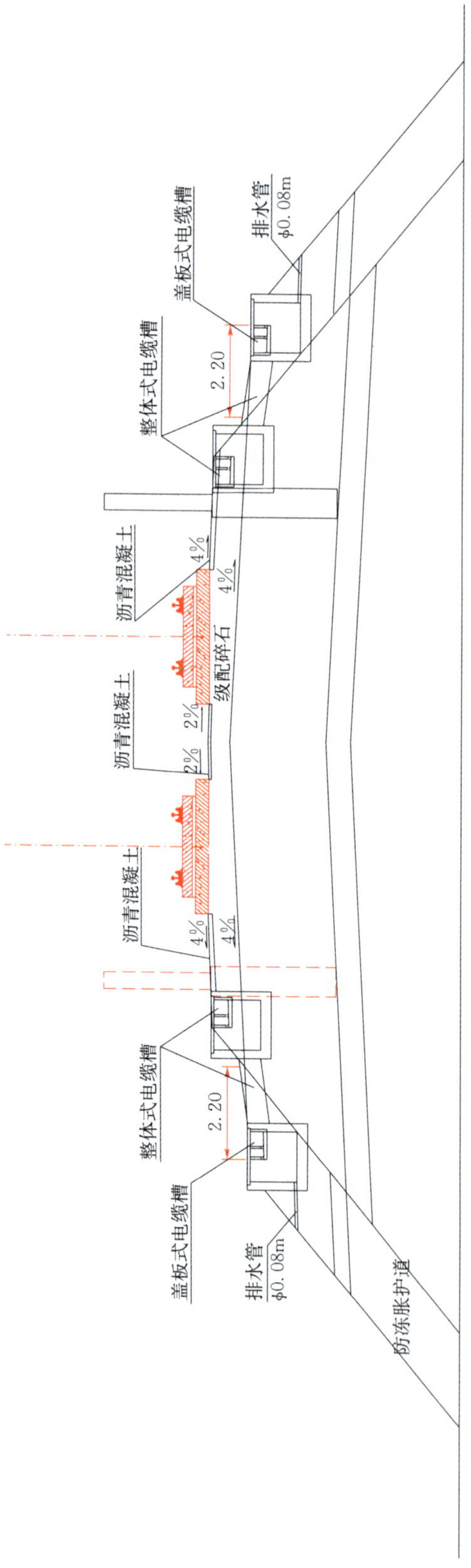

图9.58 护道上与路肩上电缆槽顺接过渡示意图（单位：m）

9.3.4　路基冻胀监测

以哈齐客专 2012—2013 年度冬季路基冻胀变形监测工作为例。采用人工监测与自动监测相结合的方式对路基体全方位立体监测，通过大面积人工监测从总体上把握全线各种路基结构的冻胀情况，通过自动监测对重点工点全天候、实时、动态、分层监测，了解冻胀发生发展规律。

9.3.4.1　路基冻胀变形监测

路基变形直接影响到轨道的质量状态以及行车安全，通过对哈齐客专全面、细致、高精度的监测，可以掌握季节性冻土区路基冻胀变形的规律，为防冻胀工程措施和轨道类型选择提供真实可靠的依据。冻胀监测从施工到路基基床底层顶面开始，采用人工监测和自动监测两种方式。

1. 路基面冻胀变形监测

通过在路基表面埋设监测桩进行人工二等水准测量，监测其高程变化情况。

1）监测方案

在路基底层表面埋设冻胀监测点，对路基冻胀变形监测。在监测过程中，建立变形监测数据库，并结合地质条件和路基工程情况对监测数据综合分析。

（1）观测断面布设

沿线路方向每 50 m 设置一个观测断面，路涵路桥等过渡段增设观测断面，桥台后 5.0 m、10.0 m、15.0 m，涵洞过渡段设置在涵洞边墙外 5.0 m、10.0 m、15.0 m。

（2）监测桩技术要求

设置直径为 30 cm、厚 10 cm 的监测桩，监测桩采用 C15 素混凝土现浇，添加防冻剂，做好保温防护工作（见图 9.59）。观测墩中心埋设长 10 cm、直径 14 mm 的螺纹钢作为观测标志，保证观测标志露出监测桩面 5 mm，且标头平滑。

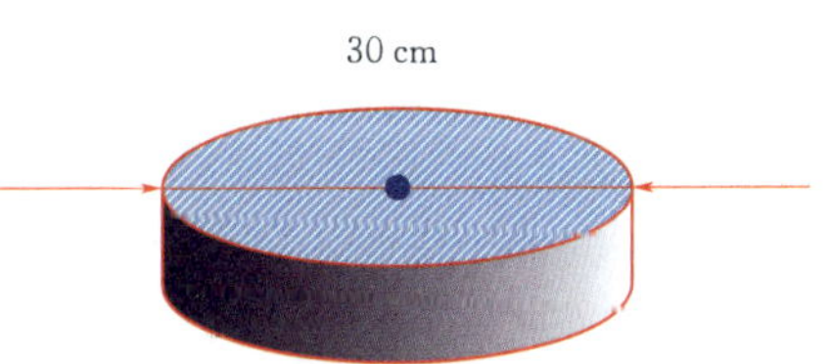

图 9.59　监测桩示意图

（3）监测精度要求

①一般技术要求

根据规范要求，路基冻胀监测按变形测量三等规定执行（表 9.6）。

表 9.6　变形测量等级及精度要求

变形测量等级	垂直位移测量	
	变形观测点的高程中误差/mm	相邻变形观测点的高程中误差/mm
三等	±1.0	±0.5

②主要技术指标

变形监测网主要技术要求按表 9.7 执行。

（4）观测方式和周期

综合考虑监测频次、监测成本等情况，路基监测观测方式如下：

第一：首次观测应联测线下深埋水准点和线路水准基点，构网观测，建立线上监测基准网。后期每次路基变形监测前，应采用二等水准测量方式对线上基准点检核。如果各个基准点间满足二等水准的限差要求，则采用原值；如果不满足可采用内插法调整，当内插法无法调整时，需重新联测线下基准点并对线上基准点检核并调整。

表 9.7　测网主要技术要求

等级	相邻基准点高差中误差/mm	每站高差中误差/mm	往返较差、附合或环线闭合差/mm	检测已测高差较差/mm	使用仪器、观测方法及要求
三等	1.0	0.3	$0.6\sqrt{n}$	$0.8\sqrt{n}$	DS05 型仪器，按国家二等水准测量的技术要求施测

注：n 为测站数。

第二：路基监测标监测时，以面向大里程最右侧的路基冻胀变形监测为主水准路线的转点，采用二等水准往返测的形式测量，以中视方式观测另外 2 个断面监测点，并保证每个监测点往返测时是以相同的 CPⅢ点测量两次。水准路线附合到路基两端桥梁上的线上水准基准点上，并联测路基中部涵洞或框构桥上的水准基点。

第三：首次观测应编制好水准线路图，以后每次观测均固定水准路线，并且规定仪器的摆放位置。

第四：每次监测完成之后，需对各期数据综合分析，形成单点、横向及纵向变形图。

观测周期频次：2012 年度观测时在气温骤降和上升时期加密了观测周期，2012 年 11 月～2013 年 5 月共做了 12 次观测。根据 2012 年度观测经验，2013 年度观测时调整观测周期为 7 次。

2）监测桩保护

监测桩的布设应充分考虑施工干扰、损坏对精度影响，每个断面监测点的间距需预留车辆通道，埋设完成后定期对全线的监测点巡视，对损坏的监测点及时修补。

2012 年度全线共布设 1 955 个人工冻胀观测断面，埋设监测桩 3 720 个，2013 年度全线共布设 1 027 个人工冻胀观测断面，埋设监测桩 2 655 个，满足了监测控制精度（见图 9.60 和图 9.61）。

图 9.60　监测桩埋设图

图 9.61　人工观测

2. 分层冻胀变形与地温监测

一般情况下受地形、土质、水位、地表植被以及工程本身影响，冻结深度会有所变化，个别年份局部地段可能出现超出设计冻结深度的情况。针对哈齐客专沿线 5 个冻结深度区域（2.05 m、1.89 m、2.14 m、2.72 和 2.09 m），选择 5 段路基，对不同位置、深度的地温、变形和地下水位监测，同时对龙凤站选取的防冻胀试验段变形、地温、地下水水位及含水量自动监测。

2012 年度哈齐线共设 8 个监测断面，根据现场施工情况及 2012 年度监测结果，2013 年度选择冻胀量较大的段落增设 3 处自动监测断面，见表 9.8，各断面均在（左或右）路肩钻孔布设温度和竖向变形监测探头，监测路肩表面以下 5 m 范围内的温度和路基填料层的冻胀变形。

表 9.8 监测断面布设

断面里程	冻结深度/m	监测内容	备 注
DK13+090	2.05	变形、地温、地下水位	
DK18+350（哈尔滨）	2.05	变形、地温、地下水位	
DK34+200	2.05	变形、地温、地下水位	
DK42+850	2.05	变形、地温、地下水位	
DK60+200（肇东）	1.89	变形、地温、地下水位	
DK146+185、+195（龙凤）	2.14	变形、地温	铺设基床表层并施作混凝土底座
DK146+210、+230	2.14	变形、地温、含水量	普通填料试验
DK146+250、+270	2.14	变形、地温、含水量	普通填料保温试验
DK146+530、+550	2.14	变形、地温、含水量、地下水位	混凝土基床试验
DK146+580、+600	2.14	变形、地温、含水量	混凝土基床保温试验
DK148+550、+570、+580	2.14	变形、地温、含水量	填料改性试验段
DK220+300、+325、+350（泰康）	2.72	变形、地温、地下水位	铺设基床表层并施作混凝土底座
DK256+100（齐齐哈尔）	2.09	变形、地温、地下水位	

对以上不同冻结深度区域选择试验断面进行冻结深度及冻胀变形以及水位采集，采用地温元件、冻胀计和水位计综合观测，断面元器件布置如图 9.62 所示。

9.3.4.2 水位监测

2012 年度对全线路基段落地下水水位核查，每 500 m 设置一处水位测试，累计水位观测点 223 处，采用钻孔观测水位高程。2013 年度采用人工监测方式对地下水水位较高段落及设渗沟段落地下水水位继续观测，共计观测点 18 个。

9.3.4.3 冻胀监测结果分析

2012—2013 年度冬季哈齐线具备监测条件的路基约 74 km，共布设 1955 个人工冻胀观测断面，埋设监测桩 3 720 个，观测点覆盖率为 75.85%，监测结果见表 9.9。

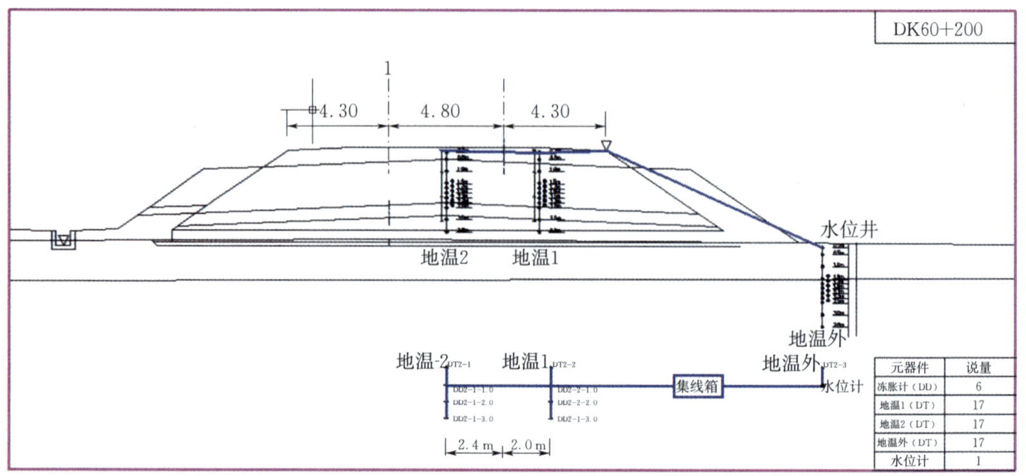

图 9.62　监测断面元器件布设示意图(单位:m)

表 9.9　哈齐客专 2012～2013 年度冻胀监测结果

路基结构类型		最大冻胀量/mm			合计/个
		(−∞,4]	(4,8]	(8,+∞)	
混凝土基床	监测点	167	9	0	176
	比例	94.89%	5.11%	0	
涵洞	监测点	125	7	4	136
	比例	92.17%	5.22%	2.61%	
路涵过渡段	监测点	694	64	13	771
	比例	90.00%	8.30%	1.70%	
路桥过渡段	监测点	128	12	2	142
	比例	89.87%	8.86%	1.27%	
一般路堤	监测点	2 115	321	59	2 495
	比例	84.76%	12.86%	2.38%	
合计	监测点	3 229	413	78	3 720
	比例	86.80%	11.10%	2.10%	

由监测结果可见：

(1)全线所监测的混凝土基床最大冻胀量小于 4 mm 的监测点占该类路基结构总数约 95%，且未出现冻胀量大于 8 mm 监测点，该结构类型防冻胀效果较好。

(2)冻胀量大于 8 mm 监测点多出现在一般路堤段落及路涵过渡段，这也是冻胀防治的重点地段。

(3)全线冻胀量大于 4 mm 的监测点占总数的 15%左右，说明哈齐客专的路基冻胀现象并不是个别点，而是存在一定的普遍性，但同时，冻胀量大于 8 mm 的监测点所占比例较小，说明其冻胀变形是可控的。

9.3.5 路基防冻胀施工控制

路基防冻胀不仅在设计方面需要优化与完善，在施工过程中也应改进施工工艺，控制施工要点。

9.3.5.1 路基填筑施工

路基冻胀主要是因路基填料中水在冬季低温下发生冻结体积膨胀，另外温度较高的水向温度较低的土层方向转移，在温差聚水作用下，水分不断聚集冻结，使路基表层水分不断增加，结冰后土体膨胀增大，形成冻胀。预防路基冻胀应从两个方面着手：一是提高填料本身防冻胀特性，二是通过路基结构提高路基防水、防冻能力。

1. 土质改良

基床底层填筑非冻胀性 A、B 组填料，对取土场取出的 A、B 组填料进行级配试验分析，严格控制 0.075 mm 粒径以下粒径颗粒碾压前后的含量，应在施工前进行试验室水洗法测定和首件的碾压验证。选择优质料源和掺入其他区段粒径土料的方法，改变土质的级配，使之既达到细颗粒含量的控制标准，又能够满足压实度等路基检测指标的要求。填料拌和需要采用筛分设备进行工厂化作业，利于各种级配料的匀质性控制。赋存集料时用装载机及时转运，分层堆放，防止形成自然坡角的堆，避免颗粒发生离析。必须在填料运输前合理控制填料的含水量，试验人员跟踪检测，使施工过程中达到最佳含水量。翻拌过程中也要检查集料含水量，发现不足时应补水焖料，保证集料拉入路基后含水量足够；发现含有冰雪块时采用人工挑选清理，发现含水量超标时应晾晒。

2. 填筑工艺

严寒地区客专路基应严格按照“三阶段、四区段、八流程”进行施工。此外还应在以下几个方面加以注意：

(1)核对现场实际情况是否与原设计情况发生重大变化，如发现路基附近有排水出路或集水地，需通知设计人员调整设计。

(2)路基基底设置筏板隔断层，以隔断毛细水上升，防治路基冻胀。为保证路基整体排水效果，筏板下层必须设置透水效果良好的透水垫层，透水垫层采用级配良好的碎石，最大粒径不得大于 50 mm，保证其清洁，不被污染，含泥量不大于 5%。为防止施工中碎石流失，在垫层的两端用沙袋码砌护脚。采用画点布料控制松铺厚度。整平采用推土机初平，平地机终平，保持纵横平顺均匀。采用振动压路机静压 1～2 遍，振压 3～4 遍，速度控制在 2～3 km/h。

(3)筏板钢筋绑扎前需设混凝土垫层，而后在其上绑扎钢筋、支模、浇筑 50 cm 厚混凝土。筏板上需设置泄水孔，施工前必须人工将混凝土垫层凿透，将泄水管埋入碎石垫层中 5 cm 以上，泄水管内填满碎石，防止筏板混凝土浇筑时封堵泄水孔。该工序常因混凝土垫层没有被凿透，使泄水孔失去作用，又因没有放入碎石被填料堵塞，使泄水功能失效或减弱。

(4)为保证施工过程中表层水以及成型后路基填料内自由水的顺利排出，应严格按照设计要求控制每层填筑面的排水坡度和平顺度，可采取压路机弱振完成后(碾压第二遍后)平地机精平、局部人工补料处理的办法克服，避免填筑面出现排水不畅或局部水坑现象。

(5)路基填筑应与护道土同时填筑，先填筑路基填料，后填筑护道土。需注意由于护道土填料为C组土，因此路基填料上料需超填至少50 cm，并人工整坡，护道土上料时应严格控制上料车辆的倾倒位置，并配合人工对侵入路基本体的护道土进行清理，而后同时碾压。

(6)路基设置有透水层以利排水。透水层设置在路基填筑的第二层，材料选用与碎石垫层相同，厚度30 cm。应特别注意保温护道下也应采用同种材料填筑，且路基横断面坡度设置不小于4%。

(7)由于受沉降观测桩的影响，路基填筑时不能对该范围有效碾压，必须采用小型碾压设备，如气动打夯设备等夯实，其检测指标不应低于设计标准。

(8)桥涵过渡段采用填筑级配碎石掺加水泥材料填筑，除严格控制级配、拌和等工艺外，碾压后需对其及时洒水覆盖养生，养生期间不得通行车辆。其施工时间要与该层路基填筑同步进行。

(9)路基填筑工程中要严格控制集料窝的处理，其不但影响路基压实等指标，还会形成集水，对路基的整体防冻影响较大。需采用人工挖出，回填合格填料，同层碾压。

(10)路基填料上料需选择合适区域作为运料车掉头位置，严禁车辆在已填筑的路面上掉头、倒车上料，防止车辆掉头破坏路基面。

(11)冻胀区底部高程控制。

由于各地区冻融深度的不同，在路基填筑施工过程中应严格控制好冻胀区分层线即设计冻胀层底部高程(设计冻胀层厚度＝最大冻结深度＋预留冻胀厚度)，控制原则“宜低不宜高”，以确保非冻胀土填筑厚度。施工中应加密测量，5 m一个断面，每个断面布置5个控制点，并采用网格拉绳法整体检测，确保点点合格。

9.3.5.2 混凝土基床施工

混凝土基床本体无冻胀现象，施工中应严格按照混凝土及模板相关规定施工，还应注意以下几点：

(1)由于混凝土基床基底为CFG桩＋碎石结构，挖除CFG桩间土时极易造成桩体受损，需采用小型挖掘机，人工配合挖土作业，桩体粘结的土体采用人工清理。截桩头前需准确放线，并在桩体上标注切割断面，采用四刀环切，达到切割面平整，严禁由于切割不到位采用楔子敲断CFG的做法。切割完成后及时清理松动土体，尽量不破坏原状土。

(2)碎石垫层施工时要严格控制级配，并采用小型打夯设备压实，人工平整。

(3)混凝土基床浇筑时需选择合适的温度条件，严防混凝土开裂。浇筑过程中严禁用罐车直接倾倒混凝土，需采用溜槽或泵车浇筑，做好混凝土收面工作，控制平整度及两侧排水坡的收坡工作。

(4)混凝土基床板与板之间设穿立杆，需在混凝土浇筑前严格按设计安装，采用托架固定，确保其平直和位置准确，并在下一板施工前认真检查，损坏或偏移位置的要及时更换和调整。

(5)混凝土基床外侧设计有保温护道，如现场不能同年完成，则需要在进入冬季前在混凝土外侧，按照当地最大冻结深度＋0.25 m的宽度，对混凝土下的CFG桩保护，防止桩体发生冻胀。

9.3.5.3 保温护道施工

(1)防冻护道是严寒地区特有的路基设计方式,需对填筑用料严格筛选,并通过试验检测,以满足各项指标达到设计要求。施工中必须切实控制好防冻护道的宽度、高度、横坡以及压实效果等,路基填筑应与护道土同时填筑,先填筑路基填料,后填筑护道土。需注意由于护道土填料为C组土,因此路基填料上料需超填至少50 cm,并人工整坡,护道土上料时应严格控制上料车辆的倾倒位置,并配合人工对侵入路基本体的护道土进行清理,而后同时碾压。

(2)填筑时应特别注意透水层的设置,透水层应设置在路基填筑的第二层,材料选用碎石相同,厚度30 cm,应严格控制滤水层厚度、底部高程以及护道顶面横坡不小于4%,以达到滤排水的效果。

9.3.5.4 渗水盲沟施工

(1)盲沟所使用的PVC双壁波纹管、透水土工布、两布一膜土工布、挤塑聚苯乙烯泡沫塑料(XPS)保温板及洗净碎石等材料严格按照设计要求选购,进场后经试验室检验合格后使用。

(2)根据哈齐客专所处高寒地区的特点,由于盲沟顶部填土不能满足最大冻深的要求,采取保温板包裹盲沟的防冻措施,施工时严格按照要求施工,避免盲沟受冻胀危害。

(3)盲沟的纵向坡度严格按照设计施作,准确测量,确保渗水能顺利流至管井。

(4)靠近路基侧采用透水土工布作反滤层,外侧及顶部在保温板的内测用两布一膜土工布包裹碎石。应先在两侧沟壁铺好就位,并预留顶部覆盖所需的土工织物,拉直平顺紧贴下部C35混凝土基础,所有纵向或横向的搭接缝交替错开,搭接长度不小于30 cm。

(5)盲沟出水口底面高程,应高出沟外最高水位0.2 m。盲沟出水口PVC管采取防鼠措施,以防盲沟堵塞失效。安放固定PVC管时注意使双面孔成水平状。

(6)按设计要求施工放样,基坑开挖采用机械开挖,人工清理,基坑挖至高程后不得长时间暴露,以免削弱其承载力。基底尽量避免超挖,如有超挖或松动应将其夯实,基坑开挖完成后,应放线复验,确认沟底高程到盲沟沟底设计高程,复测无误后浇筑混凝土基础。沟底设ϕ315 mm双壁波纹管,管孔面积占孔壁面积不小于3%,且相互错开,孔应水平放置,后再铺碎石于沟内。到沟顶用土工布将碎石包裹后,再填土压实。

(7)基础开挖后,每道工序需经质检、试验、测量等检查质量合格,并经监理工程师签证认可后,方可进入下一道工序。

(8)工程所用的碎石材料等都应取得检验合格证方可进场,否则不能使用。

(9)盲沟施工应选择在旱季,若遇雨季施工时,应加强排水措施,以防雨水冲刷基础,影响工程质量。

9.3.5.5 排水通道搭板施工

为保证线间排水畅通,在沿线路方向每隔20 m左右设置横向排水通道,排水通道下设置搭板,搭板采用C30混凝土现场浇筑,搭板沿线路纵向长2 m,横向与底座板等宽(3 m),搭板表面设置2%的横向排水坡,搭板与底座板通过预埋筋连接。搭板上下层网片采用CRB550级冷轧带肋钢筋现场绑扎。搭板下层钢筋净保护层厚度为30 mm,上层钢筋净保护层厚度为40 mm。

施工过程中需注意以下几点：

(1)测量放样，根据设计图纸精确放出搭板位置。根据放样桩点放出搭板基坑位置，采用机械开挖至搭板基底高程，基坑开挖时随挖随测，以避免超挖。开挖至设计高程后人工将坑底浮渣清除，浇筑混凝土前必须洒水湿润。

(2)排水通道处2%的排水坡需在搭板施工时完成，底座施工完成后再施工难以保证施工质量，且施工难度大。

(3)混凝土初凝后需要浇水养护，保持混凝土表面湿润，养护时间不少于7 d。

9.3.5.6 路基表面封水层及排水坡施工

基床表面封水层采用8 cm厚的C30纤维混凝土，纤维混凝土的纤维掺量为0.3%(体积比)。

(1)材料选择

严格按照设计要求选用，100%聚丙烯腈纤维，单丝长度6～12 mm，直径10～15 um，抗拉强度≥400 MPa，弹性模量≥7 GPa，极限延伸率≥20%，密封胶采用位移能力±50%的低模量自流平型聚氨酯。严格对进场材料抽样试验，确保材质满足要求。

(2)纤维混凝土拌和

聚丙烯腈纤维混凝土混合料采用卧式双轴强制式搅拌机拌和，砂石及少量水与聚丙烯腈纤维先投入搅拌机搅拌90 s，再投入水泥搅拌90 s。

搅拌玻璃纤维混凝土时，各种材料按重量计，允许偏差为：纤维、水泥±2%，粗细骨料±3%，水±1%。

将纤维与粗骨料投入搅拌机中搅拌不少于3 min，使纤维拌和均匀。

(3)纤维混凝土施工

防水层铺设完毕24 h后再做纤维混凝土保护层的施工。

纤维混凝土应随拌随铺，在一个区段内的铺设应连续进行，不得中断。拌和料从搅拌机中卸出到浇灌完毕，所需时间不宜超过30 min，在浇筑过程中严禁因拌和料干涩而加水。

铺设过程中应采用平板式振捣器振捣，注意捣固密实，接近初凝时用光滑的抹刀抹面，压平表面竖起的纤维，并形成流水坡。

(4)混凝土养护

用塑料薄膜密贴覆盖养生。对玻璃纤维混凝土要做早期潮湿养护，并保持一定的养护温度，避免过冷、过热。

9.3.6 路基防冻胀效果

为进一步检验哈齐客专路基防冻胀效果，开展了2013—2014年度冻胀监测工作，监测段落总计35.1 km，共布设1 027个人工冻胀观测断面，埋设监测桩2 655个，防冻胀效果如下。

(1)渗水盲沟与混凝土基床的冻胀补强措施有效控制了路基冻胀变形量，其中混凝土基床补强措施效果显著，相同段落两个年度平均冻胀量与最大冻胀量相比，分别下降62.3%和69.2%。

(2)基床表层的设置对冻胀量大小有较大影响，2013年度基床表层填筑完成的段落

(DK13＋000～DK49＋300)最大冻胀量与上年度监测值相比大幅下降。基床表层填筑完成使路基面更加平整,形成拱形排水坡,有助于地表水快速排出,减少水分渗入路基本体,对控制冻胀量有较大作用。

(3)路基本体保温措施有效减小了冻结深度,保温效果明显,但保温方案受实施条件影响,左右线路基中心部位效果好,其他部位均出现负温区,保温板连接处及边缘位置保温措施仍需优化。

从哈大、沈丹、哈齐三个项目冻胀控制工程经验可以看出,哈大高铁作为寒区第一条时速 350 km 的高速铁路,在建设过程中经历了认识不断提高、措施不断完善的过程,最终实现安全平稳运营近十年,成为寒区高速铁路建造的示范工程。哈齐、沈丹客专自然条件各具特色,都有一定的代表性。哈齐客专穿越著名的扎龙湿地,路基冻胀控制是首要技术难题,研究采用的封排水、保温护道、混凝土基床等措施效果良好。沈丹客专主要为低山丘陵区,冻胀控制中需要考虑影响冻胀的自然因素随地形地层条件变化而产生的差异。

参考文献

[1] 国家铁路局. 铁路特殊路基设计规范：TB 10035—2018[S].北京：中国铁道出版社，2018.

[2] 周幼吾，郭东信，邱国庆，等.中国冻土[M].北京：科学出版社，2000.

[3] 牛富俊，刘华，牛永红，等. 季节冻土区高速铁路路堑段路基稳定性试验研究[J]. 岩石力学与工程学报，2013，32(增 2)：4032-4040.

[4] 刘华. 冻融作用对高速铁路路基稳定性影响及冻胀防治效果评价研究[D]，北京：中国科学院，2013.

[5] 石刚强. 严寒地区高速铁路路基冻胀和工程对策研究[D].兰州：兰州大学，2014.

[6] 程国栋，马巍. 青藏铁路建设中冻土工程问题[J].自然杂志，2010，28(6)：315-320.

[7] 国家铁路局. 高速铁路设计规范条文说明：TB 10621—2014[S].北京：中国铁道出版社，2014.

[8] 国家铁路局. 高速铁路设计规范：TB 10621—2014[S].北京：中国铁道出版社，2014.

[9] 徐学祖，王家澄，张立新，等. 温度梯度诱导薄膜水迁移的冻胀机理[J].科学通报，1997(9)：956-959.

[10] 江涛. 季节性冻土路基的冻胀机理及其防治措施[J]. 土工基础，2013，27(2)：93-96.

[11] 张丰帆.季节性冻土构筑物冻胀机理研究及应用[D].长春：吉林大学，2008.

[12] 叶阳升，王仲锦，程爱君，等. 路基的填料冻胀分类及防冻层设置[J].中国铁道科学，2007，28(1)：1-7.

[13] 谷宪明.季冻区道路冻胀翻浆机理及防治研究[D].长春：吉林大学，2007.

[14]吕菲.季节冻土区高速铁路路基保温措施效果研究[J].冰川冻土，2016，38(1)：115-120.

[15] 张冬青.季节性冰冻路基病害及防治措施研究[D].长春：吉林大学，2008.

[16] 霍凯成，黄继业，罗国荣.路基冻胀机制及冻害防范整治措施探讨[J].岩石力学与工程学学报，2002，21(7)：1099-1103.

[17] 赵世运，张先军，石刚强.严寒地区高速铁路关键施工技术综述[J].铁道标准设计，2012(5)：1-9.

[18] 赵国堂，蒋金洋，崔颖辉，等.高速铁路路基填料中细颗粒分布特征及其对冻胀的影响[J].铁道学报，2017，39(10)：1-9.

[19] 陈则连，冷景岩.哈齐客运专线路基冻胀变形研究[J].路基工程，2014(6)：131-134.

[20] 崔维孝.季节冻土地区高速铁路路基设计.高速铁路技术[J]，2020，4：118-123.